Autorenteam:
Dr. Arne Güllich, Prof. Dr. Wolf-Dietrich Heß, Klaus Jakobs, Dr. Frank Lehmann,
Uwe Mäde, Frank Müller, Klaus Oltmanns, Rudolf Schön

Unter Mitarbeit der DLV-Arbeitsgruppe „RTP-Grundlagentraining":
Klaus Jakobs, Uwe Mäde, Klaus Oltmanns, Rudolf Schön, Peter Westermann,
Helmar Hommel, Frank Müller

**Koordination mit dem DLV-Bundesausschuss
„Aus- und Fortbildung, Wissenschaft, Trainerschule":**
Prof. Dr. Wolf-Dietrich Heß (Vorsitzender)
Helmar Hommel (Referatsleiter)

Ein besonderer Dank gilt Vorstand und Athleten des SC Neubrandenburg
sowie Athleten des USC Mainz (Foto- und Videoaufnahmen).

Bibliografische Information der Deutschen Bibliothek
Die Deutsche Bibliothek verzeichnet diese Publikation in der Deutschen
Nationalbibliografie; detaillierte bibliografische Daten sind im Internet über
http://dnb.ddb.de abrufbar.

ISBN 3-89417-135-9

© 2004 by Philippka-Sportverlag, Postfach 15 01 05, D-48061 Münster
Lektorat: Frank Müller, Werner Böwing
Herstellung: Werner Böwing
Illustrationen: Frauke Lütke Laxen
Graphische Gestaltung: Marion Beckmann, Thorsten Krybus
Titelfoto: Frank Müller
Fotos: Frank Müller, Frauke Korfsmeier
Bildreihen: Helmar Hommel

Gesamtherstellung: Graphische Betriebe E. Holterdorf, 59302 Oelde

SCHÜLER-
leichtathletik

Offizieller Rahmentrainingsplan des
Deutschen Leichtathletik-Verbandes für das Grundlagentraining

Herausgegeben vom Deutschen Leichtathletik-Verband

Wolf-Dietrich Heß

In ihrer Publikationsreihe „Mediathek Leichtathletik" legen der Deutsche Leichtathletik-Verband (DLV) und der Philippka-Sportverlag mit der „Schülerleichtathletik" ihren zweiten Band vor. Nach der „Kinderleichtathletik" drückt auch der neue Titel einen Adressatenbezug und eine eindeutige Zielorientierung aus, nämlich die verbandsspezifischen Schüler-Altersklassen und deren Grundlagentraining.

Dieser Band „Grundlagentraining" ist der offizielle Rahmentrainingsplan des Deutschen Leichtathletik-Verbandes für die erste Etappe des langfristigen Aufbaus von jungen Sportlern auf dem Weg zur sportlichen Spitzenleistung. Für die zweite perspektivische Trainingsetappe, das Aufbautraining, werden weitere blockspezifische Bände in der Mediathek „Leichtathletik" folgen.

Die Schülerleichtathletik knüpft durchaus an die Kinderleichtathletik an, besonders an ihren fähigkeitsorientierten Ansatz, und richtet sich an der entwicklungsbedingten Altersspezifik (11 bis 14 Jahre) aus. Generell grenzt sie sich aber in ihrer Zielstellung auch strikt von der Dominanz der „spielleichtathletischen" Orientierung ab. Ihr geht es eindeutig um Eignungsvermittlung, um stabile, transferierbare Grundlagen für ein folgendes Aufbau-, Anschluss- und Hochleistungstraining und um die Bereitschaft zum regelmäßigen Training; persönlichkeitsbildende Werte wie Fair Play, Toleranz, Gemeinschaft, Leistungsbereitschaft, Disziplin und Beharrlichkeit sind darin eingeschlossen. Das Training in dieser Etappe und die daraus resultierende Leistungsentwicklung sind somit ausschließlich perspektivisch orientiert.

Das Grundlagentraining in der Schülerleichtathletik setzt damit eine vorher durchlaufene Phase der Kinderleichtathletik nicht zwingend voraus. Veränderte soziale Rahmenbedingungen, individuelle alterstypische Spontaneität der Schüler und Intentionen von Eltern schließen mit ein, dass ein relativ dauerhaftes, mehrjähriges Engagement in einer anderen Sportart vor Beginn der Leichtathletik oder neben dem Grundlagentraining nicht nur möglich, sondern auch ein äquivalenter Weg der langfristigen Leistungsentwicklung sein kann.

Grundlegend setzt „Schülerleichtathletik" auf Vielseitigkeit und Variabilität. Dies betrifft das inhaltlich-methodische Vorgehen mit vielseitigen Trainingsinhalten, Trainingsmitteln, Trainingsmethoden und organisationsmethodischen Verfahren, kennzeichnet aber auch gleichzeitig die Vielseitigkeit im Ausbildungsstand. Diese Vielseitigkeit ist auf die Gesamtheit der leichtathletischen Disziplinen ausgerichtet und schließt eine frühzeitige Spezialisierung aus. Dabei gibt sie neben den leichtathletikspezifischen auch semispezifischen und allgemeinen Trainingsmitteln einen breiten Raum.

Dem praxisorientierten Übungsleiter und Trainer liefert der Band „Schülerleichtathletik" eine ergiebige Fundgrube fachlichen Wissens und eine gezielte Anleitung zum pädagogischen und trainingsmethodischen Handeln. Dies betrifft die Kennzeichnung der körperlichen und psycho-sozialen Entwicklung der Schüler, die Entwicklung der Leistungsvoraussetzungen und Trainierbarkeit im Grundlagentraining, allgemeine trainingsmethodische Grundlagen ebenso wie umfangreiche Erörterungen altersgerechter Fähigkeiten, Fertigkeiten und Techniken. Aussagen zur Trainingsplanung und -kontrolle runden die systematische Darstellung ab. Damit ist „Schülerleichtathletik" auch die aktuelle Ausbildungsgrundlage für die Aus- und Fortbildung von C-Trainern Leistungssport im Deutschen Leichtathletik-Verband.

Das Kinder- und Jugendtraining im Verein kann aus praktisch-organisatorischen Gründen oft nicht inhaltlich genau und konsequent in Nachwuchsleistungs- und Breitensport unterscheiden. Aber auch für diese Seite des Kinder- und Jugendsports ist der vorliegende Band eine gute Basis. Ebenso kann der Breitensport der Erwachsenen und Senioren auf die dargestellte Übungssammlung zurückgreifen. In diesem Sinne ist „Schülerleichtathletik" auch eine Ausbildungsgrundlage für die Trainer-C-Lizenz Breitensport. Übertragungen auf den Schulsport und der Einbezug in die erste und zweite Phase der Lehrerbildung sind sehr gut möglich – und sicherlich auch sehr notwendig.

Prof. Dr. Wolf-Dietrich Heß

Vorsitzender des DLV-Bundesausschusses „Aus- und Fortbildung, Wissenschaft, Trainerschule"

Deutscher Leichtathletik Verband

ZIELE UND AUFGABEN DES LEICHTATHLETISCHEN GRUNDLAGENTRAININGS

1. Ziele und Aufgaben des leichtathletischen Grundlagentrainings

1.1 Einführung

Das leichtathletische Grundlagentraining als erste Etappe des langfristigen Leistungsaufbaus zum Erzielen leichtathletischer Spitzenleistungen umfasst idealtypisch den Altersbereich von 11 bis 14 Jahren. Dieser Zeitraum ist von objektiven Erfordernissen (Dauer der langfristigen Entwicklung von Spitzenleistungen, biologische Entwicklung, Einstiegsalter etc.) abgeleitet und gemeinsame Auffassung der Mehrheit von Trainern und Trainingsmethodikern im Deutschen Leichtathletik-Verband. Idealtypisch ist dieser Zeitraum insofern, als dass verschiedene Faktoren wie ein späterer Einstieg in das systematische Training, ein Umstieg aus anderen Sportarten mit je unterschiedlichem mitgebrachtem Ausbildungsstand usw. zu kleineren Abweichungen führen können, z.B. zum Altersbereich 12 bis 15 Jahre. Ebenso sollte es für spätere Quereinsteiger angebracht sein, „fehlende" Qualifikationen aus dem Grundlagentraining auch dann noch nachzuholen.

Jeder Nachwuchssportler, der zur Leichtathletik kommt, benötigt das Grundlagentraining als erste Trainingsetappe, um sich ausreichende Grundlagen für spätere Trainingsetappen anzueignen:

- Idealtypisch ist der Altersbereich von ca. 11 bis 14 Jahren, auch wenn schon vorher eine Grundausbildungsphase z.B. in der Kinderleichtathletik erfolgt ist.
- Kommen ältere Sportler zur Leichtathletik, muss überprüft werden, welche der Voraussetzungen, die am Ende des Grundlagentrainings erfüllt sein sollen, sie bereits erfüllen und welche nicht. Erkennbare Defizite sind zunächst durch ein angepasstes und verkürztes Grundlagentraining zu beseitigen, bevor es in die nächsten Trainingsetappen gehen darf. Dies kann bei einem Quereinsteiger aus einer anderen Sportart ganz anders aussehen als bei einem Neueinsteiger. Hier ist zu überprüfen, welche Voraussetzungen und Fähigkeiten aus der anderen Sportart mitgebracht werden.

Der Beginn des zielgerichteten sportlichen Trainings ist mit 11 Jahren konzipiert. Unter dem Aspekt einer zunehmenden Konkurrenz zwischen den Sportarten (vor allem im Vergleich zu den „Trendsportarten") kann der Beginn eines regelmäßigen Übens davor liegen (7/8 Jahre), das heißt im Altersbereich der Schüler D und C. Aus

Hürden sind universale Trainingsgeräte, die nicht nur ‚klassisch' zum Einsatz kommen!

inhaltlicher Sicht besteht dafür allerdings keine Notwendigkeit. Dennoch kann das Grundlagentraining um diesen Zeitraum von drei bis vier Jahren erweitert werden. Diese „leichtathletische Grundausbildung" sollte neben leichtathletischen Standarddisziplinen vor allem spielerisch orientierte Kombinationen von Springen, Laufen und Werfen (vgl. „Kinderleichtathletik", Katzenbogner 2002) berücksichtigen.

> Generell ist der nachfolgende Rahmentrainingsplan auf die Ausprägung der individuellen Höchstleistung im Erwachsenenalter ausgerichtet.

In der **Grundausbildung** (= Kinderleichtathletik) geht es darum,
- Kinder durch ein attraktives Übungs- und Wettbewerbsangebot für die Leichtathletik zu begeistern,
- grundlegende Elemente des Laufens, Springens, Werfens in den Mittelpunkt eines variierten Übungs- und Wettbewerbsangebots zu stellen,
- mit der aktuellen gesellschaftlichen Entwicklung einhergehende Bewegungsdefizite mit all ihren negativen Begleiterscheinungen wie abnehmende Fitness, Verletzungsanfälligkeit, sinkendes Niveau in grundlegenden physischen Voraussetzungen zu kompensieren und damit die Voraussetzungen für ein leistungssportliches Training zu schaffen sowie
- leichtathletische Übungen und Charakteristika der Leichtathletik (exakte Leistungserfassung etc.) im engeren Sinne pädagogisch sinnvoll zu integrieren.

Unter dem Aspekt der langfristigen Vorbereitung von Spitzenleistungen ist das **Grundlagentraining** eine erste wichtige Etappe auf diesem Weg. Hier geht es darum,
- stabile, transferierbare Grundlagen der physischen und psychischen Entwicklung zu legen,
- durch Training innerhalb des angegebenen Rahmens die Eignung für einen leichtathletischen Block (Talenterkennung) festzustellen,

- günstige Bedingungen im individuellen ontogenetischen (biologischen) Entwicklungsverlauf im Sinne eines Lerntrainings zu nutzen,
- die Belastbarkeit als Basis für ein späteres leistungsbetontes Training (Aufbautraining) zu sichern,
- das Interesse an der Leichtathletik zu wecken und zu festigen und es durch Spaß, Freude und Begeisterung zum stabilen Sportartmotiv auszubauen,
- über Freude und Erfolgserlebnisse die Bereitschaft zu regelmäßigem Training zu entwickeln,
- im Rahmen der altersbedingten Möglichkeiten die notwendige Einstellung zu einem längeren leistungssportlichen Training zu generieren und zu festigen sowie
- zur Persönlichkeitsbildung von Kindern und Jugendlichen beizutragen und tragende Werte wie Fair Play, Toleranz und Gemeinschaft, aber auch Leistungsbereitschaft, Disziplin und Beharrlichkeit zu vermitteln und zu verwirklichen.

Diese Schwerpunktlegung lässt individuellen Spielraum in der Umsetzung zu. Dies schließt auch ein, dass ein relativ dauerhaftes, mehrjähriges Engagement in einer anderen Sportart vor Beginn der Leichtathletik oder neben dem leichtathletischen Grundlagentraining prinzipiell eine Bereicherung des sportlichen Erfahrungsschatzes bilden kann, das die langfristige Entwicklungsperspektive begünstigt. Es sollte insofern keineswegs unterbunden werden. Sie schließt jedoch generell aus, dass
- vor dem Ende des Grundlagentrainings eine einseitige, disziplinbezogene Spezialisierung in Training und Wettkampf erfolgt,
- einerseits leichtathletische Trainingsmittel, Übungen und Wettkämpfe, die der traditionellen Leichtathletik (Wettkampfsystem im Erwachsenenbereich) entsprechen, in der Grundausbildung vorweggenommen werden und
- andererseits „spielleichtathletische" Elemente bis zum Ende des Grundlagentrainings dominieren.

Dem biologischen Entwicklungsstand der Kinder und der Spezifik des Grundlagentrainings entsprechend ist auch ein breites Wettkampfangebot zu organisieren. Dies bedeutet:

ABB. 1.1   Langfristiger Trainingsprozess

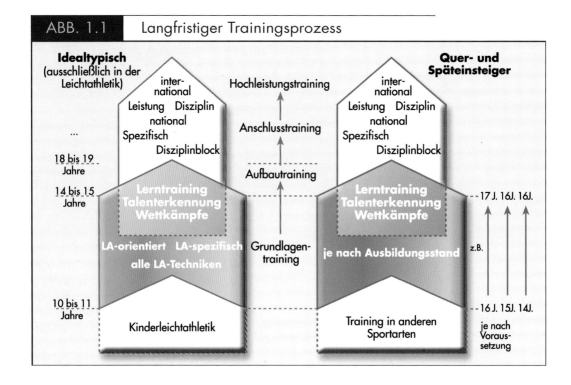

- Könnensadäquate Wettkämpfe garantieren den Aktiven die so wichtigen stimulierenden und motivierenden Erfolgserlebnisse.
- Abwechslungsreichtum im Wettkampfangebot vermittelt Spaß, Freude und Begeisterung an der Leichtathletik.

- Die Wettkämpfe erfolgen immer aus dem laufenden Training heraus, das heißt, ganz konsequent ohne speziellere Vorbereitung.
- Neben dieser Mittelfunktion haben die Wettkämpfe für den Trainer/Übungsleiter eine wichtige Kontrollfunktion in Bezug auf die Qualität

---

TAB. 1.1   Aufgaben im Grundlagentraining

1.

Entwickeln eines stabilen und breiten Niveaus konditioneller und koordinativer Fähigkeiten mit Schwerpunkt Schnellkraft/Schnelligkeit und neuromuskuläre Fähigkeiten.

2.

Entwickeln einer hohen Belastbarkeit mit den Schwerpunkten Grundlagenausdauer und allgemein-athletisches Grundniveau.

3.

Erlernen und Vervollkommnen leichtathletischer Grundfertigkeiten.

4.

Erlernen der grundlegenden leichtathletischen Techniken im Hürden-, Sprint- und Staffellauf, Weit- und Hochsprung, Kugelstoß, Diskus-, Speer- und Ballweitwurf als Voraussetzung für die effektive Realisierung von Wettkämpfen.

5.

Entwickeln einer positiven Einstellung zum regelmäßigen sportlichen Training.

6.

Bestimmen der Eignung für eine leichtathletische Disziplingruppe als Voraussetzung für ein sich anschließendes blockspezifisches Aufbautraining.

Bis alle Ziele des Grundlagentrainings erreicht sind, sind einige Hürden zu nehmen.

des Trainings und die Eignungsermittlung/ Talenterkennung.

- Die im Wettkampf erzielte Leistung (Zielfunktion) ist keine maximierte, sondern eine perspektivisch orientierte Leistung. Sie resultiert ausschließlich aus der Vielseitigkeit des Grundlagentrainings.
- Das Wettkampfangebot im Grundlagentraining kann im Sinne der Vielseitigkeit und Abwechslung auch einfache Wettkampfformen anderer Sportarten einschließen. Somit können Wettkämpfe sogar ganzjährig durchgeführt werden. Abb. 1.1 stellt hierzu die Einordnung des Grundlagentrainings in den langfristigen Trainingsprozess dar.

1.2 Zielsetzung und Aufgaben des Grundlagentrainings

Das leichtathletische Grundlagentraining

- wird geprägt durch einen besonderen Verlauf der biologischen Entwicklung der Sportler,
- ist auf die Gesamtheit der leichtathletischen Disziplinen ausgerichtet (keine Spezialisierung oder Festlegung auf eine Disziplin oder eine Disziplingruppe),
- setzt die notwendige Belastungssteigerung (als Basis für eine Belastungsverträglichkeit) vorwiegend extensiv durch und
- gibt neben leichtathletikspezifischen auch semispezifischen oder allgemeinen Trainingsmitteln einen breiten Raum, um die wesentlichen konditionellen und koordinativen Voraussetzungen zu entwickeln.

Folgendes **Ziel** ist so zu formulieren:

Im Grundlagentraining werden stabile, übertragbare Grundlagen der konditionellen, koordinativen und koordinativ-technischen Voraussetzungen sowie eine entsprechende Einstellung zum leistungssportlichen Training geschaffen. Am Grad und Tempo des Erwerbs dieser Grundlagen bzw. Leistungsvoraussetzungen kann die Trainierbarkeit des Sportlers und seine sich in der Tendenz andeutende Eignung für ein disziplingruppenspezifisches Training ab der Altersklasse 15 bestimmt werden.

Aus dieser Zielstellung leiten sich folgende **Aufgaben** ab (s. Tab. 1.1):

1.3 Schwerpunkte der sportlichen Ausbildung

Die **Vielseitigkeit** des Trainings charakterisiert einerseits das inhaltlich-methodische Vorgehen (Variation der Trainingsmittel, Trainingsmethoden und organisationsmethodischen Verfahren) und kennzeichnet andererseits den Charakter des sportlichen Ausbildungsstands. Die Vielseitigkeit sollte inhaltlicher Natur sein, das heißt: sich auf zu entwickelnde Fähigkeiten und Fertigkeiten beziehen. Weil sich der kindliche Organismus im Wachstum befindet, ergibt sich die Notwendigkeit einer vielseitigen Ausbildung im Sinne von

- gesamtmuskulärer Kräftigung
- Sicherung eines muskulären Gleichgewichts.

TAB. 1.2	Absichern der Vielseitigkeit

1.

Entwickeln der technischen Bewegungsabläufe in allen leichtathletischen Disziplinen auf ein Niveau, welches eine ausreichend sichere Wettkampffähigkeit zulässt.

2.

Semispezifische Trainingsmittel oder Inhalte aus anderen Sportarten mit adäquater Zielrichtung:
- Sportspiele zur Entwicklung der anaeroben Fähigkeiten
- Schwimmen, Radfahren, Inlineskating zur Entwicklung der Grundlagenausdauer
- Elemente aus Turnen/Gymnastik zur Entwicklung des allgemein-athletischen Grundniveaus

3.

Variable Gestaltung leichtathletikspezifischer Bewegungsabläufe bezüglich koordinativer und neuromuskulärer Anforderungen.

Aufgrund der relativen Plastizität nervaler Mechanismen und Strukturen bieten sich im Verlauf des Grundlagentrainings besonders gute Möglichkeiten (bessere als im früheren oder späteren Alter), darauf Einfluss zu nehmen. Eine relativ häufige, einseitige und monotone Wiederholung von Bewegungsabläufen führt zu deren Automatisierung. Abhängig vom individuellen Entwicklungsstand kann dies zu Bewegungsabläufen von perspektivisch eher hinderlicher Qualität führen, da unter Berücksichtigung des sich verändernden Kraft-/Last-Verhältnisses gerade in der intensiven Wachstumsphase die (perspektivische) Zieltechnik kaum trainiert werden kann:

Im Sprint, Lauf und Sprung ist selbst das eigene Körpergewicht zu schwer und kann nicht anforderungsadäquat bewältigt werden. Gerade in Bewegungsphasen, in denen hohe Belastungen auftreten (Bremsphasen beim Sprint und Sprung, Stemmschritt beim geraden Wurf aus dem Anlauf),

werden die zu hohen Lasten durch ein zu starkes Nachgeben im Kniegelenk kompensiert. Diese fehlerhaften Muster können bei entsprechend automatisiertem Bewegungsablauf Probleme im weiteren langfristigen Leistungsaufbau bringen. Im Wurf/Stoß ist bezüglich des abschließenden Armeinsatzes unter Nutzung leichterer Geräte ein Training der perspektivischen Zieltechnik möglich, für die grundlegende Beinarbeit gelten aber die gleichen Einschränkungen wie im Sprint und Sprung.

Die **Vielseitigkeit und Variabilität** muss daher auch unterschiedliche Anforderungen an das neuromuskuläre System beinhalten.

Über z.T. semispezifische und leichtathletikunspezifische Trainingsmittel ist eine Erhöhung des Belastungsumfanges effektiv abzusichern. Zur Realisierung der Vielseitigkeit im Trainingsprozess gehören Übungen mit den in Tab. 1.2 aufgeführten Eigenschaften:

BEACHTE	Kompensation

Leichtathletische Belastungen sind in der Regel einseitiger Natur (Überbetonung der Streckmuskulatur der unteren Extremitäten), was beim wachsenden Organismus zu Fehlbelastungen führen kann. Derartige Defizite sind im Rahmen der allgemein-athletischen Ausbildung bewusst zu kompensieren.

BEACHTE	Spezialisierung

Überdurchschnittliche Leistungen in einer Disziplin begründen keine vorzeitige Spezialisierung auf diese Disziplin. Im Vordergrund stehen breit angelegte Lern- und Leistungsfortschritte. Sie bilden die motorische Basis und sichern auch langfristig eine motivierende und reizvolle Trainingsgestaltung ab.

Generell ist das Grundlagentraining durch ein einheitliches trainingsmethodisches Vorgehen gekennzeichnet. Das bedeutet, dass der vorliegende Rahmentrainingsplan für alle Sportler im Grundlagentraining Bedeutung hat. Nur durch das Ansteuern aller Ziele des Grundlagentrainings können Eignung und Interesse für eine anschließende Spezialisierung herausgearbeitet werden.

Ein hohes Niveau an komplexen Leistungen ist kein vordergründiges Ziel des Grundlagentrainings; dennoch sind hohe Leistungen natürlich zu begrüßen, wenn sie auf der Basis eines vielseitigen Trainings erreicht werden.

Tabus für das Grundlagentraining sind einseitige, lauf- und gehspezifische laktazide Trainingsbelastungen (s. Kapitel 3), einseitige Konzentration des Techniktrainings auf eine oder zwei Disziplinen und/oder Forcierung eines einseitigen Krafttrainings, womöglich sogar mit Zusatzlasten.

Abweichungen von diesem einheitlichen Vorgehen sind **möglich** für

- zukünftige Stabhochspringer, da das Stabhochspringen nicht normaler Bestandteil des Grundlagentrainings in allen Vereinen und Stützpunkten ist; andererseits ist das Stabhochsprungtraining an sich durch eine Vielseitigkeit im Einsatz der Trainingsmittel charakterisiert und für
- zukünftige Geher, da das Gehen ebenfalls nicht Bestandteil des Grundlagentrainings in allen Vereinen und Stützpunkten ist.

Tolerierbare Abweichungen sind dahingehend möglich, dass durch ein Mehr an verfügbarer Trainingszeit (z.B. durch den Profilunterricht am Sportgymnasium) ein höheres Niveau an grundlegenden Leistungsvoraussetzungen (z.B. Grundlagenausdauer mit semi- und unspezifischen Trainingsmitteln) oder eine größere koordinative Variabilität (mehr Trainingsmittel werden auch unter variablen Ausführungsbedingungen beherrscht) gesichert werden. Dies gilt auch und insbesondere für zukünftige Läufer.

Treppensprünge sind ein Zubringer, um konditionelle und koordinative Fähigkeiten auszuprägen.

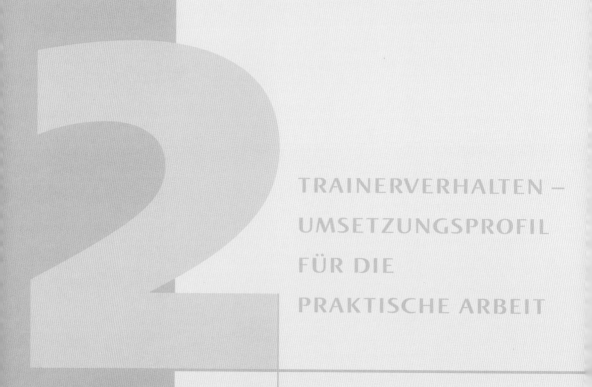

2

TRAINERVERHALTEN – UMSETZUNGSPROFIL FÜR DIE PRAKTISCHE ARBEIT

2. Trainerverhalten – Umsetzungsprofil für die praktische Arbeit

2.1. Ausgangslage

Die Phase des Grundlagentrainings ist idealtypisch der entscheidende Einstieg in die Wettkampfleichtathletik und die Leistungsorientierung. Ein systematisches, zielorientiertes Training ist deshalb unverzichtbar. Ein wesentlicher Faktor dabei ist, das Grundlagentraining als Lerntraining zu betrachten.

Gleichzeitig begegnen wir der Problematik, dass das Grundlagentraining ein Alter betrifft, in dem die Mitgliederfluktuation in den Vereinen deutlich zunimmt: Es verlassen bereits mehr Heranwachsende den Verein, als in ihn eintreten. Das heißt, der Leichtathletik gehen bereits zu viele Mitglieder und möglicherweise Talente verloren. Durch eine pas-

sende Gestaltung und Angebotsform des Trainings ist dem bestmöglich entgegenzuwirken.

2.2. Rolle und Anforderungsprofil des Trainers

Dem Trainer kommt auch und gerade aus Sicht des jungen Sportlers eine entscheidende Bedeutung zu. Er wird als Bezugsperson und Vorbild gesehen, nicht nur in sportlicher Sicht, sondern auch in persönlichen Dingen. Dies kann allerdings auch ungünstige Folgen haben. Nach einer aktuellen Befragung führen von den jungen Vereinswechslern oder -verlassern 17,6 Prozent diese Fluktuation neben nachlassendem Interesse an der Sportart (auch) auf den Übungsleiter zurück – noch vor zu hoher Anstrengungsanforderung, Leistungsdruck, schulischen Problemen oder Erfolglosigkeit. Das Übungsleiterverhalten deckt sich hier also nicht mehr ausreichend mit den Erwartungen der Heranwachsenden in diesem Alter.*

Der Trainer muss also möglichst geschickt die Anforderungen der Sportart (nicht nur die motorischen, sondern auch alle anderen, z.B. mentale) mit den Erwartungen seiner Schützlinge kombinieren und ausbalancieren. Dies lässt sich gut anhand eines Kompetenz-Dreiecks für den Trainer (s. Abb. 2.1) verdeutlichen. Hier müssen die Kompetenzbereiche (= drei Ecken) gleich stark ausgeprägt sein. Es liegt auch am Trainer, ob er zum Förderer, Einstiegshelfer oder zum Mitverursacher eines verfrühten Ausstiegs wird!

2.3. Grundlagentraining als Lerntraining: Grundlagen des Lernens

Grundlagentraining ist als Lerntraining gekennzeichnet, so dass Kenntnisse darüber, wie Lernen

Gehen Sie offen und natürlich auf Ihre Athleten zu!

> *** Literaturhinweis**
>
> Schmidt, W. (2003): Kindersport im Wandel der Zeit. In W. Schmidt, I. Hartmann-Tews & W.-D. Brettschneider (Hrsg.): *Erster Deutscher Kinder- und Jugendsportbericht* (S. 109 – 126). Schorndorf: Verlag Karl Hofmann.

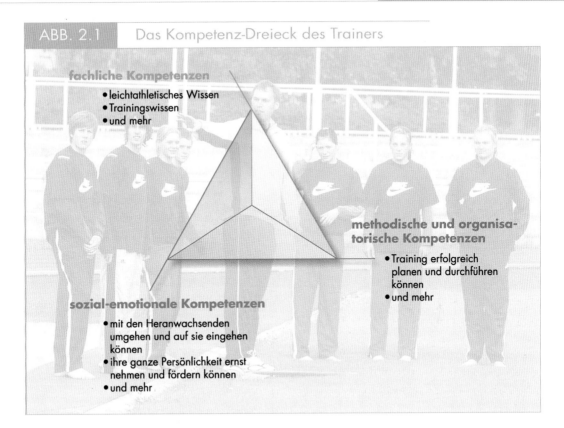

ABB. 2.1   Das Kompetenz-Dreieck des Trainers

fachliche Kompetenzen
- leichtathletisches Wissen
- Trainingswissen
- und mehr

**methodische und organisa-
torische Kompetenzen**
- Training erfolgreich
  planen und durchführen
  können
- und mehr

sozial-emotionale Kompetenzen
- mit den Heranwachsenden
  umgehen und auf sie eingehen
  können
- ihre ganze Persönlichkeit ernst
  nehmen und fördern können
- und mehr

funktioniert, im Training zu berücksichtigen sind. Gerade im Nachwuchstraining ist allerdings nicht jeder Fortschritt auf Lern- oder auch Trainingseffekte zurückzuführen: auch Phänomene wie die normale körperlich-seelische Entwicklung, Reifung, Wachstum usw. können dafür ausschlaggebend sein.

2.3.1. Lernen ist ein aktiver Prozess

Die Vorstellung, dass Lernen gleichbedeutend sei mit dem mehr oder minder passiven Aufnehmen des gelehrten Stoffs, ist längst überholt. Nicht das Lehren (hier: des Trainers) ist das Entscheidende, sondern das Lernen (hier: des Sportlers). Dazu muss der lernende Sportler zwingend aktiv werden, z.B. durch eigenes Üben, Ausprobieren, das Erhalten und Verarbeiten von Rückmeldungen über das Gelingen oder Misslingen, durch eigenständiges Anwenden und Verknüpfen von Neuerlerntem mit Altbekanntem usw.

Tipps für die Praxis

- Seien Sie in Ihrem Selbstverständnis mehr Lernhelfer, weniger der Lehrer oder gar „Besserwisser".
- Rückmeldungen über den Erfolg bzw. Misserfolg von Lernversuchen und deren Auswertung sind unverzichtbar für den Lernerfolg. Sie sollten entsprechende Rückmeldungen („Feedback") aufgrund Ihrer eigenen Beobachtungen geben. Genau so wichtig sind aber auch die durch den Sportler selbst ausgewerteten Rückmeldungen (nicht nur Video, sondern v.a. auch eigene Antworten auf die Fragen: Wie war das? Wie hast du das erlebt, gefühlt?).

2.3.2. Verschiedene Lerntypen

Manche Menschen lernen am schnellsten, wenn man ihnen das Gewünschte einfach nur vormacht; andere benötigen dafür zunächst detaillierte Erklärungen; manche probieren einfach etwas aus, bis sie die richtige Lösung gefunden haben. Dies sind nur einige Beispiele dafür, dass wir auf sehr unterschiedliche Art lernen. Fast immer sind in der Trainingsgruppe verschiedene solcher Lerntypen anzutreffen. Immer nur den gleichen Lerntyp anzusprechen, erreicht damit auch nur einige, meist die gleichen Athleten.

Tipps für die Praxis

Bieten Sie mehrere Lernmöglichkeiten an, finden Sie heraus, worauf Ihre Schützlinge am besten reagieren und orientieren Sie sich somit an den individuellen Voraussetzungen. Beispiele:

- Bewegungsaufgaben vs. -anweisungen
- „zwingende Situationen" (z.B. Reifen- oder Schaumstoffbalkenbahnen für die richtige Schrittlängengestaltung; s. Bild rechts)
- verbal beschreiben, aber auch angemessen vormachen/demonstrieren
- Bewegungen oder Bewegungsteile „führen" (Bewegungsgefühl; s. Bild unten)
- ausprobieren und entwickeln lassen

Der Trainer führt in die richtige Position, die Athletin erspürt dazu die richtige eigene Wahrnehmung.

2.3.3. Wahrnehmung, Gehirn, Gedächtnis

Lernen hat wesentlich zu tun mit dem Aufnehmen, Verarbeiten, Speichern, Erinnern und Anwenden von Informationen. Derlei Prozesse spielen sich in den Wahrnehmungssystemen, im Gehirn und Nervensystem und im Gedächtnis ab. Ihre Funktion hat natürlich Einfluss auf ein gelungenes Lernen.

Wahrnehmung

Der Sportler nimmt Informationen über verschiedene Wahrnehmungskanäle auf. Die wichtigsten Kanäle sind der kinästhetische (Fühlen, Muskelempfinden), der visuelle (Sehen), der akustische (Hören) und der taktile (Tasten).

Ein Beispiel für eine zwingende Situation: Die Balkenbahn hilft, die richtige Schrittlänge zu finden.

Diese verschiedenen Zugänge zeigen sich nicht nur im Nutzen des Wahrnehmungskanales selbst, sondern auch in der entsprechenden Repräsentation in der Sprache: für jede Ausrichtung gibt es typische Wörter und Formulierungen. Meist sind individuelle Vorlieben für einen oder mehrere Kanäle vorhanden, über die der Sportler besonders leicht wahrnimmt und über die er besonders einfach erreichbar ist.

Darüber hinaus ist zu berücksichtigen, dass Sportler und Trainer unterschiedliche Wahrnehmungspositionen innehaben können, die bei der Kommunikation, z.B. bei der Aufgabenstellung oder beim Geben von Rückmeldungen, zu beachten sind.

Seitlich ausgestreckte Arme lassen die Athleten erspüren, ob der Rumpf ruhig gehalten wird.

Tipps für die Praxis

- Sprechen Sie in der Kommunikation mit dem Athleten immer wieder alle Wahrnehmungskanäle an, um auch wirklich alle zu erreichen (durch Sprachwahl, Aufmerksamkeitslenkung etc.).
- Der Athlet sollte v.a. die kinästhetische Wahrnehmungsfähigkeit (Bewegungsgefühl) üben und trainieren. Beispiele:
  – durch Aufmerksamkeitslenkung (Wie hat sich das angefühlt? – s. Bild links)
  – durch Kontrastlernen (z.B. bewusst unterschiedlich weit werfen)
  – durch gegengleiches Üben (mit der anderen Körperseite)
  – durch geführte Bewegungen (der Trainer führt z.B. den Wurfarm in die richtige Position)
  – durch zeitweiliges Ausschalten oder Überbeanspruchen einzelner Sinne durch vorangehende Belastung (z.B. Imitation mit geschlossenen Augen, Drehwurf nach einigen schnellen Drehsprüngen)
- Nicht Sie geben eine Rückmeldung, sondern Sie lassen sich zunächst die Beurteilung durch den Sportler geben. – Ziehen Sie sich nicht auf ihre „Außensicht" zurück, sondern helfen Sie dem Athleten, diese mit seiner „Innensicht" zu verbinden. Beispiele:
  – Statt „Du warst beim Angleiten schon wieder nicht geschlossen": „Führe beim Angleiten deine linke Hand in Richtung rechtes Knie!"
  – Zuerst „Wie hat sich das für dich angefühlt: Hast du dein Schwungbein nach der Hürde früh wieder aufgesetzt?", dann anschließend der Vergleich mit dem, was Sie gesehen haben. Oder noch besser, wenn auch aufwendiger: Vergleich des vom Sportler Wahrgenommenen mit einer Videoaufnahme.

Funktion des Gehirns

Im Gehirn werden Informationen verarbeitet und gespeichert – wesentliche Aspekte des Lernens. Verschiedenen Arealen des Gehirns sind dabei unterschiedliche Funktionen zugeordnet. – Dabei sind allerdings interindividuelle Unterschiede ebenso zu finden wie die grundsätzliche Möglichkeit, dass bestimmte Gehirnareale die Funktionen anderer Teile zumindest begrenzt übernehmen können.

Ein stark vereinfachendes und plakatives Denkmodell ist das Bild der zwei unterschiedlichen Gehirnhälften, die aber durchaus miteinander verbunden sind und im gewissen Rahmen auch Funktionen der anderen Hälfte übernehmen können. Der rechten Gehirnhälfte werden dabei eher ganzheitliches und praktisches Vorgehen in Bildern und Gefühlen zugeordnet, der linken eher ein detailorientiertes und abstraktes, aber auch logisches Verhalten. Auch wenn die Exaktheit dieser Modellvorstellung im Detail zunehmend in der Wissenschaft angezweifelt wird, so scheint eines, auch und gerade in der Lernpraxis, wichtig zu sein: Lernen funktioniert am erfolgreichsten und leichtesten wohl dann, wenn es nicht nur einzelne, womöglich dabei langfristig immer nur die gleichen, Areale anspricht, sondern gleichzeitig mehrere. Um im Modell zu bleiben: Lernangebote sollten sowohl rechts- wie linkshirnig erfolgen. Für motorisches bzw. sportliches Lernen kommt hinzu, dass die linke Gehirnhälfte die Bewegungen der rechten Körperhälfte steuert und umgekehrt.

Demonstrieren und Erläutern gehen Hand in Hand.

Tipps für die Praxis

- Lernprozesse sollten ganzheitlich erfolgen und die verschiedenen Gehirnareale berücksichtigen:
  - ganzheitlich überblicksartig vorgegebene Anweisungen und Hinweise wechseln mit detaillierten Zugängen
  - konkrete, aber auch einmal abstrakte Anweisungen
  - Lernprozesse dürfen auch gefühlsmäßig ablaufen, müssen nicht notwendigerweise logisch durchdrungen sein
  - und noch einmal: verschiedene Wahrnehmungskanäle ansprechen – die Mischung macht's!
- Beidseitiges Üben von Bewegungen unterstützt die Lernprozesse im Gehirn und verbessert die Kooperation der beiden Gehirnhälften mit ihren jeweiligen Vorzügen!

Arbeits- und Langzeitgedächtnis

Das Gedächtnis spielt eine große Rolle beim Lernen, geht es doch letzten Endes auch darum, Informationen abzuspeichern und bei Bedarf wieder abzurufen. Entgegen früheren Modellen, die sich aus mehreren aufeinander folgenden Gedächtnisstufen zusammensetzten, geht man inzwischen vermehrt von zwei unterschiedlichen Funktionsweisen des Gedächtnisses aus: dem Arbeits- und dem Langzeitgedächtnis. Im Arbeitsgedächtnis werden Informationen, die aus der aktuellen Wahrnehmung sowie aus den Speicherungen im Langzeitgedächtnis stammen, verarbeitet und z.B. in Handlungen umgesetzt.

Es passen nur relativ wenige Informationseinheiten gleichzeitig in den Arbeitsspeicher (etwa sieben ± zwei Einheiten). Diese bleiben nur sehr kurze Zeit dort und werden auch nur teilweise dem Langzeitgedächtnis zum dauerhaften Speichern übergeben. Wie lange die Informationen im Arbeitsspeicher bleiben und in welchem Umfang sie ins Langzeitgedächtnis gespeichert werden, hängt ganz entscheidend von der Verarbeitungstiefe im Arbeitsspeicher ab. Günstige Bedingungen sind z.B.:

- Neue Informationen werden mit bekannten verknüpft.
- Es werden Assoziationen ausgelöst.
- Es bestehen Interesse und Motivation bezüglich der Informationen/des Lernstoffes.
- Wichtigkeit und Bedeutung des zu Lernenden sind klar.
- Ein aktives Umgehen mit den Informationen (s. oben) ist vorhanden.

Tipps für die Praxis

- Geben Sie nur wenige Informationen gleichzeitig (z.B. bei der Übungsansage)!
- Feedback, solange der Athlet noch die Selbstinformationen aus dem Bewegungsvollzug im Arbeitsspeicher hat und mit Ihren Fremdinformationen vergleichen kann. Noch besser ist, nur langfristig zu erarbeiten: Durch Selbstanalyse kann der Athlet die Fähigkeit erlangen, Informationen länger parat zu halten.
- Machen Sie die Bedeutung der gegebenen Informationen klar und knüpfen Sie diese an Interessens- und Motivationslage des Athleten an.
- Geben Sie möglichst immer nur eine „Neuigkeit", diese sollte aber an Bekanntes anknüpfen.
- Lösen Sie Assoziationen aus, die bei Wiederholungen auf vielfache Art mit Bekanntem verbinden („ein Netz mit Informationseinheiten spinnen") – je mehr Verknüpfungen vorhanden sind, desto besser ist die neue Info verbunden und wiederzufinden.
- Veranlassen Sie die Aktiven zum Verarbeiten, nicht einfach „berieseln"! – Z.B.: Was davon kennst du schon? Welche Möglichkeit siehst du? Wie hast du die Situation erlebt? Was fängst du jetzt mit dem an, was ich dir gesagt oder gezeigt habe?
- Fordern Sie Ihre Athleten zur Fremdbeobachtung und -analyse auf!

2.4. Die Kommunikation muss gelingen

Die bisherigen Ausführungen machen deutlich, dass zu den wesentlichen Kompetenzen des Trai-

ners die Fähigkeit gehört, gut zu kommunizieren, also als „Sender" seine Informationen erfolgreich beim Athleten („Empfänger") anzubringen, und umgekehrt die Informationen, die der Athlet aussendet, richtig aufzunehmen. Es sei bereits hier darauf hingewiesen, dass Kommunikation nicht nur über Worte erfolgt, sondern auch – und zwar ununterbrochen – über nonverbale Signale wie z.B. Gestik, Mimik, Tonfall usw. Nicht kommunizieren geht nicht!

2.4.1. In der Kommunikation zählt, was ankommt...

...und nicht, was ausgesendet wurde. Der Empfänger wird immer nur auf das reagieren können, was bei ihm ankommt. Beispiel: Der Trainer kann noch so geschliffen reden – wenn sein Athlet gerade nicht zuhört, hilft dies gar nichts. Deshalb ist unbedingt zu empfehlen, sich daran zu orientieren, dass die ausgesandte Information auch ankommt. Wenn eine Botschaft anders ankommt als gemeint, liegt das in der Verantwortung des Senders, nicht des Empfängers!

Tipps für die Praxis

- Lenken Sie immer erst die Aufmerksamkeit des Adressaten auf sich (den Sender), bevor Sie die Botschaft aussenden (in der Gruppe: die Aufmerksamkeit von allen!).
- Achten Sie immer auf Ihre günstige räumliche Stellung zur Gruppe oder zum Einzelnen, um von allen optimal gesehen und gehört zu werden.
- Beobachten Sie die Reaktion beim Empfänger, um frühzeitig eventuelle Missverständnisse aufzudecken.
- Fragen Sie im Bedarfsfall nach (vom Empfänger in eigenen Worten wiederholen lassen).

2.4.2. Botschaften sind kodiert

Botschaften werden jeweils durch den Sender kodiert (verschlüsselt) und müssen durch den Empfänger wieder dekodiert, also entschlüsselt werden. Dies ist eine typische Fehlerquelle. Unmittelbar nachvollziehbar ist die Rolle der Sprache als Kodierung. Zwei Personen verstehen sich nicht, wenn sie unterschiedliche Sprachen verwenden. Dies gilt nicht nur für die Muttersprache, sondern auch für das Verwenden von Fachbegriffen. Allerdings ist die Sprache nicht allein für die Kodierung verantwortlich, man denke nur an das, was sich im Tonfall „versteckt" (vgl. dazu auch den nächsten Abschnitt). Und selbst vermeintlich eindeutige Sprache kann sehr unterschiedliche Bedeutungen haben.

Tipps für die Praxis

- Stellen Sie sich sprachlich auf Ihre Athleten ein. Also: altersgerechte Sprache, nur bekannte Fachwörter nutzen bzw. neue ausreichend erklären, daraus nach und nach eine gemeinsame Fachsprache entwickeln (das kann auch ein eigener Trainingsjargon sein).
- „Positive" Formulierungen nutzen: Sagen Sie, was gemeint ist, nicht, was nicht gemeint ist (Negierungen kann sich das Gehirn schlecht vorstellen). Also: Statt „Nicht in der Kurve überholen" sagen Sie „Überhole ausgangs der Kurve!" Sagen Sie Ihrem Athleten, was er tun, wie er handeln soll. Formulierungen in der Befehlsform „Springe kraftvoller ab!" sind dabei günstiger als Formulierungen wie „Du musst kraftvoller abspringen!"
- Nutzen Sie Vergleiche! Ein Beispiel zum Rhythmus des Angleitens: „Du gleitest in einem kontrollierten Tempo an, als wenn Du mit einem Auto auf eine Ampel zurollst, die gerade auf Rot-Gelb schaltet. Sobald Du nach dem Angleiten landest, schaltet die Ampel auf Grün, und Du startest mit Vollgas durch!"

2.4.3. Verschiedene Ebenen der Kommunikation

Kommunikation zwischen zwei (oder mehr) Personen läuft immer auf zwei Ebenen gleichzeitig ab:
- einerseits auf einer für die meisten offensichtlichen (= „offen sichtlichen"), der inhaltlichen oder Sach-Ebene
- andererseits auf der Gefühls- oder Beziehungsebene.

Letztere wird oft nicht beachtet oder gar nicht oder nur unbewusst wahrgenommen. Insbesondere bei Widersprüchen zwischen den Ebenen hat die Beziehungsebene mehr Durchsetzungskraft. Die Folge: Wenn es auf der Beziehungsebene nicht läuft, kommen die Botschaften auf der Inhaltsebene kaum mehr an – selbst bei noch so logischen, zwin-

Angemessenes Vormachen hilft den Athleten – überschätzen Sie aber nicht Ihre Fähigkeiten!

ABB. 2.2   Verschiedene Ebenen der Kommunikation

Sachebene:
• Ich habe Knöchelschmerzen!

Beziehungsebene:
• Ich vertraue mich Dir an,
  Du kannst mir helfen!

Selbstoffenbarungsebene:
• Ich habe Angst vor dem Wettkampf
  oder einer Verletzung!
• Ich fühle mich unsicher!
• Ich will möglichem Misserfolg durch
  Vorabentschuldigung vorbeugen!

Appellebene:
• Nimm mich aus dem Wettkampf!
• Sprich mir Mut zu!
• Hilf mir!
• Sag mir, dass es gut gehen wird!

genden Argumenten. Soll die Kommunikation auf der Sachebene erfolgreich sein, muss es also darum gehen, zuvor die Beziehungsebene gut zu gestalten.

Die Kommunikation auf dieser Ebene erfolgt meist nonverbal (also durch Körpersprache, Gestik, Mimik, Tonfall, Lautstärke usw.), wird aber auch beeinflusst durch Einstellungen, Erwartungshaltungen usw. (z.B. Sympathie).

Ein vertiefendes Modell* unterteilt die Beziehungsebene in drei typische Aspekte. Versetzen Sie sich doch einfach mal in die in Abb. 2.2* dargestellte Situation: Der Empfänger (hier der Trainer) „hört" dann einschließlich der Sachebene mit vier unterschiedlich spezialisierten „Ohren" (dem „Sach-Ohr", dem „Appell-Ohr" – was will der Athlet bei mir erreichen – , dem „Beziehungs-Ohr" – was sagt der Athlet darüber aus, wie er zu mir steht –, und dem „Selbstkundgabe-Ohr" – was sagt der Athlet über sich selbst aus). Oft hört der Empfänger auf einem der Ohren besonders gut oder besonders schlecht, ohne böse Hintergedanken übrigens. Vergleichbares spielt sich auch beim Sender ab, der vergleichbar mit einem von vier spezialisierten „Schnäbeln" spricht. Wenn nun Sender und Empfänger nicht auf der gleichen Ebene sind, kommt es schnell zu Missverständnissen oder Unsicherheiten.

*   **Literaturhinweis**

vgl. Schulz von Thun, F., Ruppel, J. & Stratmann, R. (2000): Miteinander reden: Kommunikationspsychologie für Führungskräfte. Reinbek: Rowohlt Taschenbuch Verlag

Athleten und Trainer kommunizieren möglichst auf gleicher Ebene.

Tipps für die Praxis

- Sorgen Sie für eine möglichst störungsfreie Atmosphäre, damit auf der Beziehungsebene alles klar ist. Vermeiden Sie vor allem vor Korrekturen Vorwürfe oder verbale Angriffe („Du hast schon wieder nicht…"), sondern würdigen Sie das wenn auch vergebliche Bemühen und fühlen Sie das Misslingen mit, bevor Sie Kritik vorbringen.
- Beachten Sie nonverbale Signale bei sich selbst und beim Gesprächspartner. – Auf der „Sender"-Seite: Eine authentische und wertschätzende Grundhaltung hilft, die eigenen nonverbalen Signale passend und verträglich zu gestalten, alles andere wäre mehr oder minder Schauspielerei, die schnell durchschaut wird.
- Achten Sie im Falle von (auch vermutetem) Missverstehen darauf, welcher der vier „Schnäbel" und welches der vier „Ohren" bei Ihnen und Ihrem Athleten im Spiel gewesen sein könnte. Abhilfe kann ein Wechsel zur so genannten Metakommunikation schaffen:
Reden Sie über die Kommunikation, klären Sie dabei, was Ihr Athlet Ihnen sagen wollte, und klären Sie mit sich selbst, was Sie ihm sagen wollten. Aber nicht vergessen: Das gelingt nur, solange die Beziehungsebene insgesamt in Ordnung ist!

2.5. Grundeinstellungen des Trainers

Durch die Ausführungen zur Kommunikation werden Fähigkeiten und zu entwickelnde Grundeinstellungen des Trainers deutlich, die nicht nur die eigentliche Kommunikation im Training verbessern. Sie helfen auch, die eingangs genannten Aufgaben im Grundlagentraining wie ganzheitliche Unterstützung der Heranwachsenden und überdauernde Gewinnung für die Leichtathletik zu bestehen: Authentizität (Echtheit), Wertschätzung und Empathie.

- Authentizität zeigt sich in der Kommunikation in weitgehender Übereinstimmung verbaler und nonverbaler Botschaften unter Berücksichtigung nicht nur der Sach-, sondern auch der Beziehungs- und Gefühlsebene. Sie setzt die Klärung der eigenen Rolle und Einstellung voraus. Nur so ist es dem Trainer tatsächlich möglich, echt zu wirken.
- Wertschätzung aller Schützlinge bedeutet nicht notwendigerweise Zustimmung zu allem, was sie tun und sagen, sondern sie so anzunehmen und zu respektieren, wie sie sind:
  – Interessieren Sie sich ernsthaft für sie und versuchen Sie, ihre Ansichten und Meinungen zu erkennen. Dazu gehört v.a. das aktive

ABB. 2.3   Vorbild Trainer

Checkliste „Trainer als Vorbild"

- Wie gehen Sie mit Konflikten um? ✓
- Wie verkraften Sie Niederlagen, wie feiern Sie Siege? ✓
- Wie knüpfen Sie Kontakte, und wie gestalten Sie diese? ✓
- Wie verhalten Sie sich zu Ihrer Gruppe? ✓
- Sind Sie gerecht, oder bevorzugen Sie einzelne Gruppenmitglieder? ✓
- Haben Sie ein offenes Ohr für Probleme? ✓
- Welchen Umgangston pflegen Sie? ✓
- Was tun Sie selbst für das Gruppenklima? ✓

Zuhören: dem Gesprächspartner zugewandt sein, Blickkontakt, passende nonverbale Signale des „Gedanklich-dabei-seins" wie Kopfnicken oder „Murmelgeräusche" sowie auch Rückfragen, um sich zu versichern, dass man den Gesprächspartner richtig verstanden hat.

* **Literaturhinweis**

Bundeszentrale für gesundheitliche Aufklärung (2003):
Kinder stark machen. Gemeinsam gegen Sucht. Möglichkeiten und Chancen der Kinder- und Jugendarbeit im Sportverein. Köln

– Trennen Sie beim Äußern von Kritik Sache und Person. Dies gelingt gut über Ich-Botschaften, über das Schildern meiner Beobachtungen (in Abgrenzung zu Interpretationen), gegebenenfalls auch meiner Gefühle. Weniger funktionieren Anklagen oder Anschuldigungen. Denken Sie immer daran: Ihr Gegenüber ist als Mensch o.k.!

- Empathie bedeutet, mit dem Anderen, in unserem Falle also dem Athleten, mitfühlen zu können.

Die Checkliste* (s. Abb. 2.3) wird Ihnen helfen, sich selbst regelmäßig in dem genannten Sinne zu überprüfen.

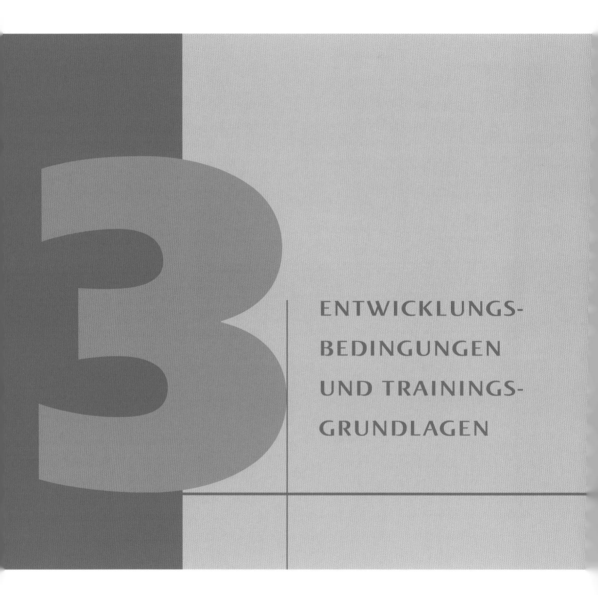

ENTWICKLUNGS-
BEDINGUNGEN
UND TRAININGS-
GRUNDLAGEN

3. Entwicklungsbedingungen und Trainingsgrundlagen

3.1 Einführung

In Kapitel 1 wurde als Zielgruppe für den Rahmentrainingsplan Grundlagentraining der idealtypische Altersbereich von 11 bis 14 Jahren definiert, ebenso die grundsätzlichen Ziele und Aufgaben dieser Trainingsetappe.

Das Grundlagentraining als erste Etappe eines langfristigen Leistungsaufbaus muss

- von den leichtathletisch relevanten Leistungen bzw. Leistungsfaktoren ausgehen,
- die altersspezifischen Entwicklungsbedingungen des Kindes bzw. des Heranwachsenden an sich berücksichtigen (Wachstumsphase),
- die leichtathletisch relevanten Leistungen bzw. Leistungsfaktoren unter Berücksichtigung der Trainierbarkeit und der altersspezifischen Entwicklungsbedingungen prüfen,

- daraus ableitend ein methodisches Konzept beinhalten, welches die Grundlage für ein leistungsbezogenes Training ab dem Jugendbereich (Aufbautraining) bildet und
- die wichtigen Kategorien „kalendarisches, biologisches und Trainingsalter" im Gesamtprozess berücksichtigen.

Diese wichtigen Entwicklungsaspekte und ihre Konsequenzen für das Training werden in diesem Kapitel explizit dargestellt. Dabei werden zur besseren Einordnung auch die dem Altersbereich des Grundlagentrainings benachbarten Altersabschnitte angerissen.

3.2 Kennzeichnung der körperlichen Entwicklung Heranwachsender

Eine generelle Einteilung des gesamten Altersbereiches können Sie aus der Sicht der körperlichen Entwicklung Tab. 3.1 entnehmen. Dazu sei angemerkt, dass die Altersangaben auf langfristigen und damit z. T. älteren Daten basieren. Nach neu-

Behalten Sie immer im Blick, in welcher Entwicklungsphase sich Ihre Athleten befinden!

Verstärktes Längenwachstum | Körper | 3.2

TAB. 3.1	Phasen der körperlichen Entwicklung	
Phase	**männlich**	**weiblich**
Frühes Schulkindalter	ca. 7 bis 10 Jahre	
Spätes Schulkindalter	10/11 bis 12/13 Jahre	10/11 bis 11/12 Jahre
Erste puberale Phase	12/13 bis 14/15 Jahre	11/12 bis 13/14 Jahre
Zweite puberale Phase	14/15 bis 18/19 Jahre	13/14 bis 17/18 Jahre

esten Untersuchungen (vgl. Bös 2003) scheint sich in den letzten Jahren zumindest bei Körpergröße und -gewicht ein Trend zu einer früheren Akzeleration einzustellen. Das heißt, die angegebenen Phasen treten tendenziell etwas früher ein!

Im Bereich des frühen Schulkindalters gibt es noch keine nennenswerten Unterschiede zwischen Jungen und Mädchen bezüglich der Körperhöhe und des Körpergewichts. Damit einher gehen vergleichbare reifungsbedingte Entwicklungen in relevanten Parametern der physischen Leistungsfähigkeit. Dennoch vorhandene Unterschiede gehen auf das unterschiedlich bewegungsreiche Freizeitverhalten zurück.

Daraus lässt sich ableiten, dass in der Grundausbildung Jungen und Mädchen gemeinsam üben, trainieren und mit gleichen Maßstäben gemessen werden können!

BEACHTE   Grundlagentraining

Spätes Schulkindalter und erste puberale Phase (10/11 bis 14/15 Jahre) entsprechen dem Altersbereich des Grundlagentrainings. Sie sind gekennzeichnet durch

- eine geschlechtsspezifisch unterschiedliche Entwicklung,
- große individuelle Abweichungen aufgrund der zeitlich unterschiedlich einsetzenden biologischen Reifungsprozesse und
- überdurchschnittliches Längenwachstum und Massenzunahme als äußere Zeichen dieser forcierten Entwicklung.

3.2.1 Verstärktes Längenwachstum

Körperliches Wachstum hat primär mit der Skelettentwicklung zu tun. Im Unterschied zu den Knochen Erwachsener ist der sich noch im Wachstum befindliche Knochen biegsamer und weicher. Der für die endgültige Festigkeit notwendige Prozess der Verknöcherung wird hormonal und funktional gesteuert. Das Längenwachstum wird durch submaximale Druckbelastungen angeregt, der Muskelzug bietet den funktionalen Reiz für das Dickenwachstum.

BEACHTE   Druckbelastungen

Aus sportmedizinischer Sicht müssen in der Phase des Skelettwachstums bzw. der Verknöcherung hohe Druckbelastungen sowie hochgradig einseitige Belastungen (z.B. zu starke Betonung von Muskelaktivitäten der Strecker) vermieden werden.

Deshalb sind ein Krafttraining mit Hanteln, ein reaktives Sprungkrafttraining mit Tiefsprüngen usw. in diesem Alter als äußerst problematisch anzusehen und unbedingt abzulehnen.

Die leichtathletischen Hauptübungen sind mit einer relativ hohen (Sprint, Sprung) oder langdauernden (Lauf) Beanspruchung der Streckmuskulatur der unteren Extremitäten, des Lendendarmbeinmuskels (Hüftbeuger) und der Rückenstrecker verbunden. Dadurch ausgelöste mögliche muskuläre Ungleichgewichte wirken sich negativ aus. So gibt es (eine Ausnahme bildet das sportliches Gehen) in der Leichtathletik kaum Übungen, bei denen die Fußbeugermuskulatur deutlich beansprucht wird.

Die übermäßige Beanspruchung der Fußstrecker ist Ursache von Verkürzungserscheinungen in dieser Muskulatur und führt nicht selten zu Achillessehnenproblemen!

Dabei muss auf einen oft übersehenen Zusammenhang hingewiesen werden:

Aus biomechanischer und muskelphysiologischer Sicht erfordern Hauptphasen wichtiger leichtathletischer Bewegungsabläufe (z.B. Absprung beim horizontalen Sprung, Sprintstütz, einbeinige Sprungfolgen usw.) idealtypisch höchste Kraftentwicklungen in kürzester Zeit im Übergang von der Brems-/Beuge- zur Streckphase, die aber gleichzeitig zu sportmedizinisch bedenklichen Belastungen des Binde- und Stützgewebes führen. Bei Heranwachsenden ist der letztgenannte Aspekt aus genannten Gründen noch wesentlich kritischer.

So können die charakteristischen technischen Merkmale für die Gestaltung dieser Phasen im Top-Bereich (geringes Nachgeben im Kniegelenk beim Weit-, Drei-, Stabhochsprung-Absprung, beim Sprint-Stütz, beim Stemmschritt im Speerwurf usw.), in der hohe Kräfte in kurzer Zeit amortisiert werden müssen, nicht ohne Probleme für den Bereich des Heranwachsenden übernommen werden. Sie erfordern eine gut entwickelte gelenkstabilisierende Muskulatur, die in der Regel noch nicht vorhanden ist. Bei technisch „richtiger Ausführung" (aus Sicht des Spitzenbereichs) kommt es zu einer hohen Druckbelastung auf Teile des Skelettsystems, welche bei noch nicht abgeschlossener Verknöcherung ungleich größere Probleme bringt als beim Erwachsenen!

Um dem Entwicklungsstand des Skeletts bei noch nicht abgeschlossener Verknöcherung zu entsprechen, werden Bewegungen so ausgeführt, dass die Druckbelastung minimiert wird (z.B. weiche Landung mit starkem Nachgeben im Knie- und Hüftgelenk, Absprünge aus kurzen und mittleren Anläufen). Dies ist im Interesse der Gesundheit der Athleten richtig, widerspricht aber einer „technisch sauberen" Ausführung dieser Bewegung.

Die genannten biomechanischen und muskelphysiologischen Sachverhalte müssen aber dann auch für die Praxis richtig eingeordnet werden:

- Selbstverständlich sprechen diese Erörterungen nicht gegen eine Wettkampfbetätigung der Athleten in der aktuell verfügbaren Technik (geringe Wiederholungszahlen/Umfänge im Wettkampf und bei der Vorbereitung auf diesen Wettkampf).
- Die aufgezeigte Gefahr der Fehlbelastung ergibt sich erst bei
  - zu hohen Wiederholungszahlen/Umfängen in der Trainingseinheit,
  - beim Üben in ermüdetem Zustand
  - bei zu hoher Anwendungsdichte pro Woche und

Der Übergang vom Landen zum erneuten Sprung ist besonders belastend!

– bei mangelhafter Nachbereitung der Trainingseinheit.

- Neben Übungsvielfalt und -variation kommt auch dem systematisch geplanten Wechsel von submaximaler und maximaler Intensität erhöhte Bedeutung zu.

BEACHTE   Zusammenfassung

- Die leichtathletischen Hauptbewegungen Sprinten, Laufen und Springen, z. T. auch Werfen, sind in ihrer standardisierten Form durch relativ einseitige muskuläre Beanspruchungen (in Bezug auf Gelenke/Knochen) gekennzeichnet!
- Derart einseitige Belastungen in höheren Umfängen können beim reifenden Organismus des Heranwachsenden erheblich mehr Probleme mit sich bringen als nach Abschluss der Verknöcherung. Die Knochen inklusive der Wirbelsäule sind daher vielseitig in Bezug auf die muskulären Zugbelastungen zu beanspruchen. Diese Vielseitigkeit muss zielgerichtet sein, das heißt, die angewendeten Übungen müssen dazu beitragen, Ungleichgewichte zu verhindern oder zu kompensieren.
- Technische Anforderungen, die aus dem Top-Bereich abgeleitet sind, müssen altersspezifisch unter Berücksichtigung der individuellen Voraussetzungen gesehen werden. Technikmodelle der Top-Athleten sind in einigen Parametern zumindest für den Sprint/Sprungbereich altersgemäß kaum durchsetzbar und deshalb ungeeignet. Im Wurf/Stoß-Bereich gilt dies für die Beinarbeit ebenso, während die Armbelastung durch leichtere Gewichte reduzierbar ist. Wird dennoch aus irgendeinem Grund frühzeitig spezialisiert, so ist dies sehr häufig mit der Stabilisierung einer in wesentlichen Punkten fehlerhaften Technik und damit dem Verhindern späterer Leistungssteigerungen verbunden!

3.2.2 Biologische Entwicklung und die Folgerungen für ein vielseitig zielgerichtetes Grundlagentraining

Aus den genannten Gründen ist eine frühzeitige Spezialisierung im betreffenden Alters- und Entwicklungsbereich abzulehnen:

- Nur durch eine vielseitige Ausbildung lässt sich die tendenzielle Einseitigkeit der muskulären Beanspruchung (Bevorzugung der Strecker) in der Leichtathletik umgehen!
- Die Druckbelastung für die Knochen lässt sich beim maximalen Sprint und Sprung nicht willkürlich verringern, im Wurf/Stoß höchstens im Bereich des Wurfarms durch reduzierte Gerätegewichte. Vielseitige Ausbildung schafft wertvolle Bewegungserfahrungen, ohne der Gefahr des Festigens langfristig ungünstiger Bewegungsabläufe zu erliegen.

In der biologischen Entwicklung durchlaufen zwar alle Sportler die gleichen Phasen, die zeitliche Abfolge kann aber gerade im Altersbereich des Grundlagentrainings erheblich streuen. Bei den meisten Mädchen und Jungen liegen zwar die Abweichungen des biologischen im Vergleich zum kalendarischen Alter im Rahmen von plus/minus einem Jahr. Es kann aber innerhalb eines kalendarischen Jahrgangs auch Abweichungen des biologischen Alters einzelner Kinder bzw. Jugendlicher von bis über vier Jahren geben!

BEACHTE   Individuelle Sicht

Deshalb ist es – auch innerhalb einer Trainingsgruppe – erforderlich, den individuellen Entwicklungsstand bestmöglich zu berücksichtigen und die Trainingsbelastungen entsprechend zu wählen!

Zur Orientierung können im vertrauensvollen Gespräch mit dem Heranwachsenden und den Eltern als grobe Anhaltspunkte hierfür u.a. das Auftreten der Schambehaarung, das Brustwachstum und das Auftreten der Monatsregel (Mädchen) bzw. u.a. die Bart- und Schambehaarung (bei Jungen) herangezogen werden. Gibt es Anhaltspunkte für eine ausgeprägte biologische Früh- oder Spätentwicklung, sollte dies möglichst durch einen Arzt anhand der klinischen Reifemerkmale abgesichert werden. Obwohl Körperhöhe und -gewicht im Vergleich zum allgemeinen Durchschnitt als unsicherer Indikator für die Kennzeichnung des biologischen Entwicklungsstandes angesehen werden müssen, kann man davon ausgehen, dass deutlich überdurchschnittliche Körperhöhen und -massen ein erstes Anzeichen einer biologischen Frühentwicklung (Akzeleration) sind. Dies bedeutet früheres Einsetzen der biologischen Reifungsprozesse (u.a. Verstärkung der anabolen Prozesse, verstärktes Skelettmuskelwachstum – bei Jungen stärker ausgeprägt als bei Mädchen) und damit Entwicklung eines relevanten Leistungsvorsprungs.

Es ist daher nicht verwunderlich, dass im Grundlagentraining
- die aktuell leistungsbesten Mittelstreckler, Sprinter, Springer und Werfer größer und schwerer sind als der Durchschnitt,
- die Entwicklung von Körperhöhe und -gewicht (Querschnittsanalyse) und die ausgeprägten Merkmale der physischen Leistungsfähigkeit (z.B.

Bewusstes abrollendes Gehen schult die oft vernachlässigte Schienbeinmuskulatur.

BEACHTE   Zusammenfassung

Folgende Grundpositionen, die im Grundlagentraining zu berücksichtigen sind, lassen sich zusammenfassen:
- Keine einseitige und frühzeitige Spezialisierung in den leichtathletischen Sprint-, Sprung- und Laufdisziplinen vor Ende des Grundlagentrainings.
- Eine frühzeitigere Spezialisierung (Schwerpunktlegung) im Stabhochsprung (Disziplin, die an sich eine vielseitige Trainingsgestaltung unter dem dargestellten Aspekt voraussetzt) und in den leichtathletischen Wurf-/Stoßdisziplinen ist denkbar (Wettkampf- und Trainingsgerätegewichte können entwicklungsgemäß angepasst werden).
- Vielseitiges, mehrkampforientiertes Grundlagentraining in den Sprint-, Sprung- und Laufdisziplinen; bei zukünftigen Werfern: keine Disziplin-, sondern Blockspezialisierung, ohne grundlegende leichtathletische Elemente aus dem Sprint, Sprung und Lauf zu vernachlässigen
- Generell soll die Entwicklung der sportlichen Leistung und deren Berücksichtigung bei Eignungsbeurteilungen nicht negiert werden. Sie kann jedoch niemals allein und ausschließlich das Ziel sportlichen Trainings im Grundlagentraining bzw. der Gradmesser für Eignungsbeurteilungen sein. Wenn die Ziele und Aufgaben des Grundlagentrainings erfüllt sind und dabei auch aktuelle hohe sportliche Leistungen entstehen, ist dagegen natürlich nichts einzuwenden.

50-m-Sprint, Dreierhop usw.) einen ähnlichen Verlauf zeigen: Bis zum Alter von 12/13 Jahren bestehen kaum Unterschiede zwischen Jungen und Mädchen, danach treten deutliche Geschlechtsspezifika auf mit Zuwachsraten bis zum Erreichen der Vollreife.

Diese ungleichen Entwicklungsbedingungen sind bei der Einschätzung von komplexen Sprint-, Sprung-, Wurf- und Laufleistungen zu berücksichtigen. Überdurchschnittliche Leistungen für Athleten der Altersklassen 11 bis 14 sind nicht selten eher auf biologische Akzeleration als auf Talent zurückzuführen!

Erhärtet wird diese Tatsache durch umfangreiche Längsschnittanalysen. Danach erreichen von den besten 14-Jährigen in Deutschland später nur etwa 2,5 Prozent Spitzenleistungen bei den Erwachsenen. Umgekehrt lässt sich sagen, dass viele der im Erwachsenenalter Erfolgreichen im Alter von 11 bis 14 Jahren nicht sonderlich leistungsauffällig waren. Sie waren (Ausnahme Stabhochsprung) eher gekennzeichnet durch

- schwankende oder unterbrochene Leistungsentwicklungen; z.T. zeitweise Trainingsreduktionen oder -unterbrechungen („Auszeiten") aus unterschiedlichsten Gründen mit anschließendem Wiedereinstieg in das kontinuierliche und dauerhafte Training,
- entsprechend keineswegs in allen Fällen kontinuierliche Spitzenleistungen in der späteren Spezialdisziplin im Kinder- und Jugendbereich und
- mehrkampforientiertes Training bis zum Jugendbereich mit einer anschließenden Spezialisierung.

Dazu kommen Athleten, die zunächst – oder auch parallel zur Leichtathletik – in anderen Sportarten engagiert trainiert haben.

3.3 Kennzeichen der psycho-sozialen Entwicklung

So wie wir selbst, wie unsere Gesellschaft sich wandelt und gewandelt hat, so trifft das auch auf die Kinder und Jugendlichen zu, die wir innerhalb und außerhalb des Vereines antreffen. Diesen Ent-

Auch Spaß ist ein Grund, warum Jugendliche sich für die Leichtathletik entscheiden.

wicklungen kann sich die Vereinsarbeit nicht entziehen. Als wesentliche Phänomene im Altersbereich des Grundlagentrainings lassen sich folgende Punkte beschreiben:

- Die Lebenswelt der Kinder und Jugendlichen ist durch ein Spannungsfeld zwischen Pluralisierung (einer enormen Zunahme an Möglichkeiten und Angeboten) und Individualisierung (sehr unterschiedliche, selbstbezogene Positionierung) gekennzeichnet. Den Vorteilen zahlreicher Wahlmöglichkeiten, der Selbstbestimmung und der verbesserten Möglichkeiten, sich an individuellen Interessen und Fähigkeiten zu orientieren, stehen gleichzeitig Nachteile wie das Erleben eines hohen Entscheidungsdrucks oder des Gefühls, überall (gleichzeitig!) dabei sein zu müssen, bis hin zu einer gewissen Orientierungs- und Hilflosigkeit gegenüber.
- Die Entwicklung vom Kind zum Jugendlichen verläuft tendenziell um bis zu zwei Jahre früher als noch vor wenigen Jahrzehnten. Die damit verbundene Loslösung vom Elternhaus hin zu selbstbestimmtem Verhalten und zu Gleichaltrigen-Gruppen fällt zunehmend in diesen Alters-

bereich, der für das Grundlagentraining relevant ist.

- Sport ist ein wesentlicher Freizeitinhalt für Kinder und Jugendliche. Allerdings werden dazu immer mehr Alternativen wahrgenommen. Innerhalb des Sports gibt es das gleiche Phänomen – in zweierlei Hinsicht: Zum einen gibt es wesentlich mehr Sportarten, die beispielsweise mit der Leichtathletik konkurrieren, zum anderen gibt es zahlreiche Möglichkeiten, den Sport anders als wettkampf- oder gar leistungsbezogen (mit allen Konsequenzen für ein geplantes, verbindliches, langfristig ausgerichtetes Training) zu betreiben.

Für Kinder und Jugendliche stehen in vielen Fällen erst einmal nicht sportliche (oder gar Leistungs-) Motive im Vordergrund, wenn sie in einen Verein kommen. Die häufigsten Gründe sind: Freunde treffen/finden und Spaß – Spaß an der Gemeinschaft mit Freunden und Trainern, Spaß daran, Sportler zu sein, Spaß an der eigenen Leistung und Leistungsentwicklung. Dazu kommt mit dem Übergang zum Jugendalter verstärkt ihre Erwartung, selbst über ihr Sporttreiben (mit) entscheiden zu können.

BEACHTE   Rolle des Trainers

Im Grundlagentraining stellt sich die Herausforderung, die langfristigen Ausbildungsziele zu verfolgen, indem auf stetig präsente Anreize, Spaß, Freude und Begeisterung eingegangen wird, um die Aktiven damit schrittweise an die regelmäßige und engagierte Trainingsteilnahme heranzuführen.

Eine entscheidende Rolle kommt dabei dem Trainer zu, der als Vorbild nicht nur in sportlicher Sicht und als Bezugsperson angesehen wird. Für die jüngeren Teilnehmer am Grundlagentraining stehen Zuwendung, Vermittlung von Spaß und Freude, Unterstützung kindgemäßer Aktivitäten im Vordergrund. Im späteren Verlauf kommt das stärker sportfachliche Führungsverhalten hinzu und wird letztlich beherrschend.

Die Aufgaben des leichtathletischen Grundlagentrainings können deshalb nicht nur unmittelbar sportliche sein. Die Adressaten müssen zunächst einmal bei ihren Einstellungen und Erwartungen „abgeholt" werden, um darauf aufbauend durch attraktive Angebote ein dauerhaftes Interesse an der Leichtathletik zu entwickeln und zu erhalten. Dazu gehört auch, für den Sport, aber auch die Persönlichkeitsbildung wichtige Werte wie Fair Play, Toleranz, Gemeinschaft (auch und gerade in der Individualsportart Leichtathletik ein wichtiger Faktor), aber auch Leistungsbereitschaft, Beharrlichkeit und Disziplin zu vermitteln.

3.4 Entwicklung der Leistungsvoraussetzungen und Trainierbarkeit

Die konditionellen und koordinativ-technischen Leistungsvoraussetzungen sind Strukturelemente sportlicher Leistungen in der Leichtathletik. Daraus lassen sich im Hochleistungsbereich (blockspezifisch) Haupttrainingsbereiche ableiten. Diese Trainingsstruktur kann allerdings nicht schematisch auf das Nachwuchstraining übertragen werden. Hierbei sind altersspezifische Besonderheiten, die die Trainierbarkeit dieser Leistungsvoraussetzungen beeinflussen, zu berücksichtigen.

3.4.1 Günstiges motorisches Lernalter

Berechtigt wird bei Kindern im frühen und späten Schulkindalter (vorpuberale Phase) von einem günstigen motorischen Lernalter gesprochen. Dies wird im Wesentlichen durch die Formbarkeit grundlegender nervaler Prozesse und die natürlichen Lernantriebe beeinflusst. Diese nachweislich günstigen Voraussetzungen werden häufig mit dem Erlernen leichtathletischer Techniken unmittelbar in Zusammenhang gebracht. Dabei wird häufig übersehen, dass

- unter Berücksichtigung altersgemäßer Entwicklungsbedingungen einzelne Strukturelemente leichtathletischer Techniken aus dem Top-Bereich nicht realisiert werden können, da die notwendigen Kraft-Voraussetzungen fehlen und

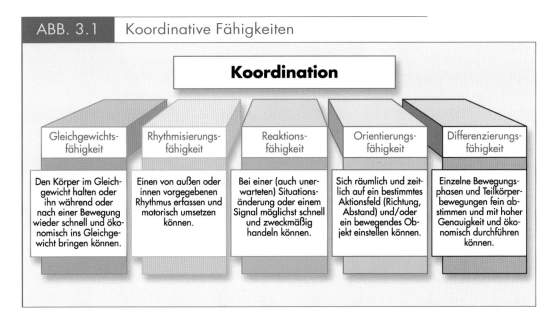

ABB. 3.1 Koordinative Fähigkeiten

Koordination

Gleichgewichts-fähigkeit	Rhythmisierungs-fähigkeit	Reaktions-fähigkeit	Orientierungs-fähigkeit	Differenzierungs-fähigkeit
Den Körper im Gleichgewicht halten oder ihn während oder nach einer Bewegung wieder schnell und ökonomisch ins Gleichgewicht bringen können.	Einen von außen oder innen vorgegebenen Rhythmus erfassen und motorisch umsetzen können.	Bei einer (auch unerwarteten) Situationsänderung oder einem Signal möglichst schnell und zweckmäßig handeln können.	Sich räumlich und zeitlich auf ein bestimmtes Aktionsfeld (Richtung, Abstand) und/oder ein bewegendes Objekt einstellen können.	Einzelne Bewegungsphasen und Teilkörperbewegungen fein abstimmen und mit hoher Genauigkeit und ökonomisch durchführen können.

- grundlegende strukturelle Bewegungsanforderungen im Nachwuchs- und Top-Bereich sich nicht immer decken. Kinder z. B. steigern ihre Laufgeschwindigkeit beim Sprint bevorzugt durch Schrittfrequenz-Erhöhung, Top-Athleten dagegen durch Schrittlängen-Vergrößerung.

Gut entwickelte koordinative Fähigkeiten sind Voraussetzung für das Erlernen, Verfeinern, Stabilisieren und Anwenden sportlicher Techniken sowie das effektive Ausnutzen der konditionellen Fähigkeiten. Ihre Ausbildung geht deshalb einem effektiven Techniktraining voraus und begleitet dieses durchgehend im Grundlagentraining!

BEACHTE   Techniktraining

Der Prozess des Erlernens und Vervollkommnens der sportlichen Technik ist im Verlauf der Wachstumsphase so zu gestalten,
- dass die Schüler einerseits **wettkampffähig** sind, und
- dass sie andererseits aufgrund variabel angeeigneter Bewegungsmuster fähig sind, umzulernen bzw. die Technik veränderten körperlichen wie äußeren Bedingungen anzupassen.

Die grundlegenden koordinativen Fähigkeiten (s. Abb. 3.1) sind nachweislich durch hohe Zuwachsraten in der Phase des frühen und späten Schulkindalters gekennzeichnet. Deshalb sind sie schon in der Grundausbildung/Kinderleichtathletik ein wichtiges Trainingsziel. Die räumliche Orientierungsfähigkeit, die Gleichgewichts-, die komplexe Reaktions- sowie die Rhythmusfähigkeit sind schwerpunktmäßig im Grundlagentraining zu entwickeln. Obwohl in der allgemeinen Systematik* der koordinativen Fähigkeiten nicht direkt erwähnt, sollte aus der Sicht der leichtathletischen Praxis und Methodik die Frequenzfähigkeit als komplexe Fähigkeit unbedingt mit hervorgehoben werden (s. dazu auch Kapitel 4.2.2).

Die kinästhetische Differenzierungsfähigkeit als die Fähigkeit, Muskelanspannungen auch in kleineren Intervallen differenziert empfinden und steuern zu können, ist von zentraler Bedeutung in vielen leichtathletischen Disziplinen. Im Sprint ist sie die Voraussetzung schlechthin, schnell und entspannt

* Literaturhinweis

Vgl. Schnabel, G., Harre, D. & Borde, A.: Trainingswissenschaft – Leistung, Training, Wettkampf (S. 139 – 144). Berlin: Sportverlag

TAB. 3.2	Entwicklung koordinativ-technischer Voraussetzungen	
6 bis 10 Jahre*	**ca. 11/12 Jahre***	**ca. 13/14 Jahre***
Grundausbildung mit **Schwerpunkt**: Entwicklung koordinativer **Fähigkeiten**	Grundlagentraining mit **Schwerpunkt**: Entwicklung grundlegender leichtathletischer **Grundfertigkeiten**	Grundlagentraining mit **Schwerpunkt**: Erlernen leichtathletischer Techniken
• Differenzierungsfähigkeit • Rhythmisierungsfähigkeit • Orientierungsfähigkeit • Reaktionsfähigkeit • Gleichgewichtsfähigkeit • (Kopplungsfähigkeit) • (Anpassungs- und Umstellungsfähigkeit)	• schnell laufen • schnell und rhythmisch über Hindernisse laufen • aus dem Anlauf einbeinig vertikal abspringen • aus dem Anlauf einbeinig horizontal abspringen • horizontale Mehrfachsprünge • beidbeinige Sprungübungen • akrobatische Elemente • ausdauernd laufen und gehen • stoßen • geradlinig werfen • aus der Drehung werfen • ABC des Sprintens, Springens und Werfens	• Sprintlauf, Sprintstart und Staffeln • Hürdensprint • Vorbereitung auf den Mittel- und Langstreckenlauf • Laufen • Schrittweitsprung • Flop • Kugelstoß • Diskuswurf • Speerwurf • „Wahlprogramm": Dreisprung, Stabhochsprung, Hammerwurf, Gehen

* Die Altersangaben gelten für Normalentwickler, gegebenenfalls sind entwicklungsgemäße Anpassungen vorzunehmen.

laufen zu können. Sie erlebt im Alter von 10 bis 13 Jahren einen ersten Entwicklungshöhepunkt, kommt dann jedoch zum Stillstand. Im Gegensatz zu den vorgenannten koordinativen Fähigkeiten kann ca. zwischen dem 17. und 21. Lebensjahr ein zweiter Entwicklungshöhepunkt beobachtet werden. Da die kinästhetische Differenzierungsfähigkeit als wesentliche Voraussetzung für das motorische Lernen generell angesehen wird, bedeutet dies, dass es nach dem Wachstumsende eine zweite günstige Phase für das Erlernen und Vervollkommnen von Bewegungstechniken gibt!

Die koordinativen Fähigkeiten erscheinen zunächst ohne direkten leichtathletischen Bezug. Da es im Grundlagentraining nicht um Vielseitigkeit an sich, sondern um zielgerichtete Vielseitigkeit geht, müssen die koordinativen Fähigkeiten aus leichtathletischer Sicht konkretisiert und umgesetzt werden. Entsprechend dem didaktischen Grundsatz „Vom Allgemeinen zum Speziellen" ist deshalb eine Phase des Erlernens grundlegender leichtathletischer Fertigkeiten sinnvoll.

Wettkampftechnik ist ein wesentlcihes Ziel des Techniktrainings.

Konditionelle Voraussetzungen | Trainierbarkeit 3.4

BEACHTE   Grundfertigkeiten

Die leichtathletischen Grundfertigkeiten sollen dazu beitragen, dass im Prozess des nachfolgenden Techniktrainings (Aufbau-, Anschluss- und Hochleistungstraining) Bewegungsausführungen besser und variabler erlernt und vervollkommnet werden können.

Dabei soll mit verschiedenen Übungen und bewusst **variabler**, auch alternativer Gestaltung das Grundlegende, das Wesentliche erfasst, das heißt, der kinästhetische Analysator sensibilisiert werden. Die meisten standardisierten leichtathletischen Bewegungsabläufe sind zeitlich so strukturiert, dass sie nach dem Erlernen unbewusst, das heißt programmgesteuert ablaufen. Dieser Prozess hat den Nachteil, dass bei häufiger Wiederholung ein verfestigtes Bewegungsmuster entsteht und eine notwendige Beeinflussung im Nachhinein erschwert. Die nachfolgenden leichtathletischen Zieltechniken sind altersgerecht für alle Sportler des Grundlagentrainings zu erlernen (s. dazu Kapitel 4). Die Schwerpunktverlagerung in der Entwicklung koordinativ-technischer Leistungsvoraussetzungen mit den dazugehörigen zu erarbeitenden Bewegungen ist in Tab. 3.2 dargestellt.

3.4.2 Konditionelle Voraussetzungen und Trainierbarkeit

Generell muss auch für die Etappe des Grundlagentrainings die Einheit von konditioneller und koordinativer Ausbildung hervorgehoben werden. Diese Einheit ist vor allem auch unter Berücksichtigung der bisher gekennzeichneten altersspezifischen Besonderheiten notwendig.

Schnelligkeit und Kraft

Die konditionellen Fähigkeitsbereiche Schnelligkeit und Kraft werden hier aufgrund ihrer engen Verknüpfung gemeinsam betrachtet. Dies erfolgt besonders unter dem Aspekt, dass die beide Bereiche wesentlich verbindende Komponente der neuromuskulären Steuerung stärker in den Mittelpunkt

gestellt werden muss und nicht nur die muskuläre Komponente der Kraftfähigkeiten.

Im Bereich der **Kraftfähigkeiten** werden Maximalkraft-, Schnellkraft- und Kraftausdauerfähigkeiten unterschieden (s. Abb. 3.2 auf der folgenden Seite). Die Maximalkraft hat dabei eine Sonderstellung als Basiskomponente, da Schnellkraft- und Kraftausdauerleistungen maßgeblich durch das Maximalkraftniveau bestimmt werden. Für den langfristigen Leistungsaufbau in der Leichtathletik sind Maximal- und Schnellkraftfähigkeiten von hoher, die Kraftausdauer von deutlich untergeordneter Bedeutung.

Vielfach wird die Kraftentwicklung hauptsächlich auf die Betrachtung des Dickenwachstums der Muskulatur beschränkt. Dementsprechend werden

Kraft und Schnelligkeit hängen eng zusammen (hier beim Medizinball-Schocken).

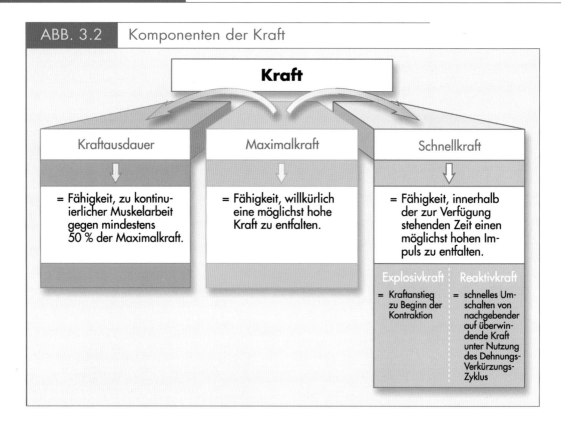

ABB. 3.2 Komponenten der Kraft

Kraft

Kraftausdauer	Maximalkraft	Schnellkraft
= Fähigkeit, zu kontinu-ierlicher Muskelarbeit gegen mindestens 50 % der Maximalkraft.	= Fähigkeit, willkürlich eine möglichst hohe Kraft zu entfalten.	= Fähigkeit, innerhalb der zur Verfügung stehenden Zeit einen möglichst hohen Im-puls zu entfalten.

Explosivkraft / **Reaktivkraft**

= Kraftanstieg zu Beginn der Kontraktion

= schnelles Um-schalten von nachgebender auf überwin-dende Kraft unter Nutzung des Dehnungs-Verkürzungs-Zyklus

trainingsmethodische Fehlschlüsse z.B. hinsichtlich des Zusammenhangs zwischen Kraft- und Schnelligkeitsfähigkeiten gezogen.

Die Zusammensetzung der Muskulatur aus weißen und roten Muskelfasern ist insofern von Bedeutung, als die größeren, ermüdbareren weißen Fasern schneller kontrahieren können (so genannte „Fasttwitch-Fasern") und dabei mehr Kraft entwickeln als die kleineren ausdauernderen, langsameren und schwächeren roten Fasern (so genannte „Slow-twitch-Fasern"). Das numerische Verhältnis zwischen weißen und roten Fasern ist genetisch festgelegt und durch Training nicht zu beeinflussen. Allerdings können die Ermüdbarkeit sowie die Kontraktionsgeschwindigkeit und -kraft der weißen Fasern durch verschiedene Trainingsmittel verändert werden. Kurze, explosive Kontraktionen (anaerob-alaktazide Belastung) mit hoher Intensität

BEACHTE Kraftfähigkeiten

Sämtliche Kraftfähigkeiten werden neben der Muskelmasse maßgeblich von Faktoren der Fasertypenverteilung (weiße und rote Muskelfasern) und von der willkürlichen (und reflexbedingten) neuromuskulären Aktivierung bestimmt. Ergänzend sind noch Faktoren der Motivation und des spezifischen Bewegungsablaufs zu nennen.

BEACHTE Explosive Belastungen

Ein Hypertrophietraining sowie ein anaerobalaktazid belastendes Training darf kein primäres Ziel im Grundlagentraining sein! Sinnvoll sind dagegen kurze, explosive Belastungen mit altersgemäß hoher Intensität und langen Pausen zum Training der weißen Muskelfasern und der willkürlichen Aktivierungsfähigkeit.

Schnelle Horizontalsprünge zeigen die Verbindung von Kraft und Schnelligkeit.

und langen Pausen fördern das Muskelwachstum vor allem der weißen Fasern sowie die willkürliche neuromuskuläre Aktivierungsfähigkeit. Durch ermüdende anaerob-laktazide Belastungen aber (z. B. Tempoläufe, intensives Kraftausdauertraining, Muskelhypertrophietraining = Muskelaufbautraining) kann die Ermüdbarkeit der weißen Fasern vermindert werden. Gleichzeitig gehen diese Trainingsformen allerdings mit Verlusten in der Kontraktionsschnelligkeit und der Kraftentfaltung der weißen Muskelfasern einher!

Die **Schnellkraft** hängt vom Niveau der Maximalkraft als Basis ab sowie vor allem von der willkürlichen Aktivierungsfähigkeit und dem Anteil an weißen Fasern in der betreffenden Muskulatur. In den letztgenannten Bereichen sind die Kinder bereits vor der Pubertät leistungsfähig und trainingsmethodisch beeinflussbar.

Bei den meisten Schnellkrafteinsätzen ist die verfügbare Zeit zur Kraftentfaltung aufgrund der Fortbewegungsgeschwindigkeit und der realisierten Bewegungsamplituden begrenzt, z. B. durch die Kontaktzeit beim Sprintschritt oder Absprung. Allerdings erweisen sich viele Bewegungssituationen nicht als zwingend in dem Sinne, dass diese schnellstmögliche Aktion tatsächlich auch realisiert wird: Im unmittelbaren Startabschnitt des Sprints können längere Stützzeiten durch kürzere Flugzeiten kompensiert werden – ein typischer Befund für das Beschleunigungsverhalten bei 11- bis 14-Jährigen. Ähnliches gilt für horizontale Sprungformen aus zwei bis fünf Schritten Anlauf (geringe Geschwindigkeit und geringer Zwang, hohe Kraftanstiege bei kurzen Stützzeiten zu generieren).

Dieses Grundproblem beim Heranwachsenden sei noch einmal unterstrichen: Sowohl der Start als auch der Weitsprung oder Wurf sind aus/bei geringer Geschwindigkeit altersgemäß und auch unter dem Aspekt der Umsetzung technischer Hinweise notwendig. Aber: Werden diese Trainingsübungen nur noch relativ eintönig, monoton und häufig wiederholt, so verfestigen sich entsprechende (langsame) Bewegungsmuster. Sie werden automatisiert und sind später nur schwer zu korrigieren, trotz der dann günstigeren Kraft-Last-Verhältnisse im Verlauf der biologischen Entwicklung.

BEACHTE   Vielseitigkeit

Bei den leichtathletischen Übungen steht ein koordinativ vielseitiges Training mit Variation der Ausführungsbedingungen im Zentrum des Grundlagentrainings, ergänzt um leichtathletikübergreifende Inhalte.

Fast alle Krafteinsätze in der Leichtathletik erfolgen im so genannten „Dehnungs-Verkürzungszyklus" (DVZ). Das bedeutet, dass die beanspruchte Muskulatur zunächst nachgebende (exzentrische) und dann überwindende (konzentrische) Arbeit leistet. Ausnahmen sind im Normalfall der Abdruck aus dem Startblock und die Startphasen im Diskus- und Hammerwurf, je nach Start auch im Kugelstoß. Die Schnellkraftleistungen im Dehnungs-Verkürzungszyklus werden bestimmt durch die Reaktivkraft als relativ eigenständige Dimension im

Fußgelenksprünge mit kurzem Bodenkontakt fördern den „Dehnungs-Verkürzungszyklus".

Schnellkraftverhalten. Sie wird bestimmt durch die bereits genannte Explosivkraft sowie durch die Höhe der Aktivierung des Dehnungsreflexes. Insbesondere die Wadenmuskulatur ist durch ihre Struktur (höherer Muskelspindelanteil, der für die Wirkung des Dehnungsreflexes verantwortlich ist) für Schnellkraftleistungen im Dehnungs-Verkürzungszyklus geeignet.

Die Höhe der Aktivierung des Dehnungsreflexes ist an bestimmte Bedingungen der Bewegungsausführung geknüpft. Das betrifft insbesondere das Vermeiden eines starken und „weichen" Nachgebens zu Beginn der Stützphasen im Sprint und Sprung.

Beachten Sie: Beidbeinige Strecksprünge mit geringem Nachgeben im Hüft- und Kniegelenk ohne Fersenkontakt sind klassische Übungen zur Entwicklung der Reaktivkraft. Die gleiche Übung als

---

BEACHTE   „Aktiver Fuß"

Der Ballenlauf als eine wesentliche technische Forderung beim Lauf ist unverzichtbar, um den Dehnungs-Verkürzungszyklus zu aktivieren. Ähnliches gilt für das kurzzeitige Anheben der Fußspitze vor dem aktiven Abspringen.

ABB. 3.3   Komponenten der Schnelligkeit

Schnelligkeit

Reaktions-schnelligkeit	azyklische Schnelligkeit	zyklische Schnelligkeit	Beschleunigungs-fähigkeit	Schnelligkeits-ausdauer
= Fähigkeit, auf ein Signal hin möglichst schnell motorisch zu reagieren.	= Fähigkeit, eine einmalige, azyklische Bewegung möglichst schnell ausführen zu können.	= Fähigkeit, eine mehrfach zyklisch wiederholte Bewegung möglichst schnell ausführen zu können.	= Fähigkeit, zyklisch maximal lange zu beschleunigen.	= Fähigkeit, die den ermüdungsbedingten Geschwindigkeitsabfall nach der Phase der Maximalgeschwindigkeit darstellt.

tiefer Hockstreckprung ausgeführt hat für die Entwicklung der Reaktivkraft kaum einen Effekt (sondern eher als entwicklungsadäquates Mittel für die Maximalkraftentwicklung). Es kommt immer auch auf die Ausführung an! Die Entwicklung des Last/Kraftverhältnisses bei unseren Heranwachsenden muss natürlich mit berücksichtigt werden.

Im Bereich der **Schnelligkeitsfähigkeiten** werden die azyklische Schnelligkeit, die Beschleunigungsfähigkeit, die zyklische oder lokomotorische Schnelligkeit, die Schnelligkeitsausdauer und die Reaktionsschnelligkeit unterschieden (s. Abb. 3.3).

Für die **azyklische Schnelligkeit** ist die innerhalb einer einzelnen Bewegung zu erreichende Geschwindigkeit (Absprung, Stoß, Wurf) charakteristisch. Sie wird vollständig bestimmt durch die Schnellkraft – je nach Zeitdauer der Aktivität vorrangig durch die Explosivkraft bzw. Reaktivkraft (Sprint, Sprung, Armeinsatz im Wurf/ Stoß) oder durch das dynamisch realisierte Kraftmaximum (Abdruck aus dem Startblock und erste Stützphasen im Sprint, Beinarbeit im Stoß und Wurf).

Die **Beschleunigungsfähigkeit*** beinhaltet, aus der Ruhe (beim Start) oder einem relativ langsamen Tempo maximal hoch und maximal lange zu beschleunigen, so dass daraus eine hohe Maximalgeschwindigkeit resultiert. Demnach erstrecken sich Beschleunigungsläufe bei untrainierten Kindern bis maximal 30 Meter, nach einem Grundlagentraining im individuellen Fall sogar bis 50 Meter. Als wichtige Voraussetzung dafür gilt die Schnellkraftfähigkeit mit einer gut ausgeprägten Start- und Beschleunigungstechnik. Bei längerer Beschleunigung wird zunehmend auch die Umschaltfähigkeit des Zentralnervensystems beansprucht (Schrittfrequenz). – Es dominiert die alaktazide Form der Energiebereitstellung.

Typische Beschleunigungsleistungen werden in den Start- und Beschleunigungsabschnitten des Kurz- und Hürdensprints und in den Anläufen der Horizontalsprünge erbracht. Im Trainingsprozess besitzen auch submaximale Beschleunigungen

einen hohen Stellenwert: einerseits beim Techniktraining, andererseits zur Vorbereitung der maximalen Beschleunigungs- und Schnelligkeitsintensitäten und darüber hinaus auch für die Anläufe der Vertikalsprünge.

Die **zyklische Schnelligkeitsfähigkeit*** ist die Fähigkeit, sich mit höchstmöglicher Geschwindigkeit fortzubewegen. Somit handelt es sich dabei um den Kurz- und Hürdensprint, bedingt auch um den Anlauf der Horizontalsprünge. Das Erreichen dieser Maximalgeschwindigkeit erfordert eine vorherige submaximale bis maximale Beschleunigung. Wichtige Voraussetzung sind die Beweglichkeit neuromuskulärer Prozesse (Umschaltfähigkeit des Zentralnervensystems = Schrittfrequenz), die Schnellkraft, die Dehnfähigkeit, Elastizität und Entspannungsfähigkeit der Muskulatur. Die Beschleunigungsfähigkeit beeinflusst die maximale Schnelligeit durch ihre dominierende alaktaziden Stoff-

Der schnelle Wechsel zwischen An- und Entspannung zeichnet den Sprint aus.

wechsellage: Aufgrund des hohen Sauerstoffdefizits zu Beginn des maximalen Schnelligkeitsabschnitts kann es auch zu anaerob-laktaziden Stoffwechselvorgängen kommen. Trainingsmethodisch haben auch submaximale Schnelligkeitsläufe eine sehr hohe Bedeutung (Vorbereitung der maximalen Schnelligkeit sowie Schulung der Technik, Koordination und Entspannungsfähigkeit).

Vor der ersten puberalen Phase ist es aufgrund des Entwicklungsstands des Nervensystems außerordentlich kompliziert, maximal schnelle zyklische Bewegungen unter diesem Aspekt qualitativ gut zu steuern. Deshalb kann diese Maximalgeschwindigkeit kaum länger als 10 Meter gehalten werden. Erst danach verbessern sich die grundlegenden Bedingungen, so dass dann durch das Grundlagentraining entsprechende Schnelligkeitseffekte* erzielt werden können.

Die **Schnelligkeitsausdauer*** sei hier nur vollständigkeitshalber genannt. Sie repräsentiert den ermüdungsbedingten Geschwindigkeitsabfall nach der Phase der Maximalgeschwindigkeit. Durch die maximalen Bewegungsfrequenzen ermüdet das Zentralnervensystem sehr schnell, so dass sich ein Hemmungszustand herausbildet. Der auf die Zeiteinheit bezogene Gesamtenergieaufwand liegt äußerst hoch und führt zu einer raschen lokalen Ermüdung.

> Durch diese extreme anaerob-laktazide Stoffwechsellage verbietet sich die Ausbildung der Schnelligkeitsausdauer im Grundlagentraining!

---

* Literaturhinweise

- Schnabel, G. & Thieß, G. (Hrsg.) (1993): *Lexikon Sportwissenschaft – Leistung – Training – Wettkampf.* 2 Bd. Berlin: Sportverlag.
- Heß, W.-D. (1997): Leistungsstrukturelle und trainingsmethodische Aspekte der Schnelligkeitsentwicklung – Ergebnissen eines einjährigen Grundlagentrainings. In W. Joch & K. Wohlgefahrt, *Leichtathletik im Spannungsfeld von Tradition und Wandel.* Hamburg: Czwalina

---

BEACHTE   Sprint

Die **Sprintleistung und ihr Training im Grundlagentraining**
- orientieren vorrangig auf den alaktaziden und nur gering auf den laktaziden Stoffwechsel,
- beinhalten somit die Beschleunigungs- und zyklische (lokomotorische) Schnelligkeitsfähigkeit und schließen konsequent die Schnelligkeitsausdauer aus,
- betonen neben der sauberen Sprinttechnik und Koordination eine gut entwickelte Entspannungs- und Umschaltfähigkeit,
- gehen davon aus, dass maximale Intensitäten eine gute Beherrschung der submaximalen Intensität voraussetzen und
- wenden vor und neben den klassischen sprintspezifischen Mitteln variantenreiche organisationsmethodische und Spielformen an.

Ohne genaue Teilzeitenmessung ist es äußerst schwierig für den Trainer, den Übergang zur Schnelligkeitsausdauer zu bestimmen. Deshalb sollten Wettkampf-, Test- und Trainingsstrecken eine 50-m-Strecke nicht überschreiten. Belastungssteigerungen sollten mehr den Umfang „kürzerer" submaximaler Strecken betreffen*, immer bei ausreichender Erholungspause und auch variablen Organisations- und Spielformen.

Trainingsmethodisch und -praktisch wichtig zu wissen ist zudem, dass Technik- und Koordinationsmängel auch schon bei kürzeren Sprintläufen den laktaziden Stoffwechsel mehr als gewünscht in Anspruch nehmen. Dies kann besonders auf akzelerierte Sportler zutreffen. Deshalb sei hier noch einmal die Priorität guter Technik, Koordination und Entspannungsfähigkeit und der submaximalen Geschwindigkeit erwähnt!.

Die **Reaktionsschnelligkeit** ist die Fähigkeit, auf einen Reiz hin (akustisches bzw. optisches Signal) möglichst schnell motorisch zu reagieren (z.B. Abdruck aus dem Startblock). Sie ist abhängig von der konzentrierten und fokussierten Aufmerksamkeit und von der Reizleitungsgeschwindigkeit im Nervensystem. Letztere ist genetisch bedingt und kaum trainierbar. Ziel der Schulung der Reaktionsschnelligkeit ist deshalb vorrangig eine Stabilisierung kurzer Reaktionszeiten (enger Bezug zu koordinativen Fähigkeiten) und eng damit verbunden eine Verbesserung des sich unmittelbar anschließenden Bewegungsablaufs (erste Schritte der Startbeschleunigung beim Tiefstart und des Ablaufens beim Stabwechsel).

Ausdauer

Die Ausdauer hat als Widerstandsfähigkeit gegenüber Ermüdung bei länger dauernden Belastungen einerseits eine grundlegende Bedeutung im Sinne der Belastbarkeit für leistungssportliches Training schlechthin, andererseits entsprechend der Disziplinspezifik eine leistungsbestimmende Bedeutung. Damit ist sie zentraler Bestandteil des Grundlagentrainings.

Die **aerobe Ausdauer** ist im Unterschied zur anaeroben Ausdauer die Fähigkeit, auf der Grundlage des aeroben Stoffwechsels (unter Verwendung von Sauerstoff) Energie für langdauernde Belastungen zu generieren. Die biologischen Grundlagen dafür sind das Herz-Kreislauf-System mit der Aufgabe, Sauerstoff aufzunehmen und an den erforderlichen Ort zu transportieren, sowie die Bedingungen in der Muskelzelle, um dort den Sauerstoff in Energie umzuwandeln.

Da nicht immer alle Muskelzellen an einer Bewegung beteiligt sind, muss zwischen allgemeiner Ausdauer (aus der Sicht der Leichtathletik alle laufunspezifischen Mittel) und der Grundlagenausdauer (aus leichtathletischer Sicht der Lauf) unterschieden werden: Obwohl die Leistungsfähigkeit des Herz-Kreislauf-Systems grundlegende Bedeutung für beide Formen hat, spielt die Ökonomie der Bewegung (Lauftechnik) bei der Grundlagenausdauer eine entscheidende Rolle. Ein hohes Niveau an Grundlagenausdauer kann es nur bei leistungs-

Grundlagenausdauer wird nur durch langes Laufen entwickelt.

BEACHTE   Aerobe Ausdauer

- Herz-Kreislauf-System und aerobe Ausdauer sind bei Kindern und Jugendlichen prinzipiell genauso gut trainierbar wie bei Erwachsenen: Es gibt vergleichbare Anpassungserscheinungen.
- Einseitige Laufbelastungen bringen Belastungen für Psyche und manche Bereiche des Binde- und Stützgewebes mit sich. Deshalb sind im Grundlagentraining weitere Bewegungsformen zur Entwicklung der allgemeinen Ausdauer unter dem Aspekt der Erhöhung der Leistungsfähigkeit des Herz-Kreislauf-Systems sowie des Reiz- und Belastungswechsels im Training sinnvoll zu integrieren (Schwimmen, Inlineskating, Skilanglauf, Sportspiele usw.).

BEACHTE   Anaerobe Ausdauer

Systemische anaerob-laktazide Trainingsreize, also solche mit hoher Intensität, sind im Grundlagentraining zu vermeiden:
- Generell muss man im Grundlagentraining von ungünstigen Bedingungen für laktazide Belastungen ausgehen. Die Trainierbarkeit ist sehr gering.
- Noch wichtiger ist es jedoch, dass umfangreiche anaerobe Belastungen die Entwicklung der Explosiv- und Reaktivkraft sowie der Schnelligkeitsfähigkeiten – nämlich im Einzelnen die Entwicklung der willkürlichen Aktivierung, der Reflexaktivität und der Entwicklung der schnellen, weißen Fasern – stark beeinträchtigen können!

Entsprechendes gilt auch für die Schnelligkeitsausdauer (s. oben).

Dehnen wird spätestens dann wichtig, wenn das verstärkte Muskelwachstum beginnt.

fähigem Herz-Kreislauf-System geben. Allerdings reicht das nicht automatisch für ein hohes Niveau an Grundlagenausdauer aus.

Kinder sind bereits vor der Pubertät überdurchschnittlich ausdauerleistungsfähig. Der Schwerpunkt liegt dabei auf der aeroben Stoffwechsellage, das heißt: geringe Intensität/Geschwindigkeit und lange Dauer.

Die **anaerobe** Ausdauer ist die Fähigkeit, bei muskulärer Arbeit mit ungenügender Verfügbarkeit von Sauerstoff, das heißt unter anaerober Energiegewinnung im Muskel, eine möglichst hohe motorische Leistung zu erzeugen. Dabei entsteht schon nach sehr kurzer Zeit Laktat (Milchsäure), was über zentralnervöse Steuerungsmechanismen zu einer Verringerung der Arbeitsintensität führt.

Beweglichkeit

Die Beweglichkeit im Sinne von Dehnfähigkeit und Flexibilität ist die Fähigkeit, möglichst große Gelenkamplituden (Ausschläge) zu realisieren. Interessant ist vor allem die aktive Beweglichkeit, die durch den eigenen Krafteinsatz erreicht werden kann. Sie ist abhängig von anatomischen Gege-

Zielstellung in der Leichtathletik ist stets ein Optimum an Beweglichkeit, nicht ein Maximum. Ein Muskelgleichgewicht im Rahmen der leichtathletisch geforderten Bewegungsamplituden ist ausreichend. Eine übermäßige Dehnung einzelner Muskeln wirkt sich beeinträchtigend auf die Kraft- und Schnelligkeitsfähigkeiten aus (Erhalt der Sensibilität der Muskelspindeln usw.).

benheiten der Gelenke, der Dehnfähigkeit des Muskel-Sehnen-Systems, der Kraft der Gegenspieler-Muskeln und vor allem auch der Schmerztoleranz.

Die Trainierbarkeit der Beweglichkeit ist im Wesentlichen bis zum späten Schulkindalter möglich. Später kann nur noch ein Halten des erreichten Niveaus angestrebt werden. Beweglichkeitstraining beim pubertierenden Jugendlichen sollte sich im Wesentlichen darauf beschränken, das durch die hormonellen Veränderungen initiierte Muskelwachstum, welches mit Einschränkungen der

Dehnfähigkeit verbunden ist, zu kompensieren. Unter Berücksichtigung der relativ „weichen" Knochen und Gelenke vor Wachstumsende können durch übertriebenes Beweglichkeitstraining Knochenwachstumsprozesse negativ beeinflusst werden.

3.5 Ableitungen für die trainingsmethodische Gestaltung

Trainingsmethodisch ist das Grundlagentraining neben den motivationalen und Erziehungsaspekten in erster Linie als Voraussetzungstraining zu verstehen. Daraus ergeben sich Trainingsinhalte und -aufgaben, die

- einerseits im Sinne von Voraussetzungen für ein später einsetzendes effektives Training leistungsbestimmender Fähigkeiten und Fertigkeiten zu verstehen sind,
- andererseits einen relativ klaren Leistungsbezug haben und
- unter Berücksichtigung altersspezifischer Voraussetzungen auch bei eindeutigem Leistungsbezug noch vernachlässigt werden müssen und für die Etappe des Grundlagentrainings „tabu" sind

Die Rumpfkraft zu entwickeln ist eine wichtige Aufgabe im Grundlagentraining!

(z. B. anaerob-laktazide und/oder wettkampf-spezifische Ausdauer).

Festzuhalten sind folgende Hauptaufgaben für die sportliche Ausbildung im Grundlagentraining, die trainingsmethodisch umgesetzt und deren Entwicklung nachgewiesen werden muss:

Konditionelle Fähigkeiten

- Entwicklung der lokomotorischen Schnelligkeit in Einheit von intensiver, langer Beschleunigung bzw./und maximaler Laufgeschwindigkeit
- Entwicklung der Explosivkraft und der azyklischen reaktiven Kraft mit leichtathletischen einschließlich spielerischen Trainingsmitteln (Sprungkraft, Wurfkraft)
- Entwicklung der zyklischen reaktiven Kraft mit leichtathletischen einschließlich spielerischen Trainingsmitteln, das heißt, unter dem Aspekt alternierender Wechsel von exzentrisch/konzentrischer Arbeitsweise und anschließender Ent-

spannung der aktiven Muskeln in der fortlaufenden Bewegungsabfolge
- Entwicklung der Maximalkraft mit altersgemäßen Trainingsmitteln (kein Hypertrophietraining)
- Entwicklung der allgemeinen Ausdauer/Kraftausdauer auch mit leichtathletikunspezifischen Trainingsmitteln
- Entwicklung der Grundlagenausdauer (laufspezifisch)
- gezielte Kräftigung der Rumpf- und Hüftgelenksmuskulatur (Übergang Hüfte/Wirbelsäule)
- gezielte Kräftigung von Gegenspielern der Hauptarbeitsmuskeln
- Dehnung der Hauptarbeitsmuskeln.

Koordinativ-technische Fähigkeiten und Fertigkeiten

- Entwicklung und Vervollkommnung leichtathletischer Grundfertigkeiten mit variablen Anforderungen bezüglich wesentlicher biomechanischer

Pausen gehören zum Training genauso dazu wie die Belastung.

und inter- und intramuskulärer Parameter (unterschiedliche Lauf- und Anlaufgeschwindigkeiten; unterschiedliche Absprung-, Abwurf-, Abdruck-, Abstoßwinkel; unterschiedliche Betonung/Einbeziehung von Detailbewegungen usw.)

- Erlernen von leichtathletischen Techniken bis zu einem Niveau, das eine sichere Anwendung im Wettkampf gestattet; dabei Einbeziehen von alternativen Ausführungen (am Start Abdruckbein links und rechts vorn; Hürdenüberquerung links und rechts, Absprünge, Würfe, Stöße mit links und rechts usw.)

Aus diesen Hauptaufgaben leiten sich die Haupttrainingsinhalte ab, wie sie in Kapitel 4 und 5 detailliert dargestellt werden. Die leichtathletischen Inhalte sind dabei unter den drei Zielrichtungen der technischen, der koordinativen und der konditionellen Verbesserung anzuwenden. Inhalte aus anderen Sportarten dienen der koordinativen und konditionellen Verbesserung unter allgemein-ergänzenden Aspekten und dem entwicklungsangemessenen Belastungswechsel aus Sicht des Bewegungsapparats.

3.5.1 Allgemeine trainingsmethodische Grundlagen

Die sportliche Leistung wird in der Leichtathletik durch die drei Faktoren Technik, Koordination und Kondition bestimmt. Als Resultat ergeben sich die drei grundsätzlichen Möglichkeiten zur Ausrichtung des Trainings. Die Leistung in leichtathletischen Disziplinen ist also stets ein Komplex aus verschiedenen, sich gegenseitig beeinflussenden Anteilen von Technik, Koordination und Kondition,

TAB. 3.3		Bedeutung von Technik, Koordination und Kondition		
		Bedeutung von		
Disziplinblock	Merkmale	Technik	Koordination	Kondition
• Sprint • Sprung • Wurf	• hohe Bewegungs-geschwindigkeit • maximale Krafteinsätze	Die Bewegungstechnik muss die koordinativen und konditionellen Ansprüche in optimale Leistung umsetzen.	• Intensivste Krafteinsätze und hohe Bewegungsgeschwindigkeiten können nur bei günstigster Bewegungskoordination erreicht werden. • Durch günstige Bewegungskoordination können ökonomische Bewegungen erreicht werden.	• vorrangig Schnellkraft, zyklische und azyklische Schnelligkeit • Maximalkraft, allgemeine Kraft • vorrangig aerobe Ausdauer • Kraftausdauer
• Lauf	• mittlere Bewegungs-geschwindigkeit		• Durch günstige Bewegungskoordination können ökonomische Bewegungen erreicht werden.	• vorrangig aerobe Ausdauer

von denen keiner entbehrlich ist. Die Bedeutung der einzelnen Faktoren ist in den leichtathletischen Disziplinblöcken unterschiedlich (s. Tab. 3.3 auf der vorherigen Seite):

Im Grundlagentraining stehen Technik und Koordination im Vordergrund. Die konditionellen Faktoren werden entsprechend dem biologischen Alter der Athleten und immer koordinativ vielseitig so entwickelt, dass die Möglichkeit zur altersangemessenen Umsetzung der Technik und der Koordination besteht.

Auf den ersten Blick gleiche Trainingsübungen können in diesem Rahmen sehr unterschiedliche Trainingswirkungen zeigen. Bestimmt wird dieses wesentlich durch die gewählten Belastungsfaktoren:

- Belastungsintensität/Reizintensität = Höhe des Reizes
- Belastungsdauer/Reizdauer = Dauer des Reizes (auch: Reizanzahl in einer Serie ohne Unterbrechung)
- Belastungsdichte/Reizdichte (Pause) = Pause zwischen den Reizen
- Belastungsumfang/Reizumfang = Gesamtanzahl und/oder -dauer der Reize
- Belastungshäufigkeit/Trainingshäufigkeit = Anzahl der Trainingseinheiten im Trainingszyklus (Mikro-, Meso-, Makrozyklus)

Reizumfang und Reizintensität beeinflussen sich gegenseitig: Je höher der eine Wert, desto niedriger muss der andere sein. Dabei sind Belastungen erst oberhalb einer gewissen Reizintensität trainingswirksam. Diese Schwelle liegt im Ausdauerbereich bei ca. 30 Prozent der maximalen Leistungsfähigkeit, bei der Kräftigung bei ca. 50 und im Schnelligkeitstraining über 85 Prozent.

Die quantitative Abstufung der Reizintensität und ihre qualitative Fassung erfolgt in vier Belastungsstufen (s. Tab. 3.4)

Die Pausen zwischen den Belastungsserien spielen ebenfalls eine Rolle. Sie sind notwendig, damit der Athlet zur nächsten Belastung im passenden Maße

Trainingswettkämpfe – wie hier Starts gegeneinander – haben eine hohe Reizintensität!

TAB. 3.4 Belastungsstufen

Belastungsstufe	Reizintensität (% max.)	Reizumfang (Wdh.)
Gering	40 – 50 %	60 – 80
Mittel	50 – 70 %	15 – 30
Submaximal	80 – 95 %	6 – 12
Maximal	95 – 100 %	3 – 6

leistungsfähig ist: zu kurze Pausen würden übermäßig die Ermüdung aufsummieren, zu lange Pausen wären von der Trainingszeit her nicht ökonomisch!

- Vollständige Pausen sind nötig bei konzentriertem Technik- und z. T. Koordinationstraining sowie zur Entwicklung der maximalen Schnelligkeit und Schnellkraft im Sprint, Sprung und Wurf.
- Unvollständige Pausen sind dagegen verkürzt (mit verbleibendem Ermüdungsrückstand, häufig etwa 2/3 der vollständigen Pause). Sie werden eingesetzt bei der Ausdauer- und z. T. Koordinationsschulung.

Anhand Belastungsintensität, -umfang und Pausengestaltung unterscheidet man sportartübergreifend folgende Trainingsmethoden als Grundmuster:

Dauermethode, extensive und intensive Intervallmethode, Wiederholungsmethode und Wettkampfmethode. Im engeren Sinne stellen sie Belastungsmethoden dar, die sich dann zusammen mit den Erziehungsmethoden und den Unterrichts-/Vermittlungsmethoden dem Oberbegriff Trainingsmethoden unterordnen.

Ausgehend von diesen „klassischen" Trainingsmethodenbegriffen, die heute in der Trainingspraxis und -theorie als Grundbegriffe dienen, haben sich für die Trainingsziele der einzelnen konditionellen Fähigkeiten typische wirksame Beanspruchungsformen/Trainingsmittel herauskristallisiert. Tab. 3.5 zeigt ausgewählte Beanspruchungsformen in Übertragung auf das entwicklungsgemäße Grundlagentraining. In Kapitel 3.5.4 werden diese noch näher erläutert.

TAB. 3.5 Beispiele von Beanspruchungsformen/Trainingsmittel

Typische Trainingsziele/ Anwendungsbereiche	Trainingsmittel
Schnelligkeit	• maximale Sprints • submaximale Sprints
Kraft	• submaximale relativ langsame Krafteinsätze • maximale relativ langsame Krafteinsätze • submaximale relativ reaktive Krafteinsätze • maximale relativ reaktive Krafteinsätze
Grundlagenausdauer/Allgemeine Ausdauer	• Dauerlauf mit hohem Zeitumfang im aeroben Bereich • intervallartige extensive Laufbelastung
Beweglichkeit	• statische Dehnung (aktiv oder passiv) • dynamische Dehnung (aktiv oder passiv)

Zu Technik-, Koordinations-, Kraft- und Schnelligkeitsbelastungen ist noch anzumerken, dass sie auch das zentrale Nervensystem ermüden und deshalb die Pausen nicht nur an der Erholung der Muskulatur orientiert sein dürfen. „Pause" heißt dabei nur Pause für die betreffende belastete Muskulatur. Zur Erhöhung der Trainingsökonomie können während der Pausen auch andere Muskelgruppen intensitätsabgestimmt belastet werden (z.B. im Wechsel: Arme und Beine, Arme und Rumpf, Beine und Rumpf oder Strecker und Beuger).

3.5.2 Technische Ausbildung

Mit der sportlichen Technik strebt der Sportler (gemäß der Bewegungsaufgabe im Wettkampf) an, die koordinativen und konditionellen Voraussetzungen bestmöglich auszuschöpfen und umzusetzen.

Da das Grundlagentraining als Lerntraining charakterisiert ist, bedeutet dies, dass vor allem das Erlernen, aber in altersgerechter Form auch das Festigen zweckmäßiger Techniken ein zentraler Bestandteil dieser Trainingsetappe ist. In späteren Etappen ist das Techniklernen zum Teil bereits deutlich aufwendiger, dort verschiebt sich der Schwerpunkt eindeutig in Richtung Technikanwendung und Festigung.

Das Techniktraining wird einerseits durch das jeweils aktuelle Ausgangsniveau des Athleten und andererseits durch ein angemessenes Technikleitbild als Ziel bestimmt. Das Technikleitbild orientiert sich an physiologischen und biomechanischen Erkenntnissen wie auch an den „Best-practice-Lösungen" der Top-Athleten.

Im Grundlagentraining zu beachten ist dabei allerdings, wie schon dargestellt, die Abhängigkeit der Technik unter anderem von den konditionellen Leis-

Gelegentlich muss der Trainer beim Techniktraining unterstützend einwirken!

tungsvoraussetzungen, die in diesem Altersabschnitt nicht immer ausreichend vorhanden sind. Hier ist auf ein altersgerechtes und individuelles Technikmuster zu achten. Andererseits wäre sonst ein Verfestigen von Fehlern, die kaum oder gar nicht mehr zu beheben sind, und somit perspektivisch ein vorzeitiges Erreichen von Leistungsgrenzen die langfristige Folge.

Erprobte und erlernte Bewegungstechniken müssen aufgrund der Wachstumsphasen ständig an veränderte Körperproportionen und damit auch veränderte konditionelle Voraussetzungen angepasst werden. So muss sich also aufgrund der veränderten Voraussetzungen auch die persönliche Technik des Athleten verändern.

Im Sinne der Anpassung an diese veränderten Voraussetzungen und im Hinblick auf angestrebte Leistungssteigerungen muss diese individuelle Technik auch immer auf einem Stand gehalten werden, der weitere Entwicklungen zulässt.

Trainingspraktische Umsetzung des Techniktrainings

Die trainingspraktische Umsetzung des Techniktrainings erfolgt über die Stufen Erproben, Erlernen, Üben/Stabilisieren und Verbessern. Die Ziele sind entsprechend den unterschiedlichen Möglichkeiten und Interessen der einzelnen Athleten abgestuft:

- Einige Sportler beschäftigen sich im Sinne einer abwechslungsreichen Ausbildung nur mit dem Erlernen der Technik,
- andere benötigen dagegen in den Disziplinen der Blockmehrkämpfe und Mehrkämpfe eine

wettkampftaugliche Technik auf allgemeinem Niveau.

- Ein Teil der Sportler benötigt für die angestrebte Spezialdisziplin sogar eine wettkampftaugliche Technik auf höherem Niveau.

Voraussetzung für das Erlernen von Techniken ist, dass der Athlet eine **Bewegungsvorstellung** entwickelt (z.B. durch Bewegungsanweisung, Bewegungsbeschreibung, Demonstration durch den Trainer oder andere Athleten, Bild-/Videomaterial, insbesondere auch durch eigenes Erproben). Die Athleten lernen zu Beginn des Grundlagentrainings in erster Linie durch Imitation und Erproben (Prinzip „Lernen durch Erfahrung" statt Belehrung!). Das Vormachen und das „Demonstrieren lassen" sind deshalb in dieser Altersstufe besonders wichtig.

Wichtig ist auch die **Rückmeldung über den Bewegungsvollzug** als Basis für Veränderungen und Verbesserungen. Anfangs sind Athleten meist auf externe Rückmeldungen z. B. durch den Trainer angewiesen. Die Athleten sollten aber zügig lernen, dies auch mit der eigenen Bewegungswahrnehmung zu verknüpfen (s. dazu auch Kap. 2). Bei der Trainerrückmeldung darf allerdings nicht der Eindruck entstehen, dass es um „Fehlerguckerei" geht, sondern darum, Klarheit zu schaffen, was an einem Versuch besonders gelungen war und was weniger. Fortschritte und Stärken sollten in gleichem Maße mitgeteilt werden wie Schwächen.

Im Vergleich zum Koordinationstraining ist das Techniktraining durch im Wesentlichen konstante Situationen gekennzeichnet. Insbesondere im Techniklernen können allerdings auch erleichternde Bedingungen helfen, Bewegungen zu erfühlen und

---

BEACHTE Techniktraining

In der Trainingspraxis muss einerseits eine klare Orientierung am Technikleitbild erfolgen, es müssen andererseits aber – wo nötig – noch vorübergehend Abstriche gemacht werden. Gerade in letzteren Fällen darf noch keine Technikstabilisierung erfolgen (= koordinativ vielseitig und variabel trainieren)!

BEACHTE Wettkampftauglich

Wettkampftauglich heißt, dass die Technik so beherrscht wird, dass das Verhalten im Wettkampf bekannt ist und gültige Versuche in passabler Qualität mit einem Leistungsanspruch möglich sind.

Feedback hilft nur, wenn es beim Athleten auch ankommt!

dann zu erlernen. Dazu dienen insbesondere folgende Möglichkeiten:

- Übungsauswahl vom Leichten zum Schweren und vom Bekannten zum Unbekannten.
- Zunächst langsame, danach schnellere Bewegungsausführung.
- Übungsauswahl vom Einfachen zum Komplexen, gegebenenfalls sogar Reduzieren auf Teilbewegungen – die Teilbewegungen dürfen dann aber nicht zum Selbstzweck werden, sondern sind wieder in die Gesamtbewegungen zu integrieren.
- Wo möglich, kann aber auch die ganzheitliche Bewegung von Beginn an eingesetzt werden (Beispiel: Hürdensprint mit Zugang über den Rhythmus).
- Unterstützung durch Lernhilfen wie Orientierungs- und Gelände- oder Gerätehilfen.

Beachten Sie dabei immer wieder, dass Bewegungen sich durch Wiederholung festigen. Das gilt auch für falsche Bewegungen: Werden diese häufig wiederholt, verfestigen sich diese auch!

Im Techniktraining müssen wir einerseits ausreichende Pausen zur vollständigen Wiederherstellung gewährleisten, andererseits wollen wir auch trainingsökonomisch arbeiten und „Totzeiten" vermeiden, wo sie unnötig sind (s. Tab. 3.6). Dabei kommen drei Verfahren zum Einsatz.

BEACHTE   Techniktraining = Qualitätstraining

Für das Techniktraining gilt, dass es immer mit hoher Qualität durchgeführt werden muss. Voraussetzungen dafür sind:

- Ermüdungsfreiheit: Deshalb steht ein Techniktraining immer am Beginn einer Trainingseinheit. Wenden Sie die Wiederholungsmethode mit ausreichend Erholung zwischen den einzelnen Übungen an!
- Hohe Konzentration: Schaffen Sie eine geeignete Lernatmosphäre und fordern Sie jeden Athleten!
- (Individuell) passende Übungsauswahl: Aus-

gangspunkt ist immer der individuelle Könnensstand (angemessener Schwierigkeitsgrad). Bieten Sie gegebenenfalls Erleichterungen an!

- Geben Sie je Techniktrainings-Baustein nicht mehr als eine neue Übung (mit weitergehender Anforderung) vor!
- Differenzieren Sie die Aufgaben auf Basis der unterschiedlichen Voraussetzungen und Könnensstufen innerhalb der Trainingsgruppe. Hilfreich kann eine Aufteilung der Gruppe auf mehrere Stationen mit je unterschiedlichen Aufgabenstellungen sein!

TAB. 3.6	Beleastungsverfahren im Techniktraining			
Verfahren im Techniktraining	**Sprintbereich**		**Sprung, Wurf/Stoß**	
	Häufigkeit	**Pausen**	**Häufigkeit**	**Pausen**
Serienweise Technikausführung, mittlere bis submaximale Intensität	8 – 12 Wdh.	2 – 3 min	5 – 10 x 3 – 10 Wdh.	2,5 – 5 min
Einzelne Technikausführung, submaximale Intensität	6 – 10 Wdh.	2 – 4 min	10 – 20 Wdh.	1 – 2 min
Einzelne Technikausführung, maximale Intensität	4 – 6 Wdh.	4 – 6 min	6 – 12 Wdh.	2 – 4 min

1. Serienweise Technikausführungen mit mittlerer bis submaximaler Intensität: Hiervon sind in einem Trainingsbaustein von 30 Minuten 8 bis 12 Ausführungen bei Pausen von 2 bis 3 Minuten (Sprintbereich) bzw. 5 bis 10 Serien à 3 bis 10 Wiederholungen bei Pausen von 2 bis 5 Minuten (Sprung, Wurf, Stoß) möglich.
Beispiele: Hürdenüberquerungen mit mittlerer bis submaximaler Geschwindigkeit, Sprint-ABC-Übungen, Absprungserien im 1er-, 2er-, 3er-Rhythmus, Einstichimitationen (Stabhoch), Wurf-/Stoßserien an die Wand.

2. Einzelne Technikausführungen mit submaximaler Intensität: In einem Baustein können 6 bis 10 (Sprint) bzw. 10 bis 20 Ausführungen (Sprung, Wurf, Stoß) durchgeführt werden.
Beispiele: Submaximale Sprints mit Koordinationsaufgaben, Hürdenüberquerungen mit submaximaler Geschwindigkeit, Weit-/Hoch-/Stabhochsprünge aus kurzem bis mittlerem Anlauf, Würfe/Stöße aus dem Stand oder aus leichter Vorbeschleunigung.

3. Einzelne Technikausführungen mit maximaler Intensität: In einem Baustein sind 4 bis 6 Sprints bei Pausen von 4 bis 6 Minuten bzw. 6 bis 12 Versuche (Sprung, Wurf, Stoß) bei Pausen von 2 bis 4 Minuten sinnvoll.
Beispiele: Maximale Starts/Sprints/Hürdensprints, Weit-/Hoch-/Stabhochsprünge aus langem Anlauf, Würfe/Stöße mit vollständiger Vorbeschleunigung (Andrehen, -gleiten, -laufen). –

In den Pausen können „nichtbeteiligte" Muskelpartien ohne weiteres belastet werden.

Bei Kopplungen von Modulen aus den Verfahren 1 bis 3 in einem Baustein reduzieren sich entsprechend die jeweiligen Umfänge.

Die genannten Häufigkeiten erfordern vom Trainer ein gute und straffe Organisation, denn in dieser Zeit sind noch Bewegungsanweisungen und Bewegungskorrekturen bzw. Geräteaufbauten zu leisten.

Würfe mit dem Hütchen stellen besondere Anforderungen an die Bewegungssteuerung.

Läufe durch einen Hütchenparcours mit unterschiedlichen Aufgaben können ein trainingspraktischer Baustein zur koordinativen Ausbildung sein.

3.5.3 Koordinative Ausbildung

Der Begriff der Bewegungskoordination wird umgangssprachlich mit Bewegungsfluss, Bewegungseleganz, Bewegungsgefühl usw. beschrieben. Dahinter stehen die koordinativen Fähigkeiten, wie sie in Kapitel 3.4.1 und Abb. 3.1 bereits beschrieben wurden. Als Bestandteil jeder leichtathletischen Bewegungstechnik zeigt sich eine gute Koordination in zeitlich, räumlich und dynamisch gut abgestimmten Bewegungsabläufen.

Die koordinative Ausbildung schult die koordinativen Fähigkeiten in Hinblick auf die leichtathletischen Bewegungsabläufe und ist die Basis

- für ein erfolgreiches, ökonomisches Bewegungslernen und Techniktraining,
- für ein erfolgreiches Anwenden der sportlichen Technik auch bei veränderten Situationen und Bedingungen und

BEACHTE   Zur Einordnung

Im Koordinationstraining werden Informationsanforderungen und Druckbedingungen so verändert, dass ungewohnte Bewegungsaufgaben entstehen. Kennzeichen sind:

- Wiederholen ohne Wiederholung
- Es kommen bekannte und beherrschte Bewegungsabläufe zur Anwendung. Schwerpunkt ist jetzt aber die Konzentration auf ungewohnte und anspruchsvolle Realisierungsbedingungen.
- Variation als Hauptmethode (z.B. Veränderung der Bewegungsausführung, der äußeren Bedingungen, der Informationsaufnahme, ungewohnte Kombinationen, Üben unter Zeitdruck oder nach Vorbelastung).

- für ein erfolgreiches Weiterentwickeln sowie gegebenenfalls Umstellen der Technik in späteren Trainingsabschnitten, um sich der körperlichen Entwicklung anzupassen.

Das (Neu-)Lernen und Festigen von sportlichen Techniken (= Techniktraining) lässt sich methodisch dadurch kennzeichnen, dass die Ausführung unter weitgehend konstanten Bedingungen stattfindet und vorübergehend die Bewegungsaufgabe erleichtert wird (z.B. durch Verringern der Komplexität, durch Teilübungen, Verringern der Geschwindigkeit usw.). Demgegenüber ist für das Koordinationstraining ein Erschweren der Bewegungsaufgabe typisch.

Mit einer Grundbewegung lassen sich durch verschiedenartige Schwerpunktsetzungen in ihren Variationen auch unterschiedliche koordinative Zielstellungen ansteuern.

Zur trainingspraktischen Umsetzung können die Übungen aus der allgemeinen und speziellen Grundschule Laufen, Springen, Werfen, die Übungen aus den allgemeinen Inhalten Spiele, Gymnastik und Turnen und in variiertem Einsatz die Übungen zur Schulung der Technikelemente 1 und 2 benutzt werden (s. Kapitel 4).

Die Trainingsmethoden entsprechen dabei denen des Techniktrainings: Je höher die Bewegungsgeschwindigkeit bzw. die Anforderungen, desto größer die Erholungspausen und desto geringer die Anzahl der Übungswiederholungen.

3.5.4 Konditionelle Ausbildung

Im Grundlagentraining hat das Training der Schnelligkeit und der damit verbundenen Komponenten der Schnellkraft und Reaktivkraft eine vorrangige Bedeutung. Begleitend wird die Kraft als Maximalkraft in erster Linie auf der koordinativen Ebene (inter- und intramuskuläre Koordination – Kraftentwicklung durch Schulung des Nervensystems) entwickelt. Ebenso begleitend erfolgt die Schulung der Beweglichkeit und der allgemeinen Ausdauer.

Systematische anaerob-laktazide Belastungen wirken sich im Grundlagentraining kontraproduktiv auf die Schnelligkeitsentwicklung aus und dürfen

---

BEACHTE Zur Einordnung

Die konditionelle Entwicklung im Grundlagentraining orientiert sich noch nicht vorrangig an den Belastungsnormativen. Es wird aus den schon mehrfach genannten Gründen abwechslungsreich, koordinativ vielfältig, mit hohen spielerischen Anteilen und mit Belastungswechseln des Bewegungsapparates durchgeführt.

Die Belastungskennziffern sind demgegenüber zwar nachrangig, aber dennoch wichtig:

- Im Grundlagentraining hat allerdings der Belastungsumfang Vorrang vor der Intensität.
- Auch die Belastungssteigerungen infolge der Trainingsfortschritte erfolgen weitgehend über den Umfang.
- Ausnahme ist das Schnelligkeitstraining, für das eine maximale Bewegungsintensität mit entsprechend geringer Wiederholungszahl und vollständigen Pausen nötig ist.

Laufen auf dem Rasen ist ein sinnvoller Belastungswechsel zum Bahnlauf.

ABB. 3.4   Idealer Herzfrequenzbereich

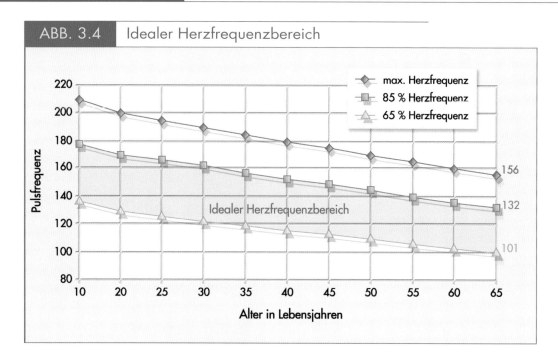

deshalb nicht Bestandteil des Grundlagentrainings sein. Aufgrund des nicht ausgewachsenen Körpers ist auch das Krafttraining, das der Muskelquerschnittsvergrößerung dient, kein Bestandteil des Grundlagentrainings!

Für die Schulung konditioneller Faktoren sind die Übungen der allgemeinen und speziellen Grundschule bei entsprechender Wiederholungsanzahl geeignet, im Bereich der Schnelligkeitsschulung auch die gesamte Wettkampftechnik oder Teileelemente der Wettkampftechnik. Die einseitige Beschränkung der Schnelligkeitsentwicklung auf die Wettkampfübung birgt die Gefahr der späteren Leistungsstagnation.

In der Trainingspraxis sollte der Trainer die Schulung der konditionellen Elemente mit den auf der rechten Seite aufgeführten Vorgaben ausführen. Auch wenn es um eine konditionelle Schulung geht, darf dabei aber die Bewegungsqualität nicht vernachlässigt werden!

Weite Würfe mit dem Schleuderball trainieren die Wurfkraft.

Beispiele für die konkrete Anwendung der Trainings-/Belastungsmethoden

Schnelligkeit

- Sprints mit maximaler Geschwindigkeit, Reizdauer maximal sechs Sekunden bei drei bis sechs Wiederholungen; je Sekunde Reizdauer zwei Minuten Pause.
  Übungsbeispiele: maximal schnelle Ausführung von Sprint-ABC-Übungen, Sprintübungen, Vorgabeläufe, Sprints mit Zeitnahme, Wettrennen (jeweils auch über Hürden o.ä.). – Während der Pause können „nichtbeteiligte" Muskelpartien belastet werden.
- Sprints mit submaximaler Geschwindigkeit, Reizdauer maximal acht Sekunden bei acht bis zwölf Wiederholungen; je Sekunde Reizdauer 1 bis 1,5 Minuten Pause.

Schnellkraft / Reaktivkraft

- Submaximale, relativ langsame Krafteinsätze mit sechs bis zwölf Wiederholungen je Serie
  Übungsbeispiele: Hock-Streck-Sprünge, Klimmzüge, Tauklettern, Tauziehen, Zug-/Druckkämpfe gegen Partner, Liegestütze, Stabilisationsübungen für Rumpf- und Hüftmuskulatur (auch in Circuitform möglich)
- Maximale, relativ langsame Krafteinsätze mit einer bis fünf Wiederholungen je Serie
  Übungsbeispiele: Hock-Streck-Sprünge, Würfe/Stöße mit relativ schweren Geräten
- Submaximale schnelle reaktive Krafteinsätze mit sechs bis zwölf Wiederholungen je Serie
  Übungsbeispiele: beidbeinige Prellsprünge auf der Stelle, „schnelle" flache Sprünge mit Anlauf, Sprünge um die Wette/auf Zeit, Würfe oder Stöße mit unterschiedlichen, insbesondere relativ leichten Geräten

Beachten Sie dabei, dass kurze Bodenkontaktzeiten bei den Sprüngen erzielt werden und dass Hüfte/Schulter bei den Würfen/Stößen vorschleudern!

- Maximale schnelle reaktive Krafteinsätze mit einer bis fünf Wiederholungen je Serie
  Übungsbeispiele: maximale Würfe oder Stöße mit relativ leichten Geräten
  Beachten Sie, dass die Übungsformen sicher beherrscht werden. Bei nachlassender Bewegungsqualität muss die Übung abgebrochen werden!

Grundlagenausdauer

Trainingsmethode: extensive Intervallmethode und Dauermethode, langsames Bewegungstempo bei hohem Zeitumfang; Belastung stets im aeroben Bereich (Kontrolle über Pulsmessung, idealer Bereich s. Abb. 3.4)
Übungsbeispiele: Dauerläufe, Fahrtspiel, Figurenlaufen, Pyramiden- und Minutenläufe

Allgemeine Ausdauer

Trainingsmethode: extensive Intervallmethode oder Dauermethode, Spielformen
Übungsbeispiele: Spiele, andere Sportarten, Inlineskating, Skilanglauf

Beweglichkeit

- Dynamische Dehnung: 10- bis 20-mal Federn mit zunehmender Dehnungsamplitude
- Statische Dehnung (Stretching): bis zu dreimal sechs Sekunden Dehnungsposition halten (mit oder ohne Partnerhilfe)

SPORTLICHE AUSBILDUNG

4. Sportliche Ausbildung

4.1. Einleitung

4.1.1 Zielsetzung und Struktur der sportlichen Ausbildung

Die sportliche Ausbildung im Grundlagentraining orientiert sich an dessen Ausbildungszielen, den Zielsetzungen des sportlichen Trainings allgemein und den erforderlichen leichtathletischen und sportartübergreifenden Inhaltsbereichen (s. dazu Abb. 4.1).

Inhaltlich teilt sich die Ausbildung in sechs Bereiche auf: drei leichtathletische und drei allgemeine. Die leichtathletischen Bestandteile zielen über die Sta-

tionen der allgemeinen und speziellen Grundschulung sowie der sich anschließenden Schulung von Technikelementen direkt auf die Wettkampftechnik der einzelnen Disziplinen. Die allgemeinen Inhaltsbereiche besitzen dagegen wichtige Zubringerleistungen für diese Disziplinen.

Die sportliche Leistung in den leichtathletischen Disziplinen resultiert vereinfacht aus drei Faktoren, so dass das Training nach drei verschiedenen Gestaltungsmöglichkeiten erfolgt (s. Abb. 4.2):

• Techniktraining: Hier geht es in erster Linie um die Bewegungsqualität. Bewegungstechniken sollen unter konstanten Bedingungen erlernt, stabilisiert oder verbessert werden.

• Koordinationstraining: Hier sollen Varianten von Bewegungstechniken oder erlernte Bewegungs-

ABB. 4.1   Zur sportlichen Ausbildung

Sportliche Ausbildung im Grundlagentraining

3 Trainingsgestaltung	**6** Inhaltsbereiche	**3** Ziele
Technik	Laufen/Sprinten	Lerntraining
Koordination	Springen	Talenterkennung
Kondition	Wefen/Stoßen	Vorbereitung auf das Aufbautraining
	Gymnastik	
	Turnen	
	Spiele	

techniken unter veränderten Rahmenbedingungen (z.B. langsame oder hohe Bewegungsgeschwindigkeit, mit oder ohne Vorbeschleunigung, Wechsel der Vorbeschleunigungsart, alternative Bewegungstechniken, z.B. im Weitsprung Hang- oder Schrittsprung usw.) erprobt werden.

- Konditionstraining: Hier steht das Belasten im Vordergrund. Belastungen sollen erfahren, die Belastungsverträglichkeit soll erhöht und ausgewählte Leistungsfaktoren systematisch verbessert werden. Belastungsgrößen sind: Intensität, Umfang, Dauer und Pause (die so genannten Belastungsfaktoren).

Vergleichen Sie dazu auch die Ausführungen in Kapitel 3 zum Technik-, Koordinations- und Konditionstraining.

Die übergreifenden Ziele der sportlichen Ausbildung im Grundlagentraining sind das Lerntraining, das Talenterkennungstraining und die Vorbereitung auf das sich anschließende Aufbautraining (das Schaffen der Voraussetzungen).

BEACHTE	Zusammenspiel

In der Trainingspraxis werden immer alle drei Faktoren gleichzeitig angesprochen (jedes Techniktraining ist gleichzeitig ein Konditions- und Koordinationstraining und umgekehrt). Der Trainer wählt allerdings durch die Festlegung der Rahmenbedingungen den Schwerpunkt der Trainingswirkung.

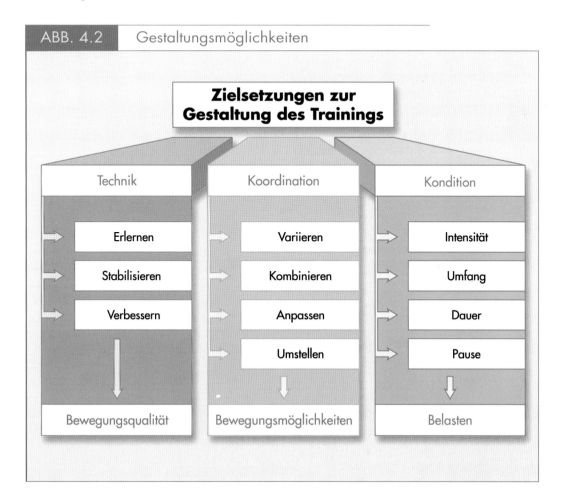

ABB. 4.2 Gestaltungsmöglichkeiten

4.1.2 Klassifizierung und Systematik der leichtathletischen Inhaltsbereiche Laufen, Springen, Werfen/Stoßen

Die leichtathletischen Wettbewerbe lassen sich in drei Blöcke einteilen:

- **Sprint – und Laufdisziplinen**, in denen der Athlet schnellstmöglich unterschiedliche Streckenlängen durcheilt.
- **Sprungdisziplinen**, in denen sich der Athlet beschleunigt und über möglichst große Distanzen oder Höhen katapultiert.
- **Wurf-/Stoßdisziplinen**, in denen sich der Athlet zunächst mit einem Wurfgerät beschleunigt und anschließend (u.a. durch plötzliches Abstoppen des Körpers) die Energie auf das Wurfgerät überträgt, damit dieses eine möglichst große Distanz überwindet.

Die Vorbereitung auf die leichtathletischen Wettkampftechniken (Zielübungen) stellen wir in jedem Disziplinbereich einheitlich in drei Elemente aufgeteilt dar, die in ihrem Zusammenwirken Voraussetzung für das Gelingen der Wettkampftechnik sind:

- allgemeine und spezielle Grundschulung (z.B. Sprint-/Gehschule, Sprungschule, Wurfschule) – gemeinsam für alle Disziplinen des Blocks
- Technikelement 1 in Zusammenwirken mit
- Technikelement 2 – jeweils disziplinspezifisch

Beispielsweise besteht die Vorbereitung zum Hürdensprint aus der allgemeinen und speziellen Lauf- und Gehschule (allen Sprint- und Ausdauerdisziplinen gemeinsam) sowie dem Anlauf an die erste Hürde (Technikelement 1) sowie der Hürdenüberquerung und dem Zwischenhürdenlauf (Technikelement 2).

Für das Erreichen eines ersten technischen Ausbildungsniveaus in der Disziplin sind also mehrere Elemente von grundlegender Bedeutung, wie es in Abb. 4.3 dargestellt ist.

Für das **stabile** Erreichen eines höheren technischen Ausbildungs- und Leistungsniveaus ist ein **breiteres** Fundament mit einer größeren Anzahl von Elementen erforderlich. Die Basiselemente bleiben erhalten, **neue Elemente kommen hinzu**. Entsprechend muss für eine stabile Entwicklung mehr und häufiger trainiert werden. Es wird nichts weggelassen bzw. ersetzt, sondern der altersmäßigen Entwicklung der Athleten angepasst oder weiterentwickelt (vgl. dazu Abb. 4.4).

4.2. Sprint/Lauf

Das Laufen ist die natürlichste Art des Menschen, sich fortzubewegen. Es ist grundlegender Bestandteil der leichtathletischen Disziplinen in den Disziplinblöcken Sprint, Lauf und Sprung, zum Teil auch Wurf, sowie sportartübergreifend Bestandteil vieler anderer Sportarten. Laufen ist deshalb zentraler Bestandteil des Grundlagentrainings. Entsprechend der unterschiedlichen Zielrichtungen des Laufens erfolgt auf Basis der allgemeinen Lauf- und Gehschule die Aufteilung in das schnelle Laufen mit den Disziplinen Sprint, Hürdensprint, Staffellauf, das ausdauernde Laufen (zunächst ohne weitere Differenzierung) und das sportliche Gehen (s. Abb. 4.5).

4.2.1 Allgemeine und spezielle Lauf- und Gehschule

Die allgemeine und spezielle Lauf- und Gehschule dient der grundlegenden Entwicklung von Teil- oder kompletten Bewegungsfertigkeiten des Gehens und des Laufens.

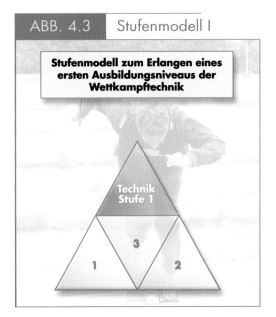

ABB. 4.3   Stufenmodell I

Stufenmodell zum Erlangen eines ersten Ausbildungsniveaus der Wettkampftechnik

Technik Stufe 1

3

1   2

Lauf- und Gehschule Sprint/Lauf 4.2

ABB. 4.4 Stufenmodell II

Stufenmodell zum Erlangen eines höheren Ausbildungsniveaus der Wettkampftechnik

stabile Basis für die
2. Technikstufe

instabile Basis für die
2. Technikstufe

Schwerpunkte und Zielsetzungen dieser Grundschule sind:

• Technikerwerb, -erhalt und -verbesserung unter Berücksichtigung der Veränderungen durch die Pubertät: Gehen, ganzsohliger Lauf und Ballenlauf, Schrittgestaltung in Verbindung mit der Schrittfrequenz und Vergrößerung des Bewegungspools

• Koordinationsverbesserung und Variation der Belastung im Hinblick auf das Körpergefühl des „Sichtreffens" beim Gehen, Laufen und Sprinten: Variationen des Beineinsatzes, Erhalten bzw. Er-

ABB. 4.5 Aufbau des Inhaltsbereiches Laufen / Sprinten

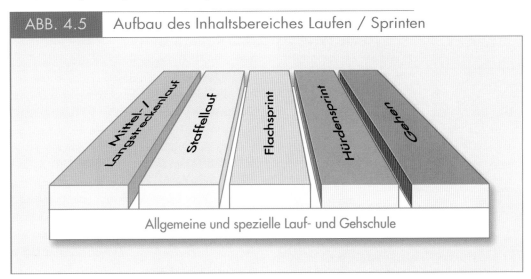

Mittel- / Langstreckenlauf

Staffellauf

Flachsprint

Hürdensprint

Gehen

Allgemeine und spezielle Lauf- und Gehschule

BEACHTE Aktiver Fußaufsatz	BEACHTE Ausführungskontrolle
Zentrales Bewegungselement ist der aktive Fußaufsatz: das Hauptaugenmerk liegt immer auf dem zu erzielenden Vortrieb aus einer Bewegungsrichtung des Fußes nach hinten-unten.	Kontrollieren Sie schon bei der Grundschulung auf die stets korrekte Ausführung der Bewegungsanweisungen (Fußaufsatz, Körperhaltung, Armarbeit).

zeugen der Variabilität und Umlernfähigkeit für spätere Trainingsetappen, Umsetzen von Korrekturen, Entwickeln des Gefühls für Streckenlängen und Laufzeit

• Konditionelle Verbesserung zur Erhöhung der Belastungsverträglichkeit, Steigerung der Schnelligkeit, Verbesserung der Grundlagenausdauer

Der Gestaltungsrahmen zur Verwirklichung dieser allgemeinen und speziellen Grundschulung umfasst eine große Bandbreite unterschiedlicher Möglichkeiten, wie Abb. 4.6 zeigt:

Diese Gestaltungsmöglichkeiten können isoliert oder in Kombination miteinander angeboten werden, so dass sich für ein vielseitiges und abwechslungsreiches Training eine Vielzahl von Übungsmöglichkeiten ergibt.

Die in Abb. 4.6 aufgeführten Möglichkeiten sind wie folgt näher gekennzeichnet:

Beobachtungsmerkmal „Aktiver Fußaufatz": Kurz vorm Boden ist der Fuß angezogen!

Lauf-/Gehstil: Er beschreibt die persönliche Ausprägung des Gehens, Laufens und Sprintens (Körperhaltung, Fußaufsatz, Schrittrhythmus, Schrittgestaltung) im Vergleich zur Idealtechnik. Altersgemäße und individuelle Abweichungen von der Idealtechnik sind normal. Eine Korrektur muss jedoch erfolgen, wenn diese Abweichungen eine Leistungsentwicklung limitieren oder eine körperliche Beeinträchtigung verursachen.

Körperhaltung: Der Wechsel zwischen unterschiedlichen Körperhaltungen (aufrecht, Vorlage, Rücklage, Neigung zur Seite, mit/ohne Armunterstützung, unterschiedliche Armhaltung, klein, groß) vermittelt Bewegungserfahrungen für das „Sichtreffen" und den Vortrieb. Diese sind deshalb in vielfältiger Form und Häufigkeit in das Grundlagentraining einzubinden.

Fußaufsatz: Die unterschiedlichen Möglichkeiten des Fußaufsatzes (Abrollen über den ganzen Fuß, ganzsohliger Aufsatz, Ballenlauf, mit gestrecktem oder gebeugtem Bein; laut, leise) vermitteln vielfältige Erfahrungen für ein ökonomisches Gehen, Laufen und Sprinten in unterschiedlichen Geschwindigkeitsbereichen.

Armarbeit: Die Armarbeit unterstützt die Geh- und Laufbewegung und gleicht die durch die Bewegungen der Beine verursachte Pendel- und Rotationsbewegung aus. Die Art und Intensität der Unterstützung kann durch die unterschiedliche Ausführung der Armarbeit erfahren werden (ohne Armarbeit, Arme in der Hochhalte, hinter dem Rücken, in der Seithochhalte, in der Vorhalte usw.).

Lauf- und Gehrhythmus: Die Rhythmusschulung kann durch die Veränderung der Schrittfrequenz (hohe/niedrige Schrittfrequenz) oder die Veränderung der Schrittlänge (große/kleine Schrittlänge) erfolgen.

ABB. 4.6 Handlungsrahmen Lauf-/Gehschule

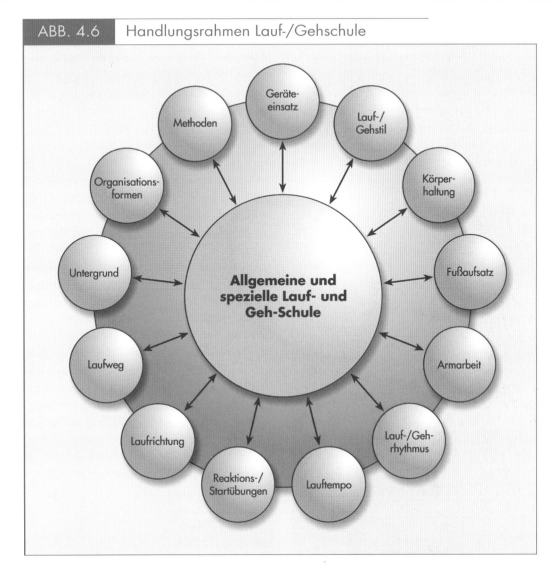

Lauftempo: Die Wahl des Geh- und Lauftempos (langsam, mittel, schnell) entscheidet über die Verwirklichung unterschiedlicher Trainingszielrichtungen (z.B. Ausdauer, Schnelligkeit) und vermittelt Erfahrungen beim Umgang mit der Geschwindigkeit.

Reaktions-/Startübungen: Reaktionen können auf optische, akustische oder taktile Reize erfolgen. Startübungen sind aus unterschiedlichen Ausgangspositionen möglich. Eine weitere Variationsmöglichkeit ist die Art der Aufgabenstellung.

Laufrichtung: Die Wahl der Geh- und Laufrichtung (vorwärts, rückwärts, seitwärts, geradeaus,

kurvig, slalomartig, bergauf, bergab [außer Sprintläufe]) bietet vielfältige Varianten zur Schulung von Koordination und Lauftechnik und sorgt für eine sinnvoll wechselnde Belastung des Bewegungsapparates.

Laufwege: Das Geh- und Lauftraining sollte in abwechslungsreichem Gelände mit natürlichen oder künstlich geschaffenen Hindernissen, die um- oder überlaufen werden müssen, durchgeführt werden.

Untergrund: Das Gehen und Laufen sollte auch auf unterschiedlichen, wechselnden Untergründen erfolgen (weich, hart, trocken, nass, fest, usw.), um ein Gefühl für den Vortrieb und die Belastung auf diesen Untergründen zu entwickeln und um eine einseitige Belastung des Bewegungsapparates zu vermeiden. Dazu zählt auch, auf geeigneten Böden Übungen barfuß auszuüben (s. Bild).

Organisationsformen: Die vielfältigen Organisationsformen (mit oder ohne Partner, in Gruppen, in großen bzw. kleinen Feldern usw.) sorgen für Abwechselung, motivieren somit und steuern die Belastungen zielgerichtet. Die so genannten

Barfuß-Übungen stärken den Effekt bei der allgemeinen Laufschule

Kleinen Sportspiele enthalten dazu auch viele Anregungen (s. Kapitel 4.5.3).

Methoden (Intervall-/Dauerlauf): Das Gehen und Laufen im Grundlagentraining kann mit der Intervall- oder Dauermethode angeboten werden. Die Dauermethode (= dauerhafte Belastung ohne Pausen) eignet sich in erster Linie zur Schulung der Grundlagenausdauer. Die Intervallmethode (= Wechsel zwischen Belastung und Pause) kann durch die systematische Folge von Belastung und Pause vielseitiger angewandt werden: a) Heranführen und Entwickeln von Ausdauerbelastungen, b) Gestaltung einer vielseitigen und abwechslungsreichen Grundschulung (z.B.: Variation der Aufgaben und Inhalte, interessante Zusatzaufgaben zur Geschicklichkeit, Koordination, Laufen zur Musik, bei Musikstopp Zusatzaufgabe/-übung, danach weiterlaufen).

Geräteeinsatz: Geräte (Fahnenstangen, Verkehrshütchen, Reifen, Kartons, Bälle usw.) ermöglichen im Stadion und in der Sporthalle eine abwechslungsreiche Gestaltung von Laufwegen. Ebenso können Geräte überlaufen sowie transportiert werden. Beim Laufen im Gelände können die natürlichen Gegebenheiten, die das Gelände bietet, und dort zu findende 'Übungsgeräte' (Steine, Äste, Baumstümpfe etc.) genutzt werden.

BEACHTE   Sportliches Gehen

Das Gehen ist nicht expliziter Bestandteil des Grundlagentrainings, es sollte jedoch im Rahmen der abwechslungsreichen Ausbildung innerhalb der allgemeinen Geh- und Laufschule hinreichend häufig angeboten werden. Ebenso sollten alle Athleten einer Trainingsgruppe einmal pro Jahr an einem Gehwettbewerb teilnehmen (z.B. zum Abschluss eines Vereins-/Schülersportfestes außerhalb wichtiger Wettkämpfe), um die besonderen Anforderungen der Disziplin kennenzulernen. Die Wettkampfteilnahme muss natürlich mit entsprechenden Übungen vorbereitet werden.

4.2.2 Sprinten – rasanter Wechsel zwischen Anspannung und Entspannung

Das Ziel des Sprints, eine vorgegebene Strecke in kürzest möglicher Zeit zu durchlaufen, fasziniert sowohl Athleten als auch Zuschauer. Unwägbarkeiten durch die Reaktion beim Start, rasante Beschleunigung und die häufig nur durch Zeitunterschiede von wenigen Zehntel- bzw. Hundertstelsekunden auseinanderliegenden Zieleinläufe sorgen für permanente Spannung. Nur wenige Zentimeter entscheiden über Sieg oder Niederlage.

Auch in den Sprungdisziplinen spielt der Sprint im Hinblick auf die Anlaufgeschwindigkeit und die Anlaufgenauigkeit eine große Rolle. Entsprechendes gilt für den Mehrkampf. Im Grundlagentraining ist das Sprinten deshalb für jeden Leichtathleten von zentraler Bedeutung!

Schneller laufen zu können, bedeutet also besser reagieren und starten, die Übergänge „Start > Beschleunigung > Sprintlauf" flüssiger gestalten und eine höhere Maximalgeschwindigkeit realisieren zu können. Die Laufgeschwindigkeit ist das Produkt aus Schrittfrequenz und Schrittlänge. Während letztere von der Beinlänge, der Abdruckkraft und der Lauftechnik abhängt, spielen bei der Schrittfrequenz vor allem nervale Prozesse (Schnelligkeit der Aktivierung und Entspannung sowie nervliche Umschaltung der an der Bewegung beteiligten Muskeln) eine Rolle. Diese nervalen Prozesse können und müssen in jungem Alter verstärkt angesprochen werden.

Beim Training des Sprints im Grundlagentraining müssen die in Kapitel 3 beschriebenen Entwicklungen unserer Zielgruppe beachtet werden: relativ geringes Kraftniveau, Längenwachstum, gutes koordinatives und technisches Lernen. Unter den sich verändernden Körperbaumerkmalen ist der Erhalt bzw. die Verbesserung einer Bewegungstechnik schwierig. Die Ziele für das Grundlagentraining des Sprintens liegen deshalb primär im koordinativ/technischen Training der drei Elemente zur Wettkampftechnik Sprint (s. auch Abb. 4.7):

1. vielseitige koordinative und technische Grundschule des Laufen/Gehens (Anpassung an sich verändernde Körperverhältnisse)
2. Verbesserung des Ablaufverhaltens beim Start (Startstellung, Reaktion, Beschleunigungsphase)
3. Erreichen einer optimalen Kombination aus Frequenz (maximal) und Schrittlänge (optimal) im Sprintlauf (sich treffen)

Neben diesen technisch-koordinativen Aspekten ist die Energiebereitstellung in der beteiligten Muskulatur von Bedeutung für die Trainingsgestaltung. Während die anaerob-laktazide Energiebereitstellung (s. Kapitel 3) für den Altersbereich des Grundlagentrainings noch nicht gezielt angesprochen werden sollte, spielt sich die Schnelligkeitsentwicklung bei anaerob-alaktazider Energiebereitstellung ab. Im Organismus unserer jungen Sportler reicht der Energievorrat für etwa vier bis sechs Sekunden maximaler Belastung aus. Daraus lassen sich die passenden Belastungskriterien ableiten.

BEACHTE   Basiswissen Sprint

Entscheidend für eine gute Sprintleistung sind folgende Faktoren:

- Reaktionszeit und Start mit kräftigem Abdruck aus dem Startblock
- Maximale Beschleunigung und flüssiger Übergang aus dem Start in den Sprintlauf
- Erreichen und Halten einer hohen Maximalgeschwindigkeit

Tipps für die Praxis

Trainingsformen zur Schnelligkeitsentwicklung
- werden immer maximal schnell ausgeführt,
- dürfen nur vier (Anfang des Grundlagentrainings) bis sechs Sekunden (Ende des GLT) maximaler Belastungszeit dauern – entsprechen 20/30 bis ca. 50 m (längere Belastungszeiten würden andere Trainingsziele ansprechen),
- werden immer in ausgeruhtem Zustand durchgeführt (zu Beginn einer Trainingseinheit) und
- berücksichtigen ausreichende Pausen zwischen den einzelnen Wiederholungen (Faustregel: pro Sekunde max. Belastung etwa 2 Minuten Pause).

Wolfgang Killing:
Gekonnt nach oben

144 Seiten, 350 Fotos, gebunden, € **22,50**

Dieter Steinhöfer:
Grundlagen des Athletiktrainings.

384 Seiten, € **24,80**

Alles über Hochsprung in einem Buch!

▶ Ein verlässlicher Ratgeber von der Grundausbildung bis zum Leistungssport!

▶ Mit vielen Übungen, die wirklich aktuell, spezifisch und altersgemäß sind.

▶ Auch für Athleten geeignet! Diese können sich intensiv mit ihrer eigenen Technik auseinandersetzen und sie verbessern.

▶ Mit vielen Tipps für optimale Voraussetzungen zur Entwicklung einer individuellen Technik.

▶ Viele Fotoreihen machen die wichtigsten Techniken deutlich.

Ein sportspielübergreifendes Trainingskonzept

Der Autor Dieter Steinhöfer analysiert und strukturiert zunächst den Literaturstand zu den trainingswissenschaftlichen Grundlagen der Sportspiele. Darauf aufbauend beleuchtet er die Aspekte Kraft, Schnelligkeit, Ausdauer, Beweglichkeit und Koordination im Sportspiel, wobei umfangreiche und anschauliche Übungsvorschläge sogleich den Bezug zur Trainingspraxis herstellen. Besonderheiten des Kinder- und Jugendtrainings werden in einem eigenen Kapitel behandelt. Abschließend beschäftigt sich der Autor mit Fragen der Trainingsplanung und -steuerung.

Sprint ABC:
Sprintvorbereitung/ -technik

▶ Wichtige Punkte beim Sprint-Techniktraining

▶ Typische Anfängerfehler erkennen und korrigieren.

▶ Beobachtungspunkte und Technikkriterien

65 Minuten,
€ **24,50**

Sprint ABC:
Schnelligkeitstraining

▶ Der Start: Phasenstruktur und Technik

▶ Vorbereitung des Tiefstarts, Schulung von Starttechnik, Reaktion und Beschleunigung

▶ Training der Sprintschnelligkeit

80 Minuten
€ **27,00**

Sprung ABC

▶ Horizontale Sprünge: Hopserlauf, Sprunglauf, Wechselsprünge usw.

▶ Beidbeinige vertikale Sprünge: Hock-/ Strecksprünge, Tscherbakis, Hocksprünge über Hindernisse

▶ Spezielle Sprünge

41 Minuten
€ **23,00**

Die Reihe **SPORTHEK**, eine Sammlung kleiner schlauer Hefte für alle Freizeit- und Leistungssportler, gibt zu vielen Sportarten die wichtigsten Informationen, verständlich und übersichtlich präsentiert:

Die wichtigsten Regeln, Ausrüstungstipps, nützliche Adressen und viele Zusatzinformationen, von Experten zusammengestellt.

Je 48 Seiten (8x10,5 cm), je à € **2,30**
(Mindestbestellmenge: 10 Expl.)

ÜBEN · SPIELEN

Spiele-Kartothek

Praktische Karteikarten-Sammlungen mit Spielvorschlägen

▶ zum Aufwärmen,
▶ zur Konditionsarbeit,
▶ als Ausklang für eine Trainingseinheit oder
▶ zur Gestaltung einer ganzen Übungsstunde.

Je Kartothek rund 80 Doppelkarten mit Spielbeschreibung, Organisationstipps und Spielfeldskizze, in einem Karteikasten mit Beiheft.

1 Kleine Spiele mit Bällen. 78 Doppelkarten, € 18,50
2 Lauf- und Abschlagspiele. 80 Doppelkarten, € 18,50
3 Spiele mit Kleingeräten. 86 Doppelkarten, € 18,50

Kartothek Dehnen und Kräftigen

Mit diesen Übungssammlungen lässt sich das Training der allgemeinen Fitness Woche für Woche ohne großen Zeitaufwand vielseitig und effektiv gestalten. In drei praktischen Karteien stehen mehr als 260 Übungen für viele individuelle und abwechslungsreiche Trainingseinheiten zur Verfügung. Je Kartothek rund 90 Doppelkarten mit Begleitheft und Karteikasten.

❶ Gut und richtig dehnen. 89 Doppelkarten, **€ 18,50**
❷ Gymnastik, die stark macht. 89 Doppelkarten (Neuaufl. in Vorber.)
❸ Kräftigungsgymnastik mit Kleingeräten. 91 Doppelkarten, **€ 18,50**

Kindersport-Kartothek

170 Sport- und Spielstunden mit Spaß für 5- bis 10-Jährige. Sportliche Grundlagen durch methodisch-didaktisch sinnvoll aufgebaute Stundenangebote vermitteln. Jede Karte enthält eine komplette, klar gegliederte Übungsstunde (Einstimmung, Hauptteil, Schlussspiel) mit einer erläuternden Skizze. Alle Übungsstunden bieten den Kindern auch Möglichkeiten, soziale Fähigkeiten und Selbstständigkeit zu entwickeln.

❶ Stundenentwürfe für Schule und Verein
(für 8- bis 10jährige), 90 Doppelkarten, **€ 18,50**
❷ Bewegungs- und Spielformen für 5- bis 8jährige.
80 Doppelkarten, **€ 18,50**

Bestellen Sie ganz einfach

📞 per Telefon: 02 51/23 00 5-11   @ per E-Mail: buchversand@philippka.de
📠 per Telefax: 02 51/23 00 5-99   www oder besuchen Sie unsere Website: www.philippka.de

philippka
SPORTVERLAG

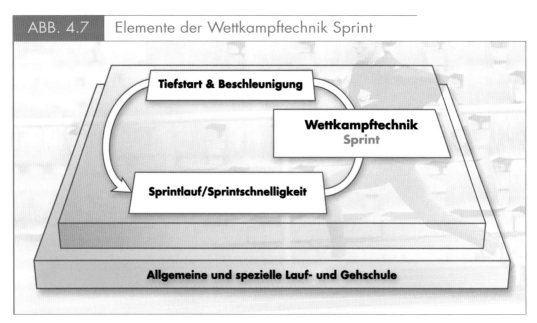

ABB. 4.7 · Elemente der Wettkampftechnik Sprint

Tiefstart & Beschleunigung

Wettkampftechnik
Sprint

Sprintlauf/Sprintschnelligkeit

Allgemeine und spezielle Lauf- und Gehschule

Technikelement 1:
Tiefstart und Beschleunigung

Der Tiefstart (s. Bildreihe 1) ermöglicht dem Sportler durch eine tiefe und weit nach vorn verschobene Lage des Körperschwerpunktes einen kräftigen Abdruck, eine lange Beschleunigungsphase und einen fließenden Übergang in den Sprintlauf.
Die Phasen des wettkampfgemäßen Tiefstarts sind:
- Vorbereitung: Einstellen des Startblocks und Aufstellung hinter dem Block
- Startkommando:
  - „Auf die Plätze": Einnehmen der Startposition im Block
- „Fertig": Anheben in die Fertig-Position
- „Los" bzw. „Schuss": Reaktion und Abdruck aus dem Block mit Übergang in die Beschleunigungsphase

Ein guter Tiefstart kann nur gelingen, wenn der Startblock in Abhängigkeit von der Körper- bzw. Beinlänge und den Kraftverhältnissen eine optimale Entfernung zur Startlinie aufweist. Das stärkere Bein gehört in den vorderen Block, da es längere Zeit abdrücken muss. Einzustellen sind:
- Entfernung der Blockschiene zur Startlinie
- Entfernung des vorderen Blocks und Neigung der Abdruckfläche

Bildreihe 1 · Tiefstart

① ▶   ② ▶   ③ ▶   ④ ▶

ABB. 4.8   Varianten der Startblockeinstellung

Die mittlere Einstellung ist empfehlenswert!

eng	• Blockschiene eine Fußlänge von der Startlinie entfernt
mittel	• vorderer Fuß zwei Fußlängen von der Startlinie entfernt
weit	• hinterer Fuß drei Fußlängen von der Startlinie entfernt

• Entfernung des hinteren Blocks und Neigung der Abdruckfläche

Von den unterschiedlichen Startstellungen (s. Abb. 4.8) ist für das Grundlagentraining zunächst die mittlere Startstellung empfehlenswert. Eine weitere Einstellung ist bei längeren Beinen und/oder wenig Kraft, eine kürzere bei kurzen Beinen und hoher Kraft angebracht.

Technikelement 2:
Sprintlauf/Sprintschnelligkeit

Hauptaspekt des Sprintlaufes (s. Bildreihe 2) ist das „Treffen" des Körpers durch den Abstoß mit dem

BEACHTE   „Lächelnd laufen!"

Achten Sie als Trainer darauf, dass Ihre Athleten „lächelnd", d.h. entspannt laufen. Die Entspannung im Gesicht überträgt sich auch auf die Beinmuskulatur und fördert so die Schnelligkeit beim Sprint.

Ziel des maximalen Vortriebs. Da beide Beine abwechselnd in den Stütz- und Schwungphasen (vordere und hintere Stützphase, hintere und vordere Schwungphase) eingesetzt werden, erfährt der systematische Wechsel von Spannung und Entspan-

TAB. 4.1	Beobachtungspunkte „Tiefstart"
Einstellen des Start-blocks	• korrekte Entfernungen einstellen • festen Sitz der Schiene und der Blöcke prüfen
Aufstellung des Sport-lers hinter dem Block	• konzentrierte, aber entspannte Haltung
„Auf die Plätze"	Einnehmen der Startposition: • Hände gut schulterbreit an die Startlinie gesetzt, Arme nur minimal gebeugt • Füße ganzsohlig gegen die Blöcke gedrückt, Fußspit-zen berühren den Boden • hinteres Knie auf dem Boden, Ebenen der Beinachsen zeigen parallel zueinander in Laufrichtung • Kopf hängt entspannt, Blickrichtung leicht nach vorn auf den Boden
„Fertig"	• Anheben des Körpers nach vorn oben, hinteres Knie hebt sich vom Boden • Körpergewicht lagert verteilt auf Beine und Hände • Beckenachse etwas höher als die Schulterachse, diese etwas vor dem Auf-setzpunkt der Hände • Blickrichtung weiterhin nach vorn unten • Füße ganzsohlig gegen die Blöcke gedrückt (Vorspannung in den Waden) • günstiger Kniewinkel vorn ca. 90°, hinten ca. 110° – beachte aber Kraftabhängigkeit!
„Los"/„Schuss"	• explosiver Abdruck aus den Blöcken mit starker Körpervorlage • vorderes Startbein und Rumpf bilden eine Strecklinie
Beschleunigungs-phase	• druckvolle und schnelle Beschleunigungsschritte • Fußaufsatz der ersten beiden Schritte hinter der senkrechten Projektion des Körperschwerpunktes, in den Schritten danach Verlagerung zuneh-mend nach vorn unter die Projektion • Unterstützung durch starken Armschwung in Laufrichtung • allmählicher, gleichmäßiger Abbau der starken Körpervorlage zur norma-len Sprinthaltung bis zum Ende der Beschleunigungsphase (im Grundla-gentraining nach ca. 10 Laufschritten entsprechend 10 – 15 m)

Bildreihe 2   Sprint

nung in der jeweiligen Arbeitsmuskulatur eine besondere Bedeutung (sichtbares Merkmal: ein lockerer, unverkrampfter Lauf). Die Vorstellung des maximal schnellen Laufens gelingt besser durch den Begriff des Ziehens („bei Hüftstreckung den Boden durch das Ziehen mit den Beinen nach hinten wegschieben") als durch den Begriff des Abstoßens (Beinstreckung): die Beinstreckung ist nur eine Folge des langen schnellen Ziehens.

Die wichtigsten Kriterien für den Sprintlauf sind
● ein gut fixiertes Becken (stabile Hüfte – Voraussetzung ist eine gut ausgebildete Rumpfmuskulatur),
● ein aufgerichteter Rumpf inklusive Kopf in leichter Vorlage,
● ein auf das Ziel gerichteter Blick,
● ein Fußaufsatz mit aktiv greifender/ziehender Beinbewegung auf dem Fußballen (Beobachtungshinweis: Die Spannung im Fuß beim Fußaufsatz kann über das Gehör kontrolliert werden – ein heller und fester Ton ist zu hören!) und
● ein wechselseitiger, nach vorn gerichteter und gegengleicher Armschwung aus dem Schultergelenk heraus.

4.2.3 Hürdensprinten – schnell ran, schnell weg

Der Hürdensprint übernimmt die grundsätzlichen Fertigkeiten des Startens und Sprintens vom Flachsprint, stellt im Vergleich dazu aber weitere technische, koordinative und konditionelle Anforderungen an die Sportler. Der Hürdensprinter verfolgt das Ziel, eine Strecke mit Hindernissen in bestimmten Abständen und mit bestimmter Höhe in kürzest möglicher Zeit zu durchlaufen.

Basiswissen Hürdensprint

Hürdensprinter müssen demnach ihren Startablauf, ihre Schrittlänge, -frequenz und -rhythmus an die vorgegebenen Abstände und die Anzahl der Hindernisse anpassen. Sie streben einen möglichst gleichmäßigen Lauf von der ersten bis zur letzten Hürde und in das Ziel an.

Erforderliche Voraussetzungen hierfür sind eine hohe Grundschnelligkeit, gute aktive Beweglichkeit für das Überlaufen der Hürden, mentale Qualitäten im Hinblick auf das immer wiederkehrende aktive Überlaufen der Hürden („schnell ran, schnell weg") und auf den genormten Hürdenaufbau im Wettkampf sowie Rhythmusgefühl.

Leistungsentscheidend für einen guten Hürdensprint sind folgende Faktoren:
● Reaktionszeit und Start mit kräftigem Abdruck aus dem Startblock
● maximale Beschleunigung und optimaler Übergang aus dem Start in den Sprintlauf an die erste Hürde (richtige Schwungbeinseite)
● ein aktives Überqueren (-laufen) der Hürde und aktiver Zwischenhürdenlauf
● Erreichen und Halten einer hohen Maximalgeschwindigkeit beim Zwischenhürdenlauf

Daraus ergeben sich die Bereiche der Technikentwicklung wie folgt (s. auch Abb. 4.9):

ABB. 4.9   Elemente der Wettkampftechnik Hürdensprint

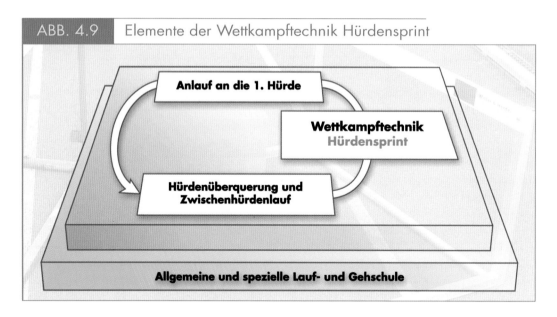

Aufgrund der konstanten und aktiven Schrittgestaltung und des aktiven Überquerens der Hürde ergeben sich positive Transfereffekte für das Anlauf- und Absprungverhalten bei den Sprüngen – der Hürdenlauf ist ein zentraler Bewegungsbaustein im Grundlagentraining!

In diesem Sinne verfolgt die Ausbildung des Hürdensprints im Grundlagentraining je nach Athleten Ziele in unterschiedlichen Qualitätsstufen:

1. Lerntraining für alle: beidseitiges Überlaufen von niedrigen Hindernissen/Hürden und Schulung des Laufrhythmus (Wechsel von Schwung-/Nachziehbein, Laufen mit unterschiedlichen Schrittrhythmen)
2. Talenterkennungstraining für angehende Hürdensprinter und Mehrkämpfer: Heranführen an die Wettkampfbedingungen (Distanz, Hürdenhöhe, Hürdenabstand) und die Wettkampftechnik, für angehende Spezialisten schon auf erhöhtem Niveau

Es empfiehlt sich dringend, bei allen Athleten auf eine beidseitige Ausbildung zu achten (Startbein, Abdruck- und Schwungbein). So ausgebildete Sportler haben weniger Probleme, sich im Bedarfs-

fall auf veränderte Bedingungen einzustellen, z.B. aktuell nach missglückter Schrittgestaltung oder einem Problem an der Hürde oder langfristig aufgrund entwicklungsbedingter Veränderungen von Kraft, Schritt- und Beinlänge. Letztlich ist dies auch eine gute Basis für spätere Langhürdler.

Tipps für die Praxis

In Trainingseinheiten zum Hürdensprint beachten Sie bitte folgendes:
- Vorab immer einige vorbereitende Beweglichkeitsübungen durchführen!
- Aufgrund der hohen bis maximalen Bewegungsschnelligkeit und der technischen wie mentalen Anforderungen gelten dieselben Belastungskennziffern wie beim Sprint: Streckenlängen zunächst 30 bis 40 m, 4 bis 6 min Pause.
- Passen Sie die Hindernis-Abstände den aktuellen Fähigkeiten der Athleten an. Jeder muss die Möglichkeit haben, den gewünschten Rhythmus konstant zu laufen (vereinfachte Bedingungen, ggf. auch in mehreren Gruppen).
- Berücksichtigen Sie immer eine beidseitige Ausbildung!

Technikelement 1:
Start und Anlauf an die erste Hürde
Der Start (s. Tiefstart) erfolgt so, dass

Mit der richtigen Vorbereitung ist der Hürdenwald kein unüberwindbares Hindernis.

- der Anlauf an die erste Hürde mit ca. 8 bis 10 Schritten (je nach Bein- und Schrittlänge sowie Sprintvermögen) gelingt und
- gleichzeitig die bevorzugte Schwungbeinseite zur Hürdenüberquerung genutzt werden kann.

Nötigenfalls muss dazu auch ein Wechsel des vorderen Beines im Startblock und/oder ein passendes leichtes Rückverlegen des Startblockes von der Startlinie erfolgen.

In Abwandlung und Ergänzung der Bewegungskriterien zum Tiefstart ist zu beachten:

- Nach erfolgtem Start richtet sich der Hürdensprinter im Vergleich zum Flachsprint bereits nach 4 bis 5 Beschleunigungsschritten etwas stärker mit dem Oberkörper auf, um die 1. Hürdenüberquerung vorzubereiten („schnell an die 1. Hürde heran").
- Der Abdruck zur ersten Hürde erfolgt mit ca. 2/3 der Hürdenschrittdistanz vor der ersten Hürde (Beobachtungshilfe für den Trainer: Bodenmarkierungen am Abdruckpunkt, am Hürdenstandort und am Landepunkt des Schwungbeins).

Eine gute erste Hürdenüberquerung gelingt nur, wenn der Anlauf zur ersten Hürde stimmt. Deshalb ist zunächst der Schwerpunkt auf die richtige Anlaufgestaltung zur ersten Hürde zu legen. Die Hürde sollte hierzu durch Bodenmarkierungen oder flache Hindernisse ersetzt werden. Erst wenn der Startablauf stimmt, kann das Hindernis langsam erhöht und später auch durch eine Hürde ersetzt werden.

Technikelement 2: Hürdenüberquerung/Zwischenhürdenlauf („schnell von der Hürde weg")

Wesentliche ganzheitliche Beobachtungspunkte für die korrekte Hürdenüberquerung und den Zwischenhürdenlauf sind für alle Athleten im Grundlagentraining:

- flaches Überqueren der Hürden
- gleichmäßiger Dreischrittrhythmus
- aktives Überqueren der Hürden und aktives Sprinten zwischen den Hürden

Vergleichen Sie dazu die Bildreihe 3 „Hürdensprint"!

Für eine Weiterentwicklung, die eine Mehrkampfteilnahme ermöglicht, und im Sinne eines Talenterkennungstrainings sind detailliertere Bewegungskriterien zu beachten:

- Mit dem Abdruck zur Hürdenüberquerung wird das Schwungbein aktiv nach vorn oben (Fußspitze angezogen) und der Oberkörper flach

Bildreihe 3 Hürdensprint

nach vorn unten gebracht, um ein möglichst geringes Ansteigen des Körperschwerpunktes und eine flache Hürdenüberquerung zu gewährleisten.

- Der Gegenarm zum Schwungbein wird ebenso gleichzeitig mit dem Schwungbein nach vorn geführt, um eine Körperrotation zu vermeiden (Schulterachse bleibt stabil zur Laufrichtung).

- Direkt nach Überqueren der Hürden wird das Schwungbein aktiv zu Boden geführt, um schnellstmöglich wieder den für den weiteren Vortrieb nötigen Bodenkontakt herzustellen. Dieser Bodenkontakt erfolgt wie im Sprint üblich mit dem Fußballen.

- Der Landepunkt des Schwungbeins nach der Hürde beträgt ca. 1/3 der Hürdenschrittdistanz.

Durch den Schwungbeinbodenkontakt unmittelbar nach der Hürde wird ein stärkeres Abbremsen vermieden.

- Gleichzeitig mit dem Überqueren der Hürde erfolgt das aktive Führen des Nachziehbeins über die Hürde nach vorn in Laufrichtung. Hierzu wird das im Kniegelenk gebeugte Nachziehbein im Hüftgelenk bis ca. zur Waagerechten abge-

spreizt und mit hoher Knieführung und angezogener Fußspitze flach über die Hürde geführt.
- Sobald das Schwungbein Bodenkontakt hat, wird auch das Nachziehbein zum nächsten Sprintschritt nach vorn geführt (= „schnell von der Hürde weg – schnell an die kommende Hürde heran"). Der Oberkörper nimmt wieder die normale Sprintvorlage ein.

Tipps für die Praxis

- Bieten Sie immer mehrere Bahnen mit unterschiedlichen Anforderungen an, um den verschiedenen Entwicklungs- und Könnensstufen der Athleten gerecht zu werden: unterschiedliche Distanzen zwischen den Hürden, unterschiedliche Hürdenhöhen, unterschiedliche Hindernisse.
- Lassen Sie immer mindestens drei Hürden überlaufen. Nach der letzten Hürdenüberquerung sollten immer noch einige Sprintschritte durchgeführt werden (Hintergrund: Das ist auch im Wettkampf so, denn entweder geht es zu einer weiteren Hürde oder in den Zieleinlauf!).
- Die Sportler sollten nur ausreichend vorbereitet in Wettkämpfe gehen. Dazu ist eine stetige Annäherung an die Wettkampfbedingungen schon im Training nötig. Vorteilhaft ist es, auch im Training die Nebenbahnen mit Hürden besetzt zu haben.

4.2.4 Staffellaufen – der schnelle Stab („Sprenge deine Grenzen!")

Staffeln sind der einzige richtige Mannschaftswettbewerb in der Leichtathletik – in dem Sinne, dass die Mannschaftsleistung durch eine echte Zusammenarbeit und Wechselwirkung erfolgt, nicht nur durch das Aufsummieren von Einzelleistungen. Durch die Unwägbarkeiten bei der Stabübergabe und durch das Verhalten der Läufer im Wechselraum entsteht ein hohes Maß an Spannung und Emotion, an denen alle Vereinsmitglieder und Zuschauer Anteil nehmen. Durch die Verantwortung für die Mannschaft und die Konkurrenz der anderen Staffeln wachsen Läufer oft über ihr normales Leistungsvermögen hinaus. Staffelläufe sind deshalb häufig die Höhepunkte leichtathletischer Veranstaltungen.

Basiswissen Staffellauf

Das Ziel des Staffellaufes ist es, den Stab mit mehreren Läufern in kürzest möglicher Zeit über eine vorgegebene Strecke zu transportieren. Vor allem in der Sprintstaffel kann durch eine geschickte Übergabetechnik Zeit für den Transport des Stabes eingespart werden, da die überbrückte Strecke nicht mit dem Stab gelaufen werden muss. Das Umsetzen dieser Anforderung ist jedoch höchst schwierig und bleibt deshalb auf hohem Niveau meist dem Aufbau- bzw. Anschlusstraining vorbehalten.

Durch ein gut koordiniertes An- und Ablaufverhalten wird der Stab immer mit möglichst hoher Geschwindigkeit transportiert (minimaler Geschwindigkeitsverlust). Taktische Varianten entstehen durch die Verteilung der Läufer auf die einzelnen Teilbereiche der Laufstrecke nach den Faktoren Startverhalten, Durchsetzungsvermögen, Fähigkeit zum Kurvenlauf und Tempoausdauer: Durch Stabübergabe möglichst zu Beginn bzw. zu Ende des Wechselraumes können die Strecken, die die Sportler mit dem Stab in der Hand laufen, für den Start- und den Schlussläufer bis zu 10 m kürzer oder länger sein als die mittlere Teilstrecke (bei der 4x100-m-Staffel also zwischen 90 und 110 m bzw. bei der 4x75-m-Staffel zwischen 65 und 85 m), bei den beiden mittleren Läufern entsprechend um 20 m mehr oder weniger.

Entscheidend für eine gute Staffelleistung sind folgende Faktoren (s. auch Abb. 4.10):

- gute Sprintleistungen aller Staffelläufer
- sicherer Stabwechsel bei höchstmöglicher Geschwindigkeit im Wechselraum
- Durchsetzungsvermögen und Kampfgeist

Die Trainingsziele für das Grundlagentraining lauten deshalb:

1. Stabilisieren der Wechselarten und Wechseltechniken!
2. Verbessern und Stabilisieren des An- und Ablaufverhaltens im Wechselraum (eigenständiges Erkennen und Anbringen der jeweiligen Ablaufmarken)!
3. Übersicht in Wechselsituationen mit mehreren Mannschaften erlangen!

Vorrangig sollten die Wechsel auf Sicherheit ausgeführt werden (Wechsel auf Sicht bzw. sichere Distanz der Ablaufmarken), um das Staffelergebnis nicht zu gefährden. Erst wenn sich eine Staffel ge-

ABB. 4.10   Elemente der Wettkampftechnik Staffellauf

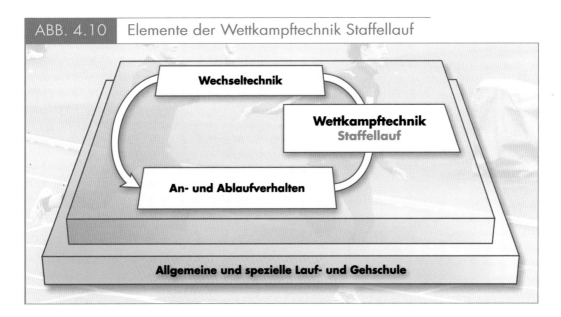

funden hat, können die Wechsel zunehmend ohne Sicht und mit langsamer Auslotung der Grenzen bei der Übergabe erfolgen.

Tipps für die Praxis

Beachten Sie im Staffeltraining:
- Zunächst werden die Abläufe in kontrollierter Geschwindigkeit erlernt, danach erfolgt ein Übertragen in Übungssituationen mit maximaler Bewegungsschnelligkeit.
- Letztere sind intensive Schnelligkeitsbelastungen und folgen den bereits im Bereich Sprint formulierten Belastungskriterien: Streckenlängen 30 bis 40 m, Pausen 4 bis 6 min, 4 bis 6 Läufe.
- Zur Vorbereitung einer Wettkampfteilnahme müssen die Strecken natürlich langsam an die Wettkampfdistanzen angepasst werden (längere Pause, weniger Läufe), ohne dass es zu Überforderungen kommt.

Technikelement 1
Wechseltechnik/Stabübergabe

Wir können verschiedene Wechseltechniken (Arten der Stabübergabe) unterscheiden, die alle ihre Bewandnis haben:
- Der Aufwärtswechsel ist der in der Regel einfachste und sicherste, allerdings auch derjenige

mit dem geringsten Raum- und Zeitgewinn. – Der ankommende Läufer übergibt den Staffelstab gegen Ende des normalen Armvorschwungs von unten in die vom annehmenden Läufer zurückgeführte, nach unten geöffnete Hand. Insbesondere in Mittelstreckenstaffeln ist diese Wechseltechnik üblich.
- Beim Abwärtswechsel erfolgt die Stabübergabe aus Sicht des ankommenden Läufers unmittelbar nach Ende des Armvorschwunges mit zunächst angehobener Stabspitze von oben in die vom Annehmenden weiter als beim Aufwärtswechsel zurückgeführten und nach oben geöffneten Hand hinein-„schlagend". Im Vergleich zum Aufwärtswechsel liegen in der Sprintstaffel die Vorteile in einer größeren Distanz zwischen den Läufern und darin, dass der Stab von den einzelnen Läufern jeweils am wechselnden Ende gefasst wird. Damit ist immer ausreichend Platz zum Greifen. Diese Ausführung ist für die Sprintstaffeln im Grundlagentraining die Mindestanforderung.
- Die **Schubtechnik** ist eine Weiterentwicklung der Abwärtstechnik und die Zieltechnik für jede erfolgreiche Sprintstaffel.

Die wesentlichen Bewegungsmerkmale der Schubtechnik sind (s. auch Bild auf der folgenden Seite):

Waagerechte Arme bei der Schubtechnik überwinden die größtmögliche Distanz zwischen den Läufern.

Bildreihe 4   Staffelwechsel

ABB. 4.11   Richtiger Übergabe-Zeitpunkt

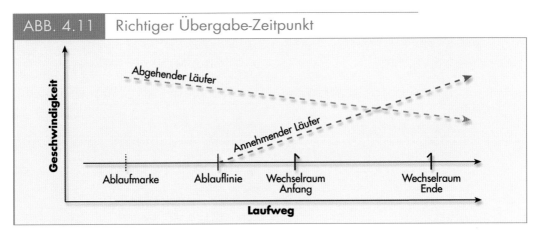

Die Stabübergabe erfolgt idealerweise in Schulterhöhe bei größtmöglicher horizontaler Distanz zwischen den Läufern, d.h. bei annähernd gestreckten Armen. Der Arm des abgebenden Läufers wird am Ende des Vorschwunges geradlinig in Schulterhöhe nach vorn, der des annehmenden Läufers am Ende des Rückschwunges gleichermaßen nach hinten gestreckt.

Die Stabübergabe erfolgt dann durch Nach-Vorn-Schieben in die nach oben geöffnete Hand des Annehmenden. Die Arme werden bis zur erfolgten Übergabe nicht abgesenkt.

Tipps für die Praxis

- Üben und festigen Sie die verschiedenen Wechseltechniken zunächst mit, dann ohne Sichtkontakt zwischen den Läufern.
- Lassen Sie sowohl Übergabe als auch Annahme beidseitig üben!
- Üben Sie mit Ihren Athleten beim Aufwärtswechsel und für Mittelstreckenstaffeln nach der Annahme auch den Wechsel in die andere Hand bzw. das Nachfassen beim Griff in der Stabmitte.

Technikelement 2:
An- und Ablaufverhalten

Der Zeitgewinn durch den Staffelwechsel ist dann am größten, wenn der Stab bei einer möglichst hohen Geschwindigkeit übergeben wird. Unter Berücksichtigung der für die Beschleunigung des annehmenden Sportlers nötigen Laufstrecke liegt der optimale Übergabeort deshalb in der letzten Hälfte bis Viertel des Wechselraumes (s. dazu Abb. 4.11).

Abstriche davon sind bei noch nicht so schnellen Läufern bzw. bei Läufern mit sehr unterschiedlicher Geschwindigkeit zu machen (vgl. dazu weiter oben die einführenden Anmerkungen).

Die entscheidenden Beobachtungskriterien für ein erfolgreiches An- und Ablaufverhalten in den Sprintstaffeln sind:

- Der Abstand zwischen Ablaufmarke und Ablauflinie ist entsprechend dem Leistungsvermögen der beteiligten Läufer passend gestaltet.
- Der ablaufende Sportler reagiert punktgenau, wenn der Ankommende die Ablaufmarke überläuft. Die Beschleunigung erfolgt maximal. Bei Beginnern kann der Ablauf wegen der einfacheren Wahrnehmung noch aus dem Hochstart mit aufrechter Kopfhaltung erfolgen. Mit zunehmendem Könnensstand sollte aber aus der Drei- oder Vierpunkthaltung gestartet werden (mit einer bzw. beiden aufgesetzten Händen) – dies verbessert die Beschleunigung.
- Der ankommende Läufer sprintet maximal, bis der Stab übergeben ist (zur Übergabe siehe Angaben in Technikbaustein 1).

Tipps für die Praxis

- Nur beim Trainieren mit maximalen Geschwindigkeiten auf der Laufbahn entwickeln Ihre Sportler ein Gefühl für die richtigen Abstände, für das Tempo des Ankommenden sowie für die Orientierung im Wechselraum. Das Üben des An- und Ablaufverhaltens muss deshalb immer mit höchster Laufgeschwindigkeit erfolgen.
- Staffeltraining ist somit immer auch ein intensives Schnelligkeitstraining. Der ankommende Läufer muss beim Überlaufen der Ablaufmarke bereits maximal beschleunigt haben und legt dann noch die Strecke bis zur Stabübergabe zurück. So ergeben sich Streckenlängen je nach Position von 30 bis 50 m. Berücksichtigen Sie deshalb die bekannten Belastungskriterien: Pausen 6 bis 10 min und meist 4 bis 6 Läufe.
- Gerade bei den jungen, noch unerfahrenen Sportlern liegen häufig noch keine Erfahrungswerte für einen passenden Abstand zwischen Ablaufmarke und Ablauflinie vor. Probieren Sie bei etwa gleich schnellen Läufern einen Abstand von ca. 25 Fußlängen aus und variieren Sie von dort aus weiter, bis es „passt". – Ist der ankommende Läufer deutlich schneller, muss der Abstand verlängert werden, bei Langsameren ist es umgekehrt.
- Als Vorbereitung auf mögliche Störfaktoren in Wettkämpfen ist das Wechseltraining mit mehreren Mannschaften gleichzeitig nebeneinander sehr sinnvoll. Bei Mittelstreckenstaffeln erfolgt dies entsprechend auch im „Gedränge" ohne Bahnzuordnung und mit Blickkontakt.

4.2.5 Mittel- und Langstreckenlauf/ Ausdauerlauf: jeder Lauf ist ein Spiel mit dem Tempo

Mittel- und Langstreckenläufe stehen bei Leichtathletikveranstaltungen oft im Mittelpunkt des Zuschauerinteresses. Denn wir können dort sehr un-

ABB. 4.12 Elemente der Wettkampftechnik Mittel- Langstreckenlauf

terschiedliche, spannende Rennverläufe beobachten. Das Ziel des ausdauernden Laufens, eine vorgegebene längere bis sehr lange Strecke in kürzest möglicher Zeit zu durchlaufen, hindert den modernen Mittel- und Langstreckenläufer nicht an relativ hohen Laufgeschwindigkeiten von Beginn an. Zahlreiche Führungs- und Tempowechsel, unterschiedliche Laufstrategien, Zwischenspurts und letztendlich dramatische Endspurts sorgen für Spannung.

Basiswissen Lauf

Die Grenzen von der längsten Sprint- zur kürzesten Laufdisziplin sind fließend. Mit zunehmender Belastungsdauer verändert sich die Energiebereitstellung im Körper (s. dazu Kapitel 3.4.2, S. 47). Im Vergleich zum Sprint muss deshalb die Laufgeschwindigkeit reduziert werden. Andererseits ist auch bei reduzierter Energiebereitstellung durch eine ökonomische Gestaltung des Laufens eine möglichst hohe Laufgeschwindigkeit anzustreben. Im Grundlagentraining hat die Ausprägung der allgemeinen Grundlagenausdauer auch in Verbindung mit den anderen Disziplinen eine übergeordnete Bedeutung für alle Athleten. Wir verfolgen zwei Ziele mit der Ausdauerschulung:

- Zum einen sollen alle Athleten eine gute allgemeine Belastbarkeit bei Ausdauerbelastungen erwerben. Diese äußert sich auch in einer guten

Erholungsfähigkeit nach Belastungen aller Art. Über Teilziele sollte im Verlauf des Grundlagentrainings jeder Athlet zu einem mindestens 30-minütigem Dauerlauf mit selbstgewähltem Tempo in der Lage sein.

- Zum zweiten ist für die am Mittel-/Langstreckenlauf Interessierten und in diesem Bereich Begabten die spezielle Ausdauerleistungsfähigkeit vorzubereiten. Neben dem reinen Ausdaueraspekt dürfen dennoch Schnelligkeitsaspekte wie die Sprintschnelligkeit, der Frequenzlauf und der Umgang mit Tempowechseln nicht vernachlässigt werden.

Entscheidend für eine gute Ausdauerleistung sind folgende Faktoren (s. auch Abb. 4.12):

- ökonomische Lauftechnik und Körperhaltung
- gute Grundlagenausdauer
- Strecken- und Tempogefühl
- Willensqualitäten und Durchhaltevermögen

Unter Berücksichtigung dieser Faktoren ist jeder Mittel-/Langstreckenlauf ein „Spiel" mit vielen Variablen: Streckenlänge, eigenes Leistungsvermögen, Leistungsvermögen der Konkurrenten, eigene Strategie und Strategie der Konkurrenten, sich daraus ergebender Rennverlauf und die Fähigkeit, diesen selbst zu gestalten bzw. darauf zu reagieren. Diese Faktoren können im Gelände oder über geplante Aktionen simuliert und damit geübt werden.

Bildreihe 5   Mittel-/Langstreckenlauf

⑧ ◄   ⑦ ◄   ⑥ ◄   ⑤

Technikelement 1: Lauftechnik/ Körperhaltung/Laufökonomie

Die Körperhaltung beim ausdauernden Laufen ist aufrechter als beim Sprint, der Oberkörper hat nur eine minimale Vorlage. Der Kopf befindet sich ebenso aufrecht in Verlängerung des Rumpfes. Während des Laufens bleibt die Schulterachse ruhig und senkrecht zur Laufrichtung. Ein leichter wechselseitiger Armeinsatz aus dem Schultergelenk unterstützt den Lauf. Der Fußaufsatz erfolgt beim Mittelstreckenlauf und beim Langstreckenlauf eher ganzsohlig (s. Bildreihe 5).

Die wirtschaftliche und energiesparende Fortbewegung steht im Vordergrund. Der Läufer muss im Verhältnis zu seiner Beinlänge und den Kraftverhältnissen ein gutes individuelles Optimum zwischen Schrittlänge und -frequenz finden.

Der Start zu den Mittel- und Langstreckenläufen erfolgt aus dem Hochstart. Es gilt, mit zügigem Tempo eine gute Position im Läuferfeld zu finden. Dazu ist ein gewisses Maß an Robustheit und Durchsetzungsvermögen erforderlich. Je nach Streckenlänge wird das Tempo dann wieder etwas reduziert. Wird der Start in Bahnen durchgeführt, gilt es,

Verbessern Sie das Startverhalten der Läufer durch die Simulation von Mittelstreckenstarts.

nach der Erlaubnis zum Einbiegen auf die Innenbahn eine günstige Position zu finden.

Tipps für die Praxis

- Die Lauftechnik können Sie gut bei bewusst ruhigen Dauerläufen mit entsprechenden Rückmeldungen oder bei Intervallläufen mit bewusster Beobachtung der Technikaspekte schulen.
- Bei fehlerhafter Körperhaltung oder unzureichender Schrittgestaltung sollten Sie die genauen Ursachen für diese Fehler ergründen (evtl. mangelnde Rumpfkraft oder Beweglichkeit, falsche Bewegungsvorstellung) und durch entsprechende Gegenmaßnahmen beheben. Bei späterem systematischen Lauftraining wirken sich Fehler in der Körperhaltung bzw. der Schrittgestaltung aufgrund der hohen Wiederholungsanzahl der Laufschritte möglicherweise fatal aus (Verletzungen und Überlastungen) und behindern häufig eine optimale Leistungsentwicklung.
- Das Startverhalten können Sie durch Simulation entsprechender Situationen (in Bahnen mit späterem Einschwenken auf die Innenbahn bzw. direkt von der Startlinie) verbessern.

Technikelement 2: Strecken- und Tempogefühl

Über die genannten rein bewegungstechnischen Elemente hinaus benötigt der Läufer eine gut ausgebildetes Fähigkeit zur Einschätzung und Wahrnehmung der eigenen Leistungsfähigkeit und -realisierung im Verhältnis zur Laufstrecke. Dies ist die Basis für eine angemessene Belastungsdosierung in Training (dies gilt für alle Leichtathleten im Grundlagentraining, nicht nur für die interessierten Läufer) und Wettkampf sowie für taktisches Verhalten. Unsere Athleten sollen auf diese Fragen eingehen können:

- Wie schnell kann ich den Lauf angehen?
- Wie schnell darf ich laufen, um die Strecke durchzuhalten?
- Welche Zeit/Strecke ist bei welchem Lauftempo verstrichen?
- Wie fühlt sich der Puls bei unterschiedlichen Laufgeschwindigkeiten an?
- Wie verkraftet mein Körper Tempo- und/oder Geländewechsel?
- Sind noch Leistungsreserven vorhanden?

Tipps für die Praxis

- Bereiten Sie die genannten Fähigkeiten durch unterschiedliche, wechselnde Trainingsmittel vor: kontinuierliche Dauerläufe im Wald oder Gelände, Pyramidenläufe, Minutenläufe, Minderungsläufe, Wettkampfstrecken laufen, Pulskontrollläufe usw.
- Sehen Sie die Entwicklung der Grundlagenausdauer immer als Basis zur Umsetzung der technischen und taktischen Elemente an! Den Trainingsfortschritt erreichen Sie im Grundlagentraining durch eine systematische Verlängerung der Belastungsdauer.

Jeder Athlet sollte im Grundlagentraining
die richtige Sprunglauf-Technik erlernen.

4.3 Sprung

Die leichtathletischen Sprünge sind dadurch gekennzeichnet, dass sich der menschliche Körper durch einen Anlauf selbst beschleunigt und in einem abschließenden Flug über eine möglichst große Distanz bzw. Höhe katapultiert. Sprünge sind übergreifend Bestandteil vieler anderer Sportarten. Entsprechend der unterschiedlichen Zielrichtungen des leichtathletischen Springens erfolgt aus der allgemeinen und speziellen Sprungschule die Aufteilung des Bereiches Springen in die Horizontalsprünge Weit- und Dreisprung sowie die Vertikalsprünge Hoch- und Stabhochsprung (s. Abb. 4.13). Der Dreisprung wird im Grundlagentraining mittels der allgemeinen und speziellen Grundschule nur vorbereitet und erst im Aufbautraining als eigenständige Disziplin im Training berücksichtigt.

Gemeinsam ist allen leichtathletischen Sprüngen, dass nach dem Anlauf ein aktiver und explosiver einbeiniger Absprung mit Ganzkörperstreckung folgt. Dieser Absprung wird von einem aktiven Schwungbeineinsatz und Wechselarmschwung unterstützt. Dadurch können in einem sehr kurzen Zeitraum reaktive Kräfte zusätzlich zur normalen Muskelkraft für den Absprung genutzt werden.

Zur Vermeidung von Fehlbelastungen sollte die Gesamtanzahl der einbeinigen Sprünge rechts und links gleich sein. Die Anzahl der Versuche beim Erlernen und Üben der Technik ist pro Trainingsbau-

BEACHTE | Reaktive Kräfte

Das Ausnutzen der reaktiven Kräfte gelingt nur bei Vorbeschleunigungen, die die individuellen Kraftverhältnisse nicht überfordern, und daraus folgend schnellen Absprüngen mit sehr kurzen Bodenkontaktzeiten.

Weitere Voraussetzung für das gute Gelingen des Sprunges ist das optimale Treffen des Körpers im Hinblick auf den Impulsübertrag: Fixierung der Hüfte und des Oberkörpers. „Sich treffen" bedeutet, dass der Kraftstoß des Absprungs möglichst ausschließlich zu einem weiteren bzw. höheren Flug führt und nicht zu einer Rotationsbewegung des Körpers.

BEACHTE | Fußaufsatz

Zentrales Bewegungselement ist der aktive, greifende Fußaufsatz in Verbindung mit dem Einsatz von Schwungelementen (Arm und Bein) und einer Ganzkörperstreckung. Der Fußaufsatz erfolgt mit vorab leicht angezogener Fußspitze (kein „Spitzfuß") und schnell nach unten klappendem Fuß nur leicht – ohne Stemmen und Durchschlagen – über die Ferse (schnell über die ganze Fußsohle).

ABB. 4.13 Aufbau des Inhaltsbereiches Springen

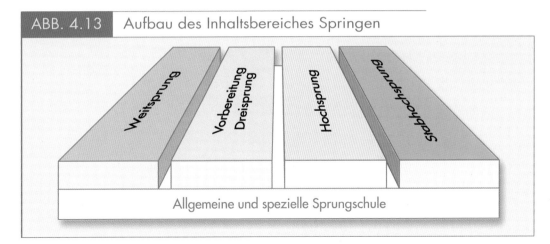

Weitsprung · Vorbereitung Dreisprung · Hochsprung · Stabhochsprung

Allgemeine und spezielle Sprungschule

stein begrenzt. Durch Ermüdung oder nachlassende Konzentration werden sonst Fehler trainiert und gefestigt. In den folgenden Ausführungen finden Sie je spezifische Angaben zu im Grundlagentraining realistischen Belastungskennziffern.

4.3.1 Allgemeine und spezielle Sprungschule

Die allgemeine und spezielle Sprungschule dient der grundlegenden Entwicklung von Teil- oder kompletten Bewegungsfertigkeiten des Springens zur Vorbereitung aller Sprungdisziplinen.

BEACHTE Reaktive Sprünge

Die reaktiven Sprungformen sind schon im Grundlagentraining unverzichtbar. Sie zeichnen sich aus durch ein vorbereitendes Anziehen der Fußspitze in der Vorbereitung zum Fußaufsatz (kein „Spitzfuß") und ein schnelles „Klappen" auf die ganze Fußsohle. – Diese Bewegung lässt sich gut mit dem Begriff „Prellen" beschreiben.

Dagegen sind die so genannten Tiefsprünge tabu. Sie sind durch große Fallhöhen vor dem Absprung gekennzeichnet und für Athleten im Grundlagentraining unangemessen und eine Überforderung. Fallhöhen sind spätestens über 20 cm Höhe (entspricht einem Kastendeckel) zu viel.

Schwerpunkte und Zielsetzungen dieser Grundschule sind:
- Technikerwerb, -erhalt und -verbesserung bei Berücksichtigung der Veränderungen durch die Pubertät: Abspringen aus dem Anlauf und „Sichtreffen"
- Koordinationsverbesserung und Variation der Belastung im Hinblick auf das Körpergefühl des „Sichtreffens" beim Absprung, beidseitiges Belasten, Erhalten bzw. Erzeugen der Variabilität und Umlernfähigkeit für spätere Trainingsetappen, Umsetzen von Korrekturen, Entwickeln des Gefühls für Absprünge aus unterschiedlichen Geschwindigkeiten
- konditionelle Verbesserung zur Erhöhung der Belastungsverträglichkeit, Steigerung des Umfangs bei geringer bis mittlerer Intensität

Im Grundlagentraining müssen wir unseren Athleten in ausreichend hohem Umfang geeignete Absprungsituationen über niedrige Hindernisse oder mit flachen Flugphasen anbieten, um rechtzeitig und ausreichend die reaktiven Kraftfähigkeiten zu schulen. Wesentlich ist immer der aktive Fußaufsatz und eine explosive Absprungbewegung mit anschließender Ganzkörperstreckung. Das Augenmerk ist besonders auf eine vielfältige Auslegung der Sprungsituationen in der gesamten Bandbreite zu lenken. Als Trainer sollten Sie konsequent auf die stets richtige Bewegungsausführung achten: Der „Lerneffekt" vieler falscher Sprünge lässt sich nicht durch wenige gute Sprünge ausgleichen, von

ABB. 4.14   Handlungsrahmen Sprungschule

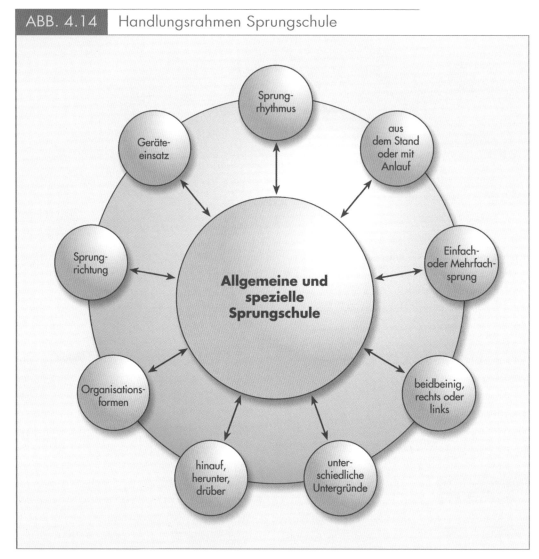

der möglichen Überlastung und Schädigung ganz abgesehen.

Der Gestaltungsrahmen für die allgemeine und spezielle Sprungschulung erschließt sich in einer Systematik, wie in Abb. 4.14 gezeigt. Die darin aufgeführten Möglichkeiten sind wie folgt näher gekennzeichnet:

Aus dem Stand oder mit Anlauf: Leichtathletische Absprünge finden aus dem Anlauf statt, die Sprungbelastung ist dabei allerdings recht hoch. Durch Springen aus dem Stand kann die Belastung durch die geringere Bewegungsgeschwindigkeit vermindert werden. So sind größere Belastungsumfänge möglich. Die Länge des Anlaufes (Anzahl der Schritte) steuert Geschwindigkeit und Belastung. Geradlinige, bogen- oder slalomförmige Anläufe bereiten die unterschiedlichen Absprünge der leichtathletischen Sprungdisziplinen vor.

Sprungintensität: Bei der Intensität des Springens kann zwischen Federn, Prellen, Fußgelenkssprüngen, Hüpfen, Springen, Hock-Streckspringen und Sprüngen aus unterschiedlichen Anlauflängen unterschieden werden.

Einfach- oder Mehrfachsprung: Als Einfachsprung wird ein einzelner Absprung bezeichnet. Mehrfachsprünge stellen demnach eine Hinterein-

TAB. 4.2	Empfehlungen für die Wiederholungszahlen		
	1. Jahr GLT	**2. Jahr GLT**	**Ab 3. Jahr GLT**
Allgemeine Sprünge	60	60 – 100	100 – 130
Spezielle Sprünge horizontal oder vertikal		10 – 20	15 – 30
Erläuterungen:	Genannt ist jeweils die Höchstzahl der Sprünge pro Trainingseinheit		

anderschaltung von Absprüngen dar. Sie fordern eine besondere Koordination, da in den Flugphasen die Bewegungen für den folgenden aktiven Absprung vorbereitet werden müssen. Mehrfachsprünge können beidbeinig, einbeinig oder wechselseitig in unterschiedlichen Rhythmen erfolgen. Beachte: Mehrfachsprünge aus geringem Anlauf sollten im Grundlagentraining Bestandteil zur rechtzeitigen Vorbereitung des Dreisprungs sein.

Beidbeinig, rechts oder links: Leichtathletische Absprünge finden einbeinig statt. Die Belastung kann durch den Wechsel auf beidbeinige Absprünge vermindert werden, so dass größere Belastungsumfänge möglich werden. Bei den einbeinigen Sprüngen kann gleich- oder wechselseitig gesprungen werden. Sie dienen auch der langfristigen Vorbereitung des Dreisprunges.

Unterschiedliche Untergründe: Die Sprungbelastung und -dynamik kann über die Untergründe verändert werden (z.B. harte Turnmatten, Judomatten, Filzläufer, ebener Rasen, harter Sandboden am Strand). Weiche Untergründe dämpfen die Landung und reduzieren damit die Belastung. Andererseits beeinflussen sie die mögliche Absprunggeschwindigkeit: je weicher der Untergrund, desto langsamer der Absprung – je härter, desto schneller und spezifischer. Achten Sie bei sehr weichen Untergründen (z.B. alte Weichbodenmatten, Sand) auf ausreichende Stand- und Landesicherheit. Derartige Untergründe fordern das Gleichgewichtsgefühl und stabilisieren die Sprunggelenke. Auf geeigneten Böden sollte auch barfuß geübt werden.

Sprünge mit Beinwechsel gehören zur allgemeinen Sprungschule

Hinauf, herunter, drüber: Manche Hindernisse, z.B. Kästen, bieten gute Gelegenheiten zum Auf- (Landung oben) oder Abspringen, andere eher zum Überspringen. Das erfordert einiges an Koordination und Mut, ist aber gleichzeitig besondere Motivation. Achten Sie bei der Auswahl der Hindernishöhen immer auf sicheres Landen (kein „Durchschlagen") und insbesondere beim Überspringen auf flache Hindernisse zum Absichern des reaktiven Springens. Die Aufstellung der Hindernisse kann frei oder in Form eines „Sprunggartens" erfolgen.

Sprungrichtung: Sprünge können vorwärts, rückwärts und seitwärts ausgeführt werden. Vielseitig angebotene Sprungrichtungen schulen die Stabilität im Sprunggelenk und die Gleichgewichtsfähigkeiten.

Sprungrhythmus: Dieser kann über die Geschwindigkeit (schnell, langsam), die Anzahl und die Art der Sprünge gestaltet werden. Unterschiedliche Rhythmen schulen die Sprungkoordination und dienen erneut auch der Vorbereitung des Dreisprungs.

Organisationsformen: Wir unterscheiden Sprünge des einzelnen Athleten und Sprünge mit Partner oder in der Gruppe. Die Sprünge können gleichzeitig oder im Wechsel zueinander durchgeführt werden. Die Aufstellung kann in der Reihe, auf der Linie oder im Kreis erfolgen. Die Sprünge können frei, auf Linien oder durch Vorgabe anderer Formen (z.B. Zahlen, Buchstaben, Figuren, geometrische Formen usw.) erfolgen. Auch hier lohnt sich der Blick in die Literatur der Kleinen Spiele.

Geräteeinsatz: Neben dem Einsatz als Hindernis (siehe oben) kann auch mit Geräten gesprungen werden, z.B. mit einem selbst oder von anderen geschwungenen Seil.

Ergänzend können wir nach der Sprungrichtung auch Horizontal- und Vertikalsprünge unterscheiden. Diese Absprünge sind aufgrund der schnellen Bewegungsausführung und der koordinativ/technischen Beanspruchung belastend. Deshalb werden für das Grundlagentraining die in Tab. 4.2 genannten Belastungsumfänge empfohlen. Die Umfänge werden bei Spielformen schnell überschritten werden, so dass die Belastungsintensität entsprechen niedrig gewählt oder durch geänderte Spielregeln Pausen eingebaut werden müssen.

4.3.2 Weitsprung – in die Weite fliegen

Ziel des Weitspringers ist es, nach einem Anlauf (Vorbeschleunigung) und einbeinigem Absprung eine möglichst große Weite zu überwinden. Eine zusätzliche Anforderung entsteht (in der Zielform) durch die Aufgabe, den Absprungbalken möglichst gut zu treffen, da erst von seiner Vorderkante aus die Weite gemessen wird und andererseits ein Übertreten zu einem ungültigen Versuch führt.

Gelegenheiten zu Treppensprüngen finden sich fast überall.

Basiswissen Weitsprung

Das Erreichen einer großen Weite hängt aufgrund physikalischer Gesetzmäßigkeiten von zwei Faktoren sowie ihrer Wechselwirkung ab:

- Erster Faktor ist die Anlaufgeschwindigkeit kurz vor dem Absprung und die daraus im Absprung erzielte Abfluggeschwindigkeit des Körpers. Die Weitsprungleistung ist somit direkt von der Sprintschnelligkeit abhängig, aber auch davon, wie gut diese umgesetzt werden kann.
- Zweiter physikalischer Faktor für eine große Weite ist der Abflugwinkel, der durch den Absprung erzeugt wird. Für ihn gibt es eine optimale Ausprägung. Mit schneller werdendem Anlauf müssen im Absprung höhere Kräfte in den richtigen Abflugwinkel umgelenkt werden. Gleichzeitig wird die zur Verfügung stehende Zeit für die gesamte Absprungbewegung kürzer. Das Erreichen des optimalen Abflugwinkels durch die Absprungstreckung wird entsprechend schwieriger.

Die Flugphase (danach sind im Sprachgebrauch verschiedene Sprungtechniken bezeichnet) und die Landung stehen hinter diesen Einflussfaktoren ein wenig zurück. Wir unterscheiden nach Schritt-,

---

BEACHTE   Schrittweitsprung

Die Zieltechnik im Grundlagentraining ist die Schrittsprungtechnik (s. Abb. 4.15). Sie betont die wesentlichen physikalischen Faktoren für die Weitsprungleistung, nämlich das optimale Umsetzen einer hohen Anlauf- in die Abfluggeschwindigkeit. Gleichzeitig lässt sie bei Bedarf aber auch eine spätere Weiterentwicklung (bei größeren Weiten) zur Lauf- oder Hangsprungtechnik zu.

Hang- und Laufsprungtechnik. Die Sprungtechnik stabilisiert die Körperlage während der Flugphase und bereitet eine günstige Landeposition vor (beide Füße vorn), so dass die durch Abfluggeschwindigkeit und -winkel vorbestimmte Sprungweite unter Umständen annähernd erreicht werden kann.

Bei geringen Weiten ist die Flugzeit relativ gering, so dass eine einfache Stabilisierung des Körpers mit der Schritttechnik in der Flugphase ausreicht. Bei größeren Weiten verlängert sich die Flugzeit. Dadurch entsteht ggf. eine größere Notwendigkeit zur Körperstabilisierung, wie sie die Lauf- oder Hangsprungtechnik bieten können.

ABB. 4.15   Elemente der Wettkampftechnik Weitsprung

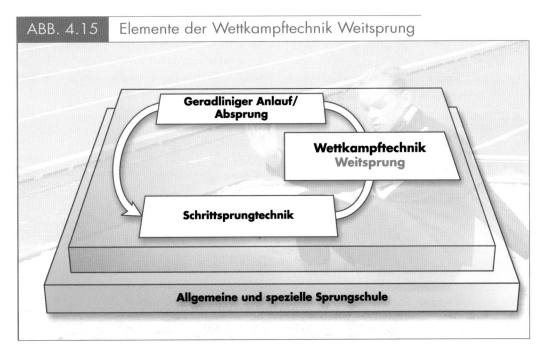

Geradliniger Anlauf/ Absprung

Wettkampftechnik Weitsprung

Schrittsprungtechnik

Allgemeine und spezielle Sprungschule

TAB. 4.3	Anzahl der Weitsprungversuche pro Trainingsbaustein		
	1. Jahr GLT	**2. Jahr GLT**	**Ab 3. Jahr GLT**
Sprünge aus dem Anlauf	8 – 10	10 – 12	12 – 15
Pause	2 – 3 min	2 – 3 min	2 – 3 min
Erläuterung:	Genannt ist jeweils die Höchstzahl der Sprünge pro Trainingseinheit		

Tipps für die Praxis

- Stellen Sie das Erarbeiten eines kräftigen Absprungs aus möglichst schnellem Anlauf in den Vordergrund des Weitsprungtrainings.
- Vermitteln Sie Ihren Athleten die Bewegungsvorstellung, von der Ablaufmarke aus maximal zu beschleunigen. Dies führt in aller Regel zu der gewünscht konstanten rhythmischen Anlaufgestaltung, so dass das Treffen des Balkens erleichtert wird. (Die häufig anzutreffende Formulierung, der Anlauf sei ein Steigerungslauf, ist zwar vom Geschwindigkeitsverlauf her richtig, verführt in der Vorstellung des Springers allerdings anders als bei unserer Empfehlung zu ungleichmäßig gestalteten Anläufen.)
- Fordern Sie mit wachsendem Können Ihrer Athleten auch bei wechselnden Bedingungen eine hohe Präzision ein. Bewahren Sie dennoch ausreichend Geduld!
- Lassen Sie Anlauflängen nur mit der Schrittzahl zu, die Ihren Athleten erlaubt, die erreichte Höchstgeschwindigkeit noch in einen guten Absprung umzusetzen. Die Zahl der Anlaufschritte ist für Sie die entscheidende Möglichkeit, steuernd einzugreifen!

Technikelement 1:
geradliniger Anlauf/Absprung

Hauptaspekt der Anlauf-/Absprungschulung ist, für jeden Athleten einen Anlauf zu entwickeln, bei dem von ihm ein Absprung aus größtmöglicher Geschwindigkeit und mit möglichst hoher Anlaufgenauigkeit realisiert werden kann.

Das umsetzbare Anlauftempo kann bei Anfängern und in entsprechenden Lernphasen durch die Anzahl der Anlaufschritte gesteuert werden. Weniger als fünf Anlaufschritte sind jedoch nicht sinnvoll, da sonst ein zu geringes Tempo erzielt wird, was für Lernende ebenfalls eine Höchstschwierigkeit bedeutet. In der Regel wird von sieben Anlaufschritten aus beginnend mit zunehmendem Können um jeweils zwei Anlaufschritte verlängert.

Die wichtigsten Bewegungskriterien für dieses Technikelement sind:

- Von Anlaufbeginn an wird voll beschleunigt, um passend zur Anlauflänge eine größtmögliche Endgeschwindigkeit und Schrittkonstanz zu erreichen.
- Der Absprung erfolgt mit aktivem ganzsohligem Fußaufsatz und kräftigem Abdruck mit dem Sprungbein.
- Ein geradliniger Schwungbein- und Gegenarmeinsatz unterstützt den Absprung. Die Schwungelemente werden zum Absprungende in der Vorhalte angewinkelt fixiert.
- Die Hüfte wird fixiert und bleibt vorn, so dass es zu einer Ganzkörperstreckung und einer Absprungrichtung nach vorn-oben kommt

BEACHTE   Anlauflängen

Aufgrund der unterschiedlichen Schrittlängen sind individuelle Ablauforientierungen erforderlich. Damit der Anlauf beim nächsten Training wieder zur Verfügung steht, sollte jeder Springer seine eigene Anlauflänge in Fußlängen (immer mit den gleichen Schuhen) ab dem Balken ausmessen und auf einem kleinen Zettel notieren, der z.B. unter die Einlegesohle der Schuhe gesteckt wird.

Technikelement 2:
Schrittsprungtechnik

Erst wenn die Anlauf-/Absprungübungen aus einem weitgehend konstanten Anlauf durchgeführt werden können, kann die Aufmerksamkeit auf die Schulung der Schrittsprungtechnik, also auch der Flug- und Landephase, gelenkt werden.

Der in Technikelement 1 benutzte Bewegungablauf endet mit einem „einfachen" Absprung (Steigesprung), der in diesem Technikelement fortgeführt wird: Aus dem Steigesprung heraus hält der Springer den Abflugschritt bewusst, fliegt diesen Schritt möglichst lange aus und führt zur Landung das Absprungbein zum Schwungbein nach vorne (s. Bildreihe 6). Die Arme unterstützen diese Bewegung: Der Gegenarm zum Sprungbein wird in einer Kreisbewegung aus der Rückhalte über Kopf in die Vorhalte gebracht. Die Absprungrichtung geht nach vorn-oben.

Die entscheidenden Bewegungskriterien, **ergänzend** zu den Bewegungsmerkmalen aus dem Anlauf/Absprung, sind ein

- langes Halten der Absprungposition (gestrecktes Sprungbein zeigt nach hinten unten, Schwungbein und Arme fixiert) im Gleichgewicht und ein
- spätes, aber dennoch rechtzeitiges und resolutes Einleiten der Landung: Füße möglichst parallel und weit nach vorne bringen, ebenso Rumpf und Arme („Klappmesser").

Tipps für die Praxis

- Führen Sie die Anlaufübungen immer in Kombination mit einem Absprung durch, da sich sonst Schrittlängen verändern können.
- Lassen Sie das Anlaufen und Abspringen insbesondere bei Anfängern und Jüngeren mit beiden Beinen durchführen, um herauszufinden, mit welchem Bein Ablauf bzw. Absprung besser gelingen.
- Führen Sie Ihre Athleten über stetige Anlaufverlängerung zu ihrem individuellen Optimum. Dazu empfiehlt es sich, immer wieder einmal im Training Anlauflängen mit zwei Schritten „Überlänge" zu probieren. Generell führt ein systematisches Variieren der Schrittanzahl zu verbesserter Umlern- und Anpassungsfähigkeit.
- Ihre Aufgabe als Trainer ist es, die Ablaufmarken der Springer so zu korrigieren (vor- oder zurückverlegen), dass ein explosiver Absprung in der Zone bzw. vom Balken im Hinblick auf einen gültigen Versuch möglich wird. Hierzu ist es erforderlich, sowohl die Anlaufgestaltung als auch den Absprungort zu beobachten. Das geht nicht, wenn Sie direkt am Balken stehen. Die beste Perspektive ist auf Balkenhöhe, aber in ausreichender Distanz zur Weitsprunganlage (s. Abb. 4.16). Fordern Sie ihre Athleten dazu auf, den Anlauf maximal und rhythmisch durchzuführen, auch wenn der Balken nicht getroffen wird. Nur so lässt sich die nötige Korrekturdistanz richtig feststellen.
- Da die Anläufe immer maximal schnell durchgeführt werden sollen, unterliegen Trainingsbausteine zum Weitsprung vergleichbaren Belastungskriterien wie Schnelligkeitsübungen. Empfehlungen finden Sie in Tab. 4.3.

Der Take-off aus dem Anlauf sollte im Fokus Ihres Weitsprungtrainings sein.

Tipps für die Praxis

- Berücksichtigen Sie immer, dass Anlauf und Absprung die Basis des Weitspringens sind – wenn sie nicht gelingen, kann auch der weitere Bewegungsablauf nicht funktionieren!
- Eine häufige Schwierigkeit der Schrittsprungtechnik liegt darin, den passenden Zeitpunkt zum Einleiten der Landung zu finden. Bei zu frühem Zeitpunkt können Sie ein Öffnen der Klappmesserposition schon vor der Landung beobachten, bei zu spätem Einleiten dagegen ein Landen ohne vollendetes Klappmesser. Lassen Sie immer wieder den Schrittweitsprung aus unterschiedlich langen, aber jeweils maximal schnellen Anläufen üben, damit die Athleten das Gefühl für den richtigen Zeitpunkt entwickeln können.
- Für die richtige Sprungrichtung können Sie Orientierungshilfen einsetzen: kleine ungefährliche Hindernisse zum Überspringen (Schnur, Karton, Schaumstoffblock) oder Höhenorientierer zum Anspringen (Luftballon, Schnur, Blickziele vorn-oben) steuern den richtigen Absprungwinkel. Passen Sie die Position der Orientierer an die richtige Stelle in der Flugkurve an!
- Auch die Landung kann so unterstützt werden: das Überspringen einer Linie oder das Hineinspringen in einen alten Fahrradreifen in der Grube gibt Orientierungen zum Vorbringen der Beine. Die Entfernung muss natürlich wieder passend gewählt sein!
- Ungünstig dagegen ist das Erhöhen der Absprungstelle durch Keil- oder Reuterbretter. Das verlängert zwar die Flugphase und damit auch meist die Flugweite, beeinflusst jedoch das reaktive Absprungverhalten negativ. Besser wäre es, die gesamte Anlaufebene gegenüber der Landeebene zu erhöhen (z.B. Anläufe über eine feste Kastendeckelreihe). Die o.g. Hilfsmittel sollten ihren Platz nur in der allgemeinen Sprungschule, nicht aber in der Technikschulung haben.
- Die in Tab. 4.3 (Technikelement 1: Anlauf-/Absprungschulung) genannten Belastungskriterien gelten auch hier.

Bildreihe 6   Schrittweitsprung

ABB. 4.16   Beobachtungsposition

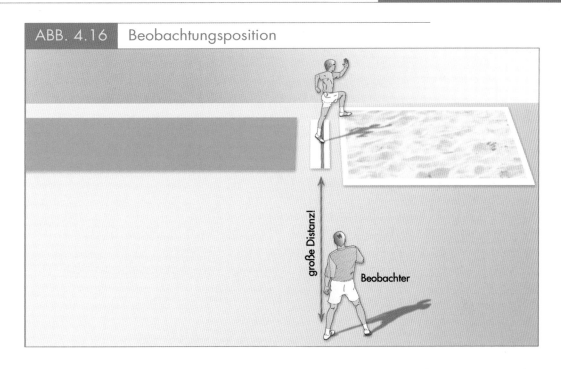

große Distanz!

Beobachter

4.3.3 Hochsprung – in die Höhe fliegen

Ziel des Hochspringers ist es, nach einem Anlauf (Vorbeschleunigung) mit einbeinigem Absprung mit dem eigenen Körper eine möglichst große Höhe zu überwinden. Neben dem Erreichen einer möglichst hohen Flugkurve kommt es darauf an, den Körperschwerpunkt möglichst dicht über die Latte zu führen. Dies gelingt nur, wenn einzelne Körperteile die Latte nacheinander passieren. Dadurch dass der Springer Sprunghöhen und Versuche im Wettkampf selbst bestimmen kann, benötigt er auch eine korrekte Selbsteinschätzung.

Die Geschichte des Hochsprungs weist eine Vielzahl von Bewegungstechniken auf (z.B. Rückenschnepper, Schersprung, Rollsprung, Wälzsprung, Straddle, Flop). Inzwischen hat sich der Flop flächendeckend durchgesetzt, so dass er auch die Zieltechnik für das Grundlagentraining darstellt. Andere Sprungtechniken können darüber hinaus als koordinative Sprungschule dennoch gelegentlich ausprobiert werden.

Basiswissen Hochsprung

Die erzielte Sprunghöhe beim Hochsprung hängt aufgrund physikalischer Gesetzmäßigkeiten von mehreren, sich gegenseitig beeinflussenden Faktoren ab:

- Die zunächst wesentlichen Faktoren sind wie beim Weitsprung Abfluggeschwindigkeit und Abflugwinkel. Damit wird die Flugkurve des Körperschwerpunktes eindeutig festgelegt.
- Die aus dem Anlauf wirkenden Kräfte müssen beim Absprung wesentlich stärker umgelenkt werden (mehr in die Höhe) als beim Weitsprung. Zwar bleibt die Forderung nach einem Absprung aus möglichst hoher Geschwindigkeit bestehen. Diese darf jedoch nur so hoch sein, dass sie in einen explosiven Absprung mit der Vorbereitung der Flugphase umgesetzt werden kann (= optimale Anlaufgeschwindigkeit).
- Die Flugbahn des Körpers muss ihren Scheitelpunkt genau über der Latte haben. Grundlage dafür ist die richtige Kombination aus **Abfluggeschwindigkeit** und **-winkel** sowie der Entfernung des **Absprungortes** von der Latte.

Diese Faktoren können bereits mit dem Schersprung realisiert werden. Wesentlich für einen möglichst gutes Gelingen des Hochsprungs ist aber nicht nur eine hohe Flugkurve des Körperschwerpunkts, sondern auch eine günstige Körperposition zum Überqueren der Latte. Die dafür nötigen Dreh-

Die floptechnische Lattenüberquerung ist Bestandteil des Technikelements 2.

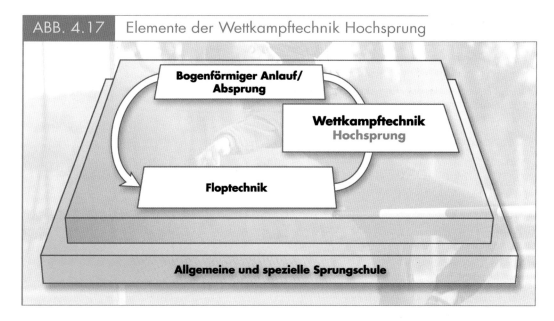

ABB. 4.17 Elemente der Wettkampftechnik Hochsprung

Bogenförmiger Anlauf/
Absprung

Wettkampftechnik
Hochsprung

Floptechnik

Allgemeine und spezielle Sprungschule

impulse ergeben sich bei der Floptechnik bereits aus dem Anlauf-Absprung-Komplex und können nicht nachträglich erzeugt werden:

- Die Drehung des Körpers zur Latte (um die Körperlängsachse) ergibt sich durch das Aufsetzen des Sprungfußes aus dem Bogenlauf und den zeitgleichen Schwungbeineinsatz.
- Die Kippbewegung zur Lattenüberquerung resultiert aus der Kurvenneigung des Springers beim bogenförmigen Anlauf und der Aufgabe dieser Kurvenneigung mit dem Absprung.

Die nötigen Drehimpulse werden jedoch erst ab einer gewissen Anlaufgeschwindigkeit und mit einem explosiven Absprung erzeugt. Benötigt werden ein ausreichend langer (mindestens fünf Schritte) und gleichmäßiger Anlaufbogen vor dem Absprung sowie ein vorgeschalteter geradliniger Anlaufteil – je nach Könnensstufe von zwei, vier oder sechs Schritte.

BEACHTE   Innenneigung

Das richtige Laufen des Anlaufbogens mit Kurveninnenneigung ist von entscheidender Bedeutung für das Gelingen des Flopsprunges. (Erzeugung der nötigen Drehimpulse).

Tipps für die Praxis:

- Finden Sie für jeden Athleten die individuelle Balance zwischen Anlauflänge und Absicherung der für die Entwicklung der Drehimpulse nötigen Geschwindigkeit einerseits und der dennoch kontrollierten Ausführung des Kurvenlaufes andererseits (Innenneigung, Konstanz von Radius und Absprungort)!
- Durch das Zusammenwirken der im Grundlagentraining oft noch geringen Sprunghöhen und der Körperhöhe sowie der im Vergleich dazu recht hohen Hochsprunganlagen in den Stadien kommt es bis ca. 1,30 m Sprunghöhe häufig zu einem verfrühten Einleiten der Lattenquerung und damit vernachlässigter Absprungstreckung. Vergleichen Sie deshalb ständig zwischen der Zubringertechnik „Schersprung aus bogenförmigem Anlauf" und der Floptechnik. Erst wenn die Hochsprungleistung im Flop stabil höher ist als die im Schersprung, sollte im Wettkampf zur Floptechnik gewechselt werden.

Technikelement 1: Bogenförmiger Anlauf und Absprung

Hauptaspekt der Anlauf-/Absprungschulung ist es, einen Anlauf zu entwickeln, der nach geradlinigem Beginn in einen bogenförmigen Anlauf übergeht, aus dem heraus ein optimaler Absprung in die

Höhe bei möglichst hoher Anlaufgenauigkeit umgesetzt werden kann. Um die Forderung nach einem guten Bogenlauf bei ausreichender Anlauf- und Absprunggeschwindigkeit zu erfüllen, beträgt der Anlauf mindestens fünf Schritte, die alle bogenförmig sind. Nach dem Erlernen des bogenförmigen Teils sollte relativ schnell ein geradliniger Anlaufteil vorgeschaltet werden, damit auch der Übergang vom geraden zum bogenförmigen Lauf mitgeschult wird. Durch das spätere Steigern der geradlinigen Schrittanzahl erfolgt eine Anpassung an den Lern- und Könnensstand der Athleten.

Aus dem Blickwinkel der Springer erfolgt der Anlauf für den Absprung mit dem rechten Fuß von der linken und für den Absprung mit dem linken Fuß von der rechten Seite der Hochsprunganlage (= Absprung mit dem jeweils lattenfernen Bein).

Die wichtigsten Bewegungskriterien für dieses Technikelement sind:

BEACHTE Ablaufpunkt

Der Ablaufpunkt muss wegen der unterschiedlichen Voraussetzungen der Springer individuell festgelegt und vom Springer (z.B. in Fußlängen) vermessen werden. Zwei Entfernungsangaben sind notwendig:

- in der Verlängerung der Sprunglatte nach außen: Entfernung vom Ständermittelpunkt bis zur senkrechten Projektion des Ablaufpunkts auf diese Verlängerung
- rechtwinklig dazu die Entfernung von diesem Projektionspunkt bis zur Ablaufmarke

---

- Aus dem geradlinigen Anlaufteil werden die Laufschritte mit gleichmäßigem Übergang zum Bogenlauf/Absprung hin mit gleichmäßig steigender Schrittfrequenz ausgeführt.

ABB. 4.18 Bogenförmiger Hochsprunganlauf

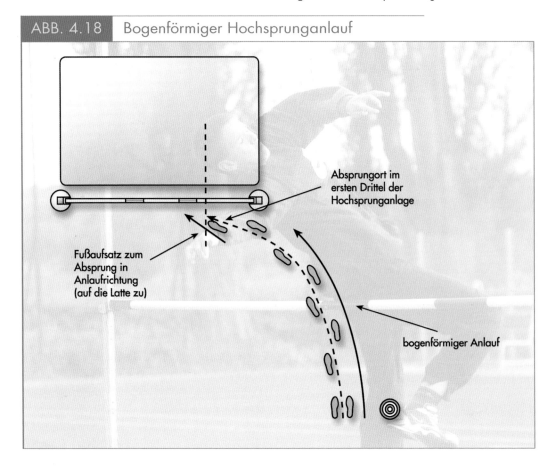

Absprungort im ersten Drittel der Hochsprunganlage

Fußaufsatz zum Absprung in Anlaufrichtung (auf die Latte zu)

bogenförmiger Anlauf

- Der Springer legt sich für die **Kurveninnen-neigung** bewusst in die Kurve (Bewegungsvorstellung: „Laufen durch eine Steilkurve!").
- Der **Absprungort** liegt im ersten Drittel der Hochsprungmatte innerhalb der Ständer (s. Abb. 4.18). So wird ein Aufsprung auf die Matte möglich und ein Überspringen vermieden.
- Der Sprungfuß wird zum Absprung aktiv und **ganzsohlig** aufgesetzt. Die Fußspitze zeigt zur Latte.
- Die Absprungstreckung wird zeitgleich durch den Schwungbein- und den gegengleichen Schwungarmeinsatz nach vorn oben unterstützt. Die Schwungelemente werden in der Vorhalte schlagartig fixiert.

Die Landung beim Aufsprung auf die Matte bzw. beim Steigesprung erfolgt auf der Schwungbeinseite.

Tipps für die Praxis:

- Koppeln Sie die Anlaufübungen immer mit einem Absprung: Aufsprung auf die Hochsprungmatte bzw. Steigesprung. So klappt der gewünschte Übergang!
- Unterstützen Sie die Orientierung der Springer im Training durch geeignete Bodenmarkierer: Anlaufbogen mit Hütchen oder Klebeband vorgeben, spätesten Absprungort z.B. durch Hütchen kennzeichnen.
- Je größer die Beinlänge und/oder die Sprintschnelligkeit beim Kurvenlauf, desto weiter ist der Ablaufpunkt nach außen gelegt.
- Kontrollieren und korrigieren Sie stets die Ablaufmarken so, dass ein explosiver Absprung an der richtigen Absprungstelle erfolgen kann! Die meisten Probleme beim Hochsprung entstehen durch eine falsche Ablaufmarke und/oder falsche Anlaufgestaltung (vgl. Tab. 4.4.)
- Streuen Sie immer wieder einmal Anläufe mit zwei geraden Anlaufschritten mehr ins Training ein, um frühzeitig die Umlernfähigkeit auf Absprünge aus unterschiedlich hohen Anlaufgeschwindigkeiten zu schulen.
- Die Anläufe sollten bis zur endgültigen Festlegung des Sprungbeins und aus koordinativen Aspekten zunächst von beiden Seiten geschult werden.

| BEACHTE | Schersprung |

Der Schersprung (s. Bild unten) aus dem bogenförmigen Anlauf ist eine zentrale Übung in der Vorbereitung auf den Flop, da er alle wichtigen Bewegungskriterien zum Anlauf/Absprung berücksichtigt!

Technikelement 2: Floptechnik

Die floptypische Lattenüberquerung rücklings gelingt nur einwandfrei, wenn die hierzu erforderlichen Drehimpulse durch Anlauf und Absprung erzeugt werden, wie beim Technikelement 1 ausgeführt: Kurvenlauf und Aufrichten aus der **Kurveninneneigung** zum Absprung, aktives Aufsetzen des Sprungfußes in Fortführung des Anlaufkreisbogens und schnellkräftiger Einsatz der Schwungelemente.

Der Schersprung trainiert zentrale Elemente des Anlauf-/Absprungkomplexes.

TAB. 4.4	Auswirkungen von Anlauffehlern im Hochsprung
Fehler	**Auswirkungen**
Ablaufmarke zu nah	• Absprungort zu dicht an der Latte • Springer verlangsamt das Anlauftempo • Sprung zu steil (Fallen auf die Latte)
Ablaufmarke zu weit entfernt	• Absprungort zu weit von der Latte entfernt • Verlängerung der Anlaufschritte, dadurch kein explosiver Absprung mehr möglich • Sprung zu flach oder Scheitelpunkt schon vor der Latte
unrhythmischer An-lauf: unregelmäßige Verlängerung oder Ver-kürzung der Anlauf-schritte	• Absprungort zu nah oder zu weit entfernt • weitere Folgen wie oben
zu geringe Innenlage	• durch Fliehkraft zu flacher Sprung • Springer berührt schon im Steigen die Latte

Bildreihe 7   Hochsprung

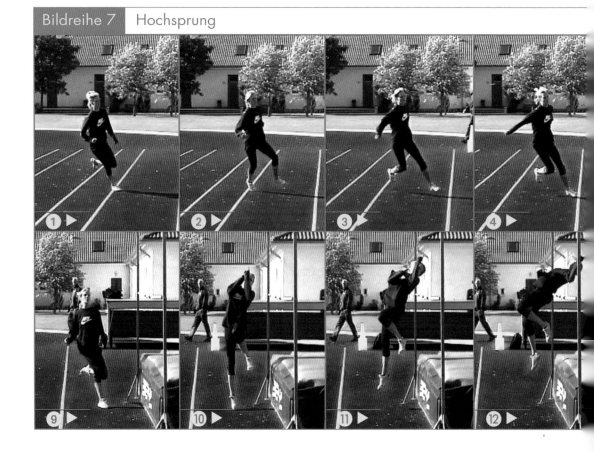

Die entscheidenden Bewegungskriterien der Flop-technik, **ergänzend** zu den Bewegungsmerkmalen aus dem Anlauf/Absprung, sind:

- Ganzkörperstreckung nach dem Absprung mit einer klaren Steigphase und Drehung rücklings zur Latte
- rückwärtiges Abtauchen des Oberkörpers (nach der Steigephase) bis zur Brücke rücklings über der Latte; die Beine hängen zunächst noch vor der Latte herunter
- Einleitung der Landung, sobald das Becken die Latte passiert hat: Kopf zur Brust, Becken taucht Richtung Matte ab, Unterschenkel werden von der Latte weg nach oben gekickt, Landung in „L-Position"

Bei niedrigen Sprunghöhen und relativ hohen Matten (im Verhältnis zur Körperlänge der Springer im Grundlagentraining) ist häufig zu beob-achten, dass durch das natürliche Bewegungs-empfinden der Kopf zu früh reflektorisch zur Brust genommen wird. Dadurch wird zwar ein Landen auf dem Kopf vermieden, gleichzeitig kommt aber auch die „Brücke über der Latte" nicht zustande. In der Trainingspraxis kann eine Aufteilung des komplexen Bewegungsablaufs in hintereinander geschaltete Übungen erfolgen: Im ersten Lern-schritt wird aus dem bogenförmigen Anlauf und Absprung die Drehung des Körpers rücklings zur Hochsprunganlage erprobt. Die Landung erfolgt zunächst im Langsitz, dann auf dem Rücken (Landung rechtwinklig zur Latte). Sofern ausreichend Matten vorhanden sind (v.a. in der Turnhalle), kann auch nach der Steigephase ein Aufspringen auf einen hohen Mattenberg erfolgen.

Im folgenden Lernschritt wird das rückwärtige Abtauchen zur Lattenüberquerung und Landung

BEACHTE Hochsprung

- Das Erlernen der Floptechnik erfordert vom Springer Mut und Vertrauen: Bereiten Sie Ihre Athleten deshalb durch turnerische und akrobatische Übungen gut vor. Setzen Sie in der Anfangsphase vor allem statt der Latte weniger angstbesetzte Geräte ein wie die Zachariaslatte, eine Zauberschnur mit übergehängtem Zeitungspapier als Sichtmarkierung oder Vario-Elastikbänder.
- Setzen Sie die Hochsprunglatte im Training erst ein, wenn die Sprungtechnik in der Grobform beherrscht wird. Zur Vorbereitung der Wettkampfteilnahme ist die Latte aber unverzichtbar. Wenn Sie auch bei Ersatzgeräten die Ständerabstände immer gleich halten, sind die Orientierung und das Anlaufausmessen vergleichbar.
- Der Standflop gehört durchaus in das Training des Hochspringers. Die Anzahl der Versuche sollte jedoch im Vergleich zur Anzahl an Versuchen von Flopsprüngen aus dem Anlauf gering sein.
- Berücksichtigen Sie bei Ihren Korrekturmaßnahmen, dass viele Probleme in der Technik schon im Anlauf-/Absprungkomplex begründet sind (s. Tab. 4.5).
- Die Anzahl der Versuche in jedem Trainingsbaustein darf nicht zu hoch sein, um die Bewegungsqualität zu sichern. Im ersten Jahr des Grundlagentrainings maximal ca. 8 bis 10, im zweiten Jahr 10 bis 12 und im dritten Jahr 12 bis 15 Techniksprünge aus dem Anlauf mit jeweils 2 bis 3 min Pause pro Trainingsbaustein.

geschult. Das richtige Timing zur Einleitung der jeweiligen Bewegungsphase steht dabei im Mittelpunkt. Der bekannte Standflop schult diese Elemente der Lattenüberquerung, besonders in Verbindung mit einer Erhöhung des Absprungortes. Durch den flopuntypischen beidbeinigen Absprung und die geringe Horizontalgeschwindigkeit ist er für die komplexe Bewegung allerdings nur bedingt tauglich und sollte deshalb nur als Zubringerübung eingesetzt werden!

4.3.4 Stabhochsprung – Katapult in die Höhe

Zwar geht es beim Stabhochsprung wie beim Hochsprung darum, dass der Athlet nach einem Anlauf und einem einbeinigen Absprung eine möglichst große Höhe überspringt. Allerdings bedient er sich, einzigartig in den leichtathletischen Sprungdisziplinen, eines Hilfsgeräts. Durch geschicktes Verwenden eines elastischen Stabs kommt es zu wahren Katapulteffekten, die bestmöglich ausgenutzt werden sollten. Voraussetzung und Reiz gleichermaßen sind neben dem reinen Sprungvermögen artistische Elemente. Erneut ähnlich dem Hochsprung ist die Anforderung der Selbsteinschätzung der Leistung für taktische Möglichkeiten wie Bestimmung der Sprunghöhen und Versuchsgestaltung im Wettkampf.

Das vielseitige Anforderungsprofil dieser Disziplin führt dazu, dass durch ein stabhochsprungorientiertes Grundlagentraining viele Zubringerleistungen für andere Disziplinen, d.h. für Sprint- und

TAB. 4.5	Ursachen von Fehlern bei der Lattenüberquerung
Fehler	**mögliche Ursachen**
„Sitzen" über der Latte	• keine Absprungsstreckung • Kopf nicht im Nacken • mangelnde Handführung am Ende des Steigens: „Übergreifen der Schwungarmhand über die Latte"
Schräglage über der Latte oder unzureichende Drehung rücklings zur Latte	• Kurve nicht bis zum Absprung durchgelaufen • zu geringer Schwungbeineinsatz

Sprungdisziplinen und den Mehrkampf, entwickelt werden können. Zumindest für spätere Mehrkampfspezialisten unter unseren männlichen Aktiven ist diese Disziplin unverzichtbar.

Basiswissen Stabhochsprung

Die Sprungleistung im Stabhochsprung hängt wesentlich von der Stablänge und der Griffhöhe am

Das Springen mit dem starren Stab vermittelt einen ersten Eindruck, wie sich der Stab aufrichtet und den Springer in die Höhe trägt.

Stab ab. Der Springer muss durch seinen Anlauf und Absprung die nötige Bewegungsenergie erzeugen, um sich mit dem Stab um den Drehpunkt im Einstichkasten in die Höhe zu heben und über den „Totpunkt" in der Senkrechten hinaus über die Latte zu tragen. Der Absprung mit aktivem ganzsohligem Fußaufsatz und Ganzkörperstreckung mit Schwungbeineinsatz ähnelt dem des Weitsprungs. Der elastische, biegsame Stab kann zusätzlich durch entsprechende Bewegung Energie speichern (Biegespannung) und durch die anschließende Streckung für mehr Höhengewinn und die Lattenüberquerung zurückgeben. Zusätzlich kann der Springer am biegsamen Stab einen Verkürzungseffekt nutzen: Beim Aufrichten des gebogenen Stabes ist nur die effektive Länge (Distanz von Griffhöhe zum Stabaufsatzpunkt im Einstichkasten) zu berücksichtigen. Optimal gelingt dies nur, wenn die Länge und Elastizität des Sprungstabes sowie die Griffhöhe auf Körpergewicht, Anlaufgeschwindigkeit und Bewegungstechnik des Springers individuell abgestimmt sind.

Damit die Möglichkeiten des elastischen Stabes bestmöglich zum Einsatz kommen, muss der Springer einige physikalisch begründete Aspekte in seiner Bewegung realisieren:

- Je höher Anlauf- und die daraus umgesetzte Absprunggeschwindigkeit sind, desto mehr Energie kann auf den Stab übertragen werden. Der Absprung erfolgt dazu bildlich gesehen „in den Stab hinein".
- In der Biegephase kurz nach dem Absprung wird durch ein hohes Trägheitsmoment des Springers (= langes Pendel) diese Energie kurzfristig gespeichert.
- In der Aufrichte- und Streckphase des Stabes verringert der Springer sein Trägheitsmoment (= kurzes Pendel) zur Erleichterung.
- Am Ende der Streckbewegung nutzt der Springer diesen Katapulteffekt für die letzte Höhensteigerung und die Lattenüberquerung durch eine Position nah am Stab.

Da sich der Springer bei diesem Vorhaben während einer gleichzeitigen Vorwärts- und Aufwärtsbewegung in eine Überkopfposition begeben

Beim Springen mit dem elastischen Stab wird Energie zwischengespeichert und für den Höhenge-winn zurückgegeben. Auf dem Bild ist aufgrund einer zu dichten Absprungstelle (Unterlaufen) die linke Hand nicht unter/hinter, sondern neben dem Stab (Verringerung der Energieübertragung).

und die Lattenüberquerung mit einem Drehumstütz einleiten muss, ist in Verbindung mit dem Fall aus großer Höhe zur Landung ein enormes **Bewegungsempfinden** erforderlich.

Bei den im Grundlagentraining realisierbaren Sprunghöhen ist für ein ausführliches Durchlaufen aller genannten Bewegungsmerkmale weder die Zeit noch der hierfür erforderliche Raum bzw. die erforderliche Körperkraft vorhanden. Somit müssen einige Ansprüche der von Topathleten/-innen gezeigten Bewegungstechnik reduziert werden.

Tipps für die Praxis

- Lenken Sie die Aufmerksamkeit auf die wesentliche Bedeutung des Anlaufs und aktiven Abspringens mit dem Stab. Das kann zunächst auch als Weit- oder Weit-Hochsprung mit dem Stab erfolgen.
- Berücksichtigen Sie eine langfristige, rechtzeitige koordinative Vorbereitung der Arbeit am Stab durch akrobatische und turnerische Übungen – sie besitzen eine besondere Zubringerleistung für den Stabhochsprung!
- Gehen Sie frühzeitig auf das Springen mit elastischen Stäben über, da langfristig ein Springen mit starren Stäben die Entwicklung limitiert!
- Nutzen Sie jederzeit die passenden Stäbe, auch wenn dafür ein größerer Pool an Stäben notwendig ist. Durch Kooperation mit mehreren benachbarten Vereinen können Sie den finanziellen Aufwand deutlich reduzieren. Auch die bestehenden Stabhochsprung-Leistungszentren helfen meist gern, nicht nur in materieller Hinsicht!

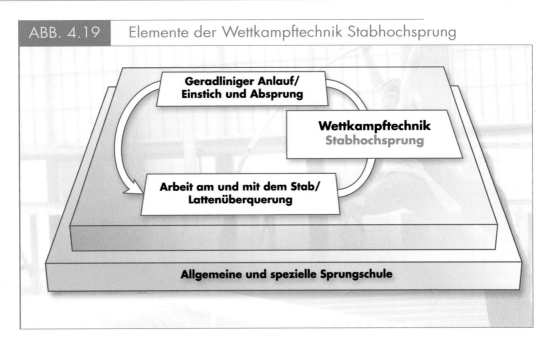

ABB. 4.19 Elemente der Wettkampftechnik Stabhochsprung

Geradliniger Anlauf/
Einstich und Absprung

Wettkampftechnik
Stabhochsprung

Arbeit am und mit dem Stab/
Lattenüberquerung

Allgemeine und spezielle Sprungschule

Technikelement 1: Geradliniger Anlauf/Einstich und Absprung

Das Schulen des geradlinigen Anlaufs mit anschließendem Einstich und Absprung besteht im Grundlagentraining aus zwei Elementen:
1. Halten des Stabes und Laufen mit dem Stab

2. Einstich des Stabes und Absprung aus dem Anlauf heraus (s. Bilder unten)

Das erste Element zielt auf **das Halten des Stabes** und **das Laufen mit dem Stab**.

Die wichtigsten Kriterien für das Halten des Stabes werden in Vorübungen erfasst:

Sprünge aus kurzem Anlauf mit niedriger Griffhöhe und starrem Stab sind zur Schulung von Einstich und Absprung ideal, da sie aufgrund der geringen Belastung häufig wiederholt werden können.

Der Anfänger kann die richtige Griffhaltung gut erfassen, wenn der Stab auf dem Boden steht.

Griffhaltung beim Anlauf

- Der Stab wird gut schulterbreit im Zwiegriff gehalten. Am leichtesten erfasst dies der Athlet zunächst im Stand (s. Bild oben links): der Linksspringer greift den senkrecht stehenden Stab mit der rechten Hand in Reich- und mit der linken in Augenhöhe (der Rechtssspringer umgekehrt).
- Aus dieser Position wird der Stab zu Halte-, Lauf- und Sprungübungen ohne Veränderung der Griffhaltung vom Boden gelöst und an den Körper geführt (s. Bild oben rechts). Die obere Griffhand wird in Hüfthöhe am Körper gehalten (die Griffhand öffnet sich), die untere Griffhand befindet sich in Brusthöhe vor dem Körper (Ellenbogen ebenso auf Brusthöhe, Unterarm waagerecht vor der Brust). Die Stabspitze befindet sich körpermittig auf Augenhöhe in Laufrichtung.

Die anschließenden Laufübungen zielen darauf ab, auch mit dem Stab hohe Geschwindigkeiten zu erzielen. Die natürliche Laufbewegung wird durch

den Stab beeinträchtigt: Vorverlagerung des Schwerpunktes je nach Stabhaltung, Einschränkung der Armarbeit, leichte Ausgleichsbewegungen der Arme.

Beobachtungspunkte für das Laufen mit dem Stab sind:

- Lauftechnik wie beim Sprint, aber mit etwas aufrechterer Oberkörperhaltung
- ruhige Oberkörperhaltung (erkennbar daran, dass die Stabspitze beim Laufen weder auf- und abwärts noch seitwärts pendelt)

Prinzipiell kommen die gleichen Übungen wie in der Sprintschulung zum Einsatz, nur eben mit dem Stab: Lauf-ABC, Steigerungsläufe und Abläufe, maximale Sprints usw. Neben der technischen Schulung dürfen auch Varianten zur koordinativ vielfältigen Entwicklung nicht zu kurz kommen. Dies gilt auch für den Stabeinsatz (Variation durch unterschiedliche Griffhöhen, Stabspitze in unterschiedlicher Höhe usw.). Interessant ist auch der individuelle Vergleich zwischen Läufen mit und ohne Stab über die gleiche Strecke.

Tipps für die Praxis

- Achten Sie stets auf ausreichenden Sicherheitsabstand zwischen den Übenden. Außerhalb der Übungszonen darf der Stab nur senkrecht getragen werden.
- Durch einfache Hilfsgeräte – z.B. ausreichend lange und stabile Bambusstäbe aus dem Gartencenter (mindestens 3 m lang und 3 cm dick) mit vorn aufgesetztem Tennisball (s. Bild rechts) gegen das Splittern – können Sie auch mit vielen Athleten gleichzeitig üben.

Bambusstab mit aufgesetztem Tennisball als günstiges Hilfsgerät

Der zweite Baustein des Technikelements 1 ist das **Einstechen und Abspringen mit dem Stab aus dem Lauf heraus.** Der Springer muss den Stab zum Absprung in eine günstige Position bringen. Die Stabspitze wird zum Absprung auf den Boden bzw. in den Einstichkasten gesenkt. Gleichzeitig muss für ein wirksames Ausnutzen des Stabes die obere Griffhand leicht vor dem Kopf in die Hochhalte geführt werden.

Dies sind die wichtigsten Bewegungsmerkmale:

- Ein gleichmäßiges Absenken der Stabspitze bereitet schon im Anlauf den Einstich und Absprung vor.
- Auf den letzten drei Anlaufschritten erfolgt zusätzlich eine spezifische Armarbeit:
  - drittletzter Schritt: Der Springer führt die obere Griffhand nah am Körper hoch bis vor die Brust, die untere Griffhand schiebt er brusthoch nach vorn.
  - vorletzter und letzter Schritt: Die obere Griffhand wird in Kopfhöhe geführt und zum Absprung mit explosiver Armstreckung in die Hochhalte gebracht, die Hand dabei am Stab fest geschlossen. Die untere Griffhand wird gleichzeitig etwas über Brusthöhe weiter nach vorn gebracht, bis der Arm fast gestreckt ist. Hierdurch entsteht zum Einstich ein Span-

nungsdreieck mit den Eckpunkten obere Griffhand, Schulterachse und untere Griffhand.
- Der Absprung erfolgt wie beim Weitsprung mit Ganzkörperstreckung „in den Stab hinein". Der Springer bewegt sich am langen Arm der oberen Griffhand als Linksspringer auf der rechten, als Rechtsspringer auf der linken Stabseite vorbei.

Am günstigsten werden die Sprünge zunächst in die Weite gerichtet. Der obere Arm und das Sprungbein bleiben dabei so lange gestreckt, bis der Körper am Stab vorbei gependelt ist, danach drückt sich der Springer mit dem Stab möglichst weit nach vorn. Die Landung erfolgt frontal und beidbeinig in Sprungrichtung. Eine besonders geeignete Übung dazu ist der Stabweitsprung in die Weitsprunggrube (s. Bildreihe 7).

Technikelement 2:
Arbeit am und mit dem Stab sowie Lattenüberquerung

Die direkte Arbeit am und mit dem Stab setzt das Beherrschen der Anlauf-Einstich-Absprung-Situation voraus. Weitere Zubringerleistungen müssen

Bildreihe 8   Stabweitsprung

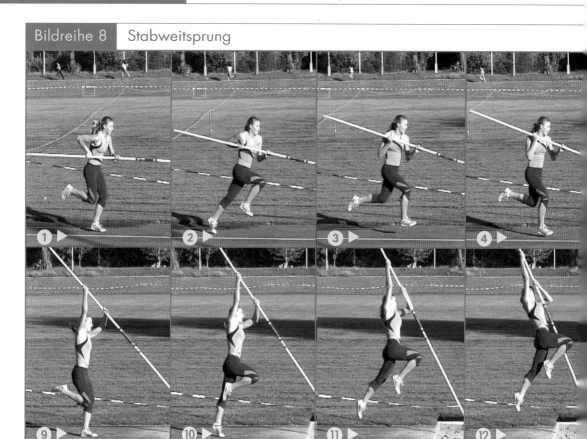

BEACHTE   Stabhochsprung

- Für das Gelingen der Anlauf-Einstich-Absprungübungen ist ein genauer Anlauf zwingende Voraussetzung. Die Abläufe erfolgen deshalb wie beim Weitsprung von einer Ablaufmarke. Sie als Trainer sollten immer wieder individuell kontrollieren und korrigieren.
- Steuergröße für die Anlaufgeschwindigkeit ist die Anlauflänge. Starten Sie mit den Anfängern mit fünf bis sieben Anlaufschritten. Mit steigender Erfahrung können Sie die Anlauflänge auf 9, 11 und 13 Schritte erhöhen. Bei den Anläufen mit festgelegter Schrittanzahl kann die jeweils maximale Griffhöhe erprobt werden. Lassen Sie individuell die passenden Kombinationen aus Anlauflänge, Griffhöhen und Übungsform notieren.

- Langfristige Zielsetzung der Schulung des Anlauf-Einstich-Absprungkomplexes ist es, mit möglichst großen Griffhöhen aus möglichst hohen Geschwindigkeiten kontrolliert abspringen zu können.
- Die ersten Einstich-/Absprungübungen können Sie gut in die Sandgrube oder auf die Weichbodenmatte erfolgen lassen. Eine Markierung für den Einstich unterstützt die geradlinige Ausführung. In der Halle hilft ein Einstich auf einer Turnmatte gegen das Verrutschen der Stabspitze.
- Weder bei Anfängern noch bei Fortgeschrittenen bleiben gelegentliche Fehlversuche aus. Sorgen Sie deshalb immer für ausreichende Sicherheit (Landezone, keine weiteren Personen in der Nähe).

durch turnerische und akrobatische Übungen isoliert erworben werden.

Nachdem der Springer zunächst als langes Pendel in den Stab hineinspringt, verkürzt er diese Position durch das „Aufrollen" der Beine zur L-Position zu einem kürzeren Pendel. Nach der maximalen Stabbiegung bringt der Springer seinen Körper in eine gestreckte Sturzhangposition dicht am Stab (J- und I-Position*).

Mit der endgültigen Stabstreckung leitet er dann den **Drehumstütz** mit Abdruck vom Stab nach oben zur Lattenüberquerung ein. Die Latte wird in einer dynamischen Brückenposition bäuchlings zuerst mit den Beinen, dann mit der Hüfte (Klappmesserposition) und zuletzt mit dem Oberkörper bzw. den Armen mit einer schnellkräftigen Streckung im Hüftgelenk überquert. Damit gelangt der Körper in eine leichte Rücklage, die im weiteren Fallen eine Landung auf dem Rücken mit seit-lichem Abfangen durch die gestreckten Arme ermöglicht.

Ausgehend von den Stabweitsprüngen (s. Technikelement 1 und Bildreihe oben), lässt sich im Grundlagentraining die Arbeit am Stab am zweckmäßigsten durch Sprünge über eine ausreichend weit entfernte Höhenorientierung (Elastikband, Zauberschnur) entwickeln. Niedrige Höhen können noch frontal übersprungen werden. Später ist nach dem Aufrichten des Stabes ein **Drehumstütz** in eine

*	**Begriffserklärung**
	L-Position: Rücken des Springers parallel zum Boden, Hüfte gebeugt, Beine senkrecht nach oben **J-Position:** Übergang zwischen L- und I-Position **I-Position:** gestreckte Sturzhangposition kopfüber nah am Stab

Bildreihe 9 Stabhochsprung

BEACHTE Zielsetzungen

Im Grundlagentraining sind die Zielsetzungen im Vergleich zu der idealtypischen Bewegungsvorstellung deutlich reduziert:

- Erste Zielsetzung ist es, durch Halten des langen Pendels nach dem Absprung und das anschließende Aufrollen mit Stabbiegung zu springen.
- Danach kann durch ansatzweises Durchlaufen der Bewegungsstufen Einrollen und Übergang in den Drehumstütz mit Abdruck zur Lattenüberquerung ein Gefühl für das richtige Timing und den richtigen Treffpunkt zum Ausnutzen der Stabstreckung entwickelt werden. Anfangs sehr weiche Stäbe fördern dies.

Position bäuchlings zur Höhenorientierung sinnvoll. Nach und nach werden dann die stabhochsprungtypischen Bewegungsmerkmale immer mehr ausgeprägt (s. Bildreihe 9).

Als Vorbereitung bzw. Ergänzung der Gesamtbewegung dienen Aufrollübungen am Stab und verschiedene Übungen aus dem Turnen. Allgemeine Ausführungen und Übungen dazu finden Sie in Kapitel 4.5.2 (s. Seite 148) und 5.6 (s. Seite 211). Spezifisch sind verschiedene Formen des Aufrollens, des Sturzhanges, der Rollen auch in Kombinationen mit dem Handstand, der Radwende und der Kippen an verschiedenen Geräten.

Tipps für die Praxis

- Denken Sie immer an ausreichende Sicherheitsvorkehrungen:
Führen Sie bei allen Übungen die erforderlichen
Maßnahmen zum sicheren Aufbau der Geräte, bei
der Absicherung der Übungszonen und hinsichtlich
der Hilfestellung (Turnen!) durch. Bitten Sie Trainer
aus der Turnabteilung um Hilfe, wenn das eigene
Know-how nicht ausreicht.
- Beobachten Sie bei den Hochweitsprüngen mit dem
Stab über einen Höhenorientierer, ob der Anlauf-
Einstich–Absprung-Komplex stets einwandfrei durch-
laufen wird. Das hat immer Vorrang! Die Höhen-
orientierer sollten deshalb immer weit genug vom
Einstichpunkt entfernt sein!

- Leicht nachgebende Höhenorientierer wie Zauber-
schnüre, Elastikbänder oder Zachariaslatten sorgen
für mehr Sicherheit und weniger Angst. Wenn die
Athleten in den Bewegungen sicher genug sind und
auf wettkampfmäßiges Springen vorbereitet werden
sollen, ist das Springen über die Latte allerdings unverzichtbar.
- Die Anzahl der Versuche in jedem Trainingsbaustein
darf nicht zu hoch sein, um die Bewegungsqualität
zu sichern. Im ersten Jahr des Grundlagentrainings
maximal 8 bis 10, im zweiten Jahr 10 bis 12 und
im dritten Jahr 12 bis 15 Techniksprünge aus dem
Anlauf mit jeweils 2 bis 3 min Pause pro Trainingsbaustein sind angemessen.

Kugelstöße aus der Schrittstellung zählen zum Repertoire beim Erlernen des Kugelstoßens.

4.4 Wurf/Stoß

Die leichtathletischen Würfe sind dadurch gekennzeichnet, dass Geräte, nachdem vorab das gesamte System Athlet und Gerät beschleunigt wurde, durch einen Impulsübertrag über eine große Distanz geworfen oder gestoßen werden. Wurfbewegungen sind auch übergreifender Bestandteil vieler anderer Sportarten.

Unterschieden nach den Formen der Vor- und Endbeschleunigung sowie nach den Geräten bzw. Gerätegewichten erfolgt basierend auf der allgemeinen und speziellen Wurf-/Stoßschule die Aufteilung des Bereiches Wurf/Stoß in das Kugelstoßen, den geradlinigen Schlagwurf beim Speerwurf und den Drehwurf in Form des Diskuswurfs. Der Hammerwurf wird im Grundlagentraining mittels der allgemeinen und speziellen Grundschule nur vorbereitet und erst im Aufbautraining als eigenständige Disziplin im Training berücksichtigt (s. Abb. 4.20).

Die im Grundlagentraining berücksichtigten leichtathletischen Wurf-/Stoßdisziplinen bestehen aus einer Vor- (frontal, rückwärts oder mit Drehung) und einer Hauptbeschleunigungsphase. Die wesentlichen Merkmale der Hauptbeschleunigung sind, mit Ausnahme der spezifischen Armbewegung, in der Grundform vergleichbar (Beschreibung für Rechtshänder):

ABB.4.20   Aufbau des Inhaltsbereiches Werfen/Stoßen

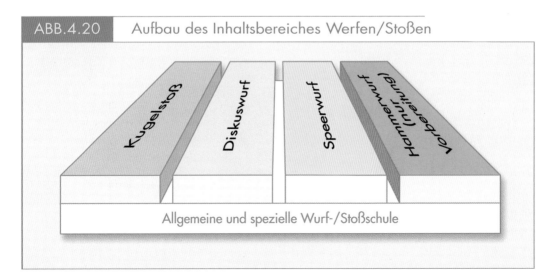

Kugelstoß   Diskuswurf   Speerwurf   Hammerwurf (nur Vorbereitung)

Allgemeine und spezielle Wurf-/Stoßschule

- Der Übergang von der jeweiligen Vor- in die Hauptbeschleunigungsphase erfolgt über die Wurf- bzw. Stoßauslage: Körpergewicht über dem rechten Fuß, linke Körperseite bzw. Gegenarm bleiben noch „geschlossen" (bei Kugelstoß und Diskuswurf so weit, dass der Rücken noch in Wurf-/Stoßrichtung zeigt)

- Das rechte Druckbein arbeitet mit einer aktiven Dreh- und Druckbewegung nach vorn gegen das linke Stemmbein, das möglichst nicht nachgeben sollte. Durch langes Zurückhalten des Wurf-/Stoßarm-Einsatzes („Wurfarmverzögerung") entsteht in der beteiligten Muskulatur eine große Vorspannung, die zur Endbeschleunigung des Wurfgerätes genutzt wird.

- Der Abschluss erfolgt durch die spezifische Armbewegung bei gleichzeitigem weiteren Halten des Stemmbeins und Abbremsen der gesamten linken Körperseite („Block"). Dadurch wird die gesamte Energie aus dem zuvor gemeinsam beschleunigten „Athlet-Wurfgerät-System" allein auf das Gerät übertragen.

Durch diese vergleichbaren Bewegungselemente lässt sich im Grundlagentraining disziplinübergreifend und damit ökonomisch eine gute technische Basis für die Hauptbeschleunigungsphase erarbeiten. Die wesentlichen Unterschiede der Übungen liegen zu Beginn in der Armbewegung sowie in der Wahl der Vorbeschleunigung. Gerade für Anfänger und unter dem Gesichtspunkt einer **koordinativen** Vielfalt lassen sich auch andere Kombinationen aus Vor- und Endbeschleunigung wählen, als es die Wettkampftechniken nahelegen. Vergleichen Sie dazu auch Abb. 4.21.

Nach dem grundsätzlichen Erlernen der Hauptbeschleunigungsphase sollten immer auch Bewegungsabläufe aus angemessener Vorbeschleunigung in das Training einbezogen werden, da nur

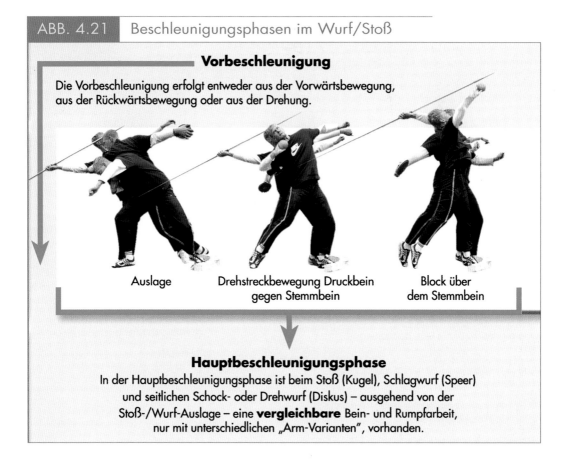

ABB. 4.21 Beschleunigungsphasen im Wurf/Stoß

Vorbeschleunigung

Die Vorbeschleunigung erfolgt entweder aus der Vorwärtsbewegung, aus der Rückwärtsbewegung oder aus der Drehung.

Auslage   Drehstreckbewegung Druckbein gegen Stemmbein   Block über dem Stemmbein

Hauptbeschleunigungsphase

In der Hauptbeschleunigungsphase ist beim Stoß (Kugel), Schlagwurf (Speer) und seitlichen Schock- oder Drehwurf (Diskus) – ausgehend von der Stoß-/Wurf-Auslage – eine **vergleichbare** Bein- und Rumpfarbeit, nur mit unterschiedlichen „Arm-Varianten", vorhanden.

BEACHTE   Zum Wurftraining

- Das Aufbauen und Ausnutzen von Vorspannung kann nur aus einer Vorbeschleunigung erfolgen, die die Kraftverhältnisse des Athleten nicht überfordert. Achten Sie darauf, dass die Vorbeschleunigung nur so hoch ist, dass stets ein flüssiger Übergang über die Wurfauslage in die Hauptbeschleunigung erfolgt!

- Der Hauptbewegungsimpuls kommt immer aus der kräftigsten Muskelgruppe, den Beinen. Damit ein solcher Impuls möglich wird, ist eine recht tiefe Ausgangsposition erforderlich. Beachten Sie aber, dass diese aufgrund des deutlich niedrigeren Kraftniveaus im Grundlagentraining noch längst nicht so ausgeprägt sein kann wie in höherem Alter!

- Eine Besonderheit der Wurf-/Stoßdisziplinen ist, dass die Wettkampfgewichte mit zunehmendem Alter höher werden. Wählen Sie die Gerätegewichte beim Üben und Trainieren aber immer so, dass der Athlet individuell eine gute Bewegungsqualität zeigen kann. Bereiten Sie Ihre Athleten langfristig und stetig auf die Wettkampfteilnahme mit den genormten Gewichten vor.

- Vermeiden Sie einseitige Belastungen, indem Sie ausreichend häufig auch mit dem „schwachen" Arm trainieren lassen.

- Die Anzahl der Versuche beim Erlernen der Technik und beim Üben der Technik ist pro Trainingsbaustein begrenzt, da durch Ermüdung oder wegen mangelnder Konzentration sonst Fehler trainiert und gefestigt werden: Bei 15 bis 30 Technikversuchen mit entsprechender Pause (je nach Gewicht des Gerätes) ist für die Durchführung eines Trainingsbausteins eine straffe Organisation, eine hinreichende Anzahl von Geräten sowie Disziplin und Konzentration erforderlich. Bei der allgemeinen Wurfschule ist die Anzahl der Wurf-/Stoßversuche pro Baustein höher.

- Beachten Sie immer die notwendigen Sicherheitsmaßnahmen beim Wurftraining (Gerätehandhabung, nur gemeinsames Zurückholen der Geräte, sichere Aufstellungsformen)!

---

so das Aufbauen und Ausnutzen der reaktiven Kräfte und der Vorspannung sowie ein adäquates Blockieren der linken Körperseite erarbeitet werden können.

Voraussetzung für das gute Gelingen des Werfens/Stoßens ist aus physikalischer Sicht das optimale Treffen des Geräts im Hinblick auf die Impulsübertragung und einen optimalen Abflugwinkel. Bei den leichteren und besonders geformten Wurfgeräten Speer und Diskus spielt zusätzlich der Luftwiderstand eine große Rolle, so dass der Anstellwinkel für das „Treffens des Geräts" und die aerodynamische Flugkurve von Bedeutung ist.

4.4.1 Allgemeine und spezielle Wurf- und Stoßschule

Die allgemeine und spezielle Wurf-/Stoßschule dient dem grundlegenden Schulen von Teil- oder kompletten Bewegungsfertigkeiten des Werfens und Stoßens zur Vorbereitung aller Wurf-/Stoßdisziplinen. Hauptziel ist immer ein aktiver schnellkräftiger Abwurf/Abstoß mit hoher Abfluggeschwindigkeit.

Schwerpunkte und Zielsetzungen dieser Grundschule sind:

- Technikerwerb, -erhalt und -verbesserung unter Berücksichtigung der Veränderungen durch die Pubertät, vor allem bezüglich Kraft- und Hebelverhältnissen: Abwerfen und Abstoßen aus entsprechenden Vorbeschleunigungen mit Treffen des Wurfgeräts

- Koordinationsverbesserung und Variation der Belastung im Hinblick auf Körpergefühl (Treffen des Wurf- oder Stoßgeräts), Wechsel des Armeinsatzes, Erhalten bzw. Erzeugen der Variabilität und Umlernfähigkeit für spätere Trainingsetappen, Umsetzen von Korrekturen, Gefühl für Abwürfe/Abstöße aus unterschiedlichen Ge-

ABB. 4.22   Allgemeine und spezielle Wuf- und Stoßschule

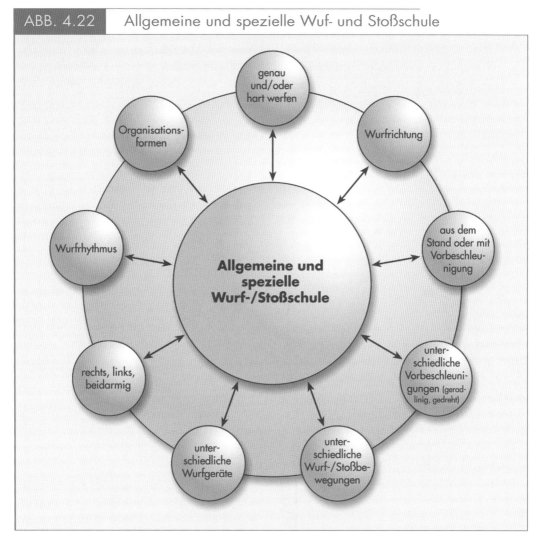

schwindigkeiten und mit verschiedenen Gerätegewichten

- Konditionelle Verbesserung: Erhöhen der Belastungsverträglichkeit, Steigerung des Wurf-/
Stoßumfangs bei geringer bis mittlerer Intensität

Abb. 4.22 zeigt den Gestaltungsrahmen für die systematische allgemeine und spezielle Wurf- und
Stoßschulung. Die darin aufgeführten Möglichkeiten sind wie folgt näher gekennzeichnet:

Wurf-/Stoßrichtung: Würfe und Stöße sind
nach vorwärts, rückwärts, seitwärts, nach oben
und nach unten möglich. Je nach Richtung werden
unterschiedliche Muskelgruppen für den Abwurf

beansprucht. Die unterschiedlichen Wurfrichtungen
zielen auf die Variabilität des Werfens/Stoßens,
das Gefühl beim Treffen der Geräte und die damit
verbundenen Reaktionsmöglichkeiten auf unterschiedliche Bedingungen beim Werfen/Stoßen.

Aus dem Stand oder mit Vorbeschleuni-
gung: Würfe/Stöße aus dem Stand gewährleisten eine sichere Ausgangsposition und belasten
aufgrund der geringen Anfangsgeschwindigkeit
weniger. Sie sind in erster Linie für erste Technik-
übungen, bei denen die Handhabung der Wurf-/
Stoßgeräte noch eine große Rolle spielt, und bei
größeren Übungsumfängen geeignet. Wegen der
Bedeutung des Übergangs von der Vor- in die

Hauptbeschleunigungsphase sind jedoch Würfe/Stöße mit Vorbeschleunigungen für die rechtzeitige und genügend häufige Schulung eines wesentlichen Bewegungsparameters geeigneter und deshalb ausreichend häufig zu berücksichtigen! Regulieren Sie die Abwurf-/Stoßgeschwindigkeit durch Art und Länge der Vorbeschleunigung!

Unterschiedliche Vorbeschleunigungen: Die Vorbeschleunigung kann geradlinig oder aus der Drehbewegung erfolgen. Art und Länge der Vorbeschleunigung regulieren auch die Abwurf-/Stoßgeschwindigkeit. Sie können diese gut durch den Vergleich der Wurfweiten bei unterschiedlichen Vorbeschleunigungen (und bei Würfen aus der Ruhe auch bei unterschiedlichen Ausgangspositionen durch „Ausschalten" von Muskelgruppen, z.B. aus dem Vergleich Schritt- und Parallelstellung, Kniestand, Sitz usw.) erlebbar machen.*

Unterschiedliche Wurf- und Stoßbewegungen: Schlagwurf, Schleuderwurf, Drehwurf, Schockwurf, Überkopfwurf, Druckwurf, Stoß

Unterschiedliche Wurfgeräte: Wurf-/Stoßgeräte unterscheiden sich durch ihre Form, die Größe und ihr Gewicht. Der Einsatz unterschiedlicher Geräte entwickelt ein Gefühl für das richtige Treffen der Geräte sowie die unterschiedliche Dynamik bei der Wurf-/Stoßbewegung und bereitet deshalb rechtzeitig auf das Umsteigen zu schwereren bzw. anderen Geräten vor. Der Einsatz unterschiedlich schwerer Geräte erlaubt die Steuerung der Abwurf-/Abstoßgeschwindigkeit.

Unterschiedliche Wurfgeräte sind: Tennisbälle, Schlagbälle, Weichbälle, Gymnastikbälle, Medizinbälle, Ringe, Reifen, Handbälle, Fußbälle, Basketbälle, Moosgummibälle, Kugeln, Gewichte, Schuhe, Keulen, Steine, Bohnensäckchen, Holzstücke, Tannenzapfen, Hütchen, Disken, Holz-/Bambusstäbe, Speere. Zur Vorbereitung des Hammerwurfes sind auch Schleuderbälle, Bälle in stabilen Netzen und Taschen möglich.

Beidarmig, einarmig rechts oder links: Im Sinne einer gleichseitigen Ausbildung und zur Vermeidung einseitiger Belastungen sollten stets die gleiche Anzahl von Würfen/Stößen mit rechts und links erfolgen. Beidarmige Würfe/Stöße reduzieren die Bewegungsamplitude und sind deshalb allgemeinerer Natur. Beidhändig aus der Drehung heraus dienen sie aber mit geeigneten Wurfgeräten der Vorbereitung des Hammerwurfs und sollten auch in diesem Sinne Bestandteil des Grundlagentrainings sein.

Wurfrhythmus: Alle Würfe und Stöße besitzen einen eigenen Bewegungsrhythmus von der Vor- zur Hauptbeschleunigungsphase. Diese und weitere Rhythmen sind durch vielfältige Übungen zu schulen, um die Athleten koordinativ auf seitliche, rückwärtige und drehende Schrittrhythmen vorzubereiten. Ziel ist es stets, den Rhythmus im Sinne einer höheren Bewegungsgeschwindigkeit zu beschleunigen, aber beim Übergang zu einem höheren Gerätegewicht auch entsprechend anzupassen. Neben den Bewegungsrhythmen für das Kugelstoßen, Diskus- und Speerwerfen kann auch der Drehrhythmus für den Hammerwurf (ohne oder mit einfachem Gerät) vorbereitet werden.

Das Bild zeigt eine kleine Auswahl unterschiedlicher Wurfgeräte.

---

*   Zum Hammerwerfen

Das Hammerwerfen ist als eigenständige Disziplin noch kein Bestandteil des Grundlagentrainings. Es sollte jedoch die spezifische Vorbeschleunigung und die dazugehörende Fuß-/Beinarbeit geschult werden, um das Hammerwerfen entsprechend vorzubereiten.

TAB. 4.6	Wiederholungszahlen im Wurftraining pro Baustein		
	1. Jahr GLT	**2. Jahr GLT**	**Ab 3. Jahr GLT**
Allgemeine Würfe/Stöße	ca. 60	60 – 100	100 – 130
Spezielle Würfe/Stöße	10 – 15	ca. 30	30 – 60
Erläuterungen:	Genannt ist jeweils die Höchstzahl der Würfe/Stöße pro Trainingseinheit		

Genau und/oder hart werfen: Ziel aller leichtathletischen Würfe/Stöße ist es, eine möglichst große Weite zu erzielen. Basis ist eine höchstmögliche Abwurfgeschwindigkeit. Allerdings muss diese auch passend eingesetzt werden: im richtigen Abflugwinkel und mit Landung innerhalb des Wurfsektors. Die Wurfgenauigkeit ist also ebenfalls wichtig! Geeignete Übungsformen dafür sind Zielwurfübungen, z.B. auf feststehende, bewegliche oder unterschiedlich weit entfernte Ziele.

Organisationsformen: Diese haben bei der Wurf-/Stoßschule aus Gründen der Sicherheit eine enorme Bedeutung. Die Gerätehandhabung, die Wahl der Aufstellung, die Disziplin bei der Aufstellung, die Wahl des Wurfsektors und das gemeinsame Zurückholen der Geräte müssen von Ihnen als Trainer sorgfältig vorbereitet, angesagt, umgesetzt und kontrolliert werden.

Tipps für die Praxis

- Wenn im Grundlagentraining rechtzeitig eine ausreichende Wurfqualität und Belastungsverträglichkeit erreicht werden sollen, ist ein hoher Umfang geeigneter Würfe und Stöße unerlässlich (s. Tab. 4.6)!
- Legen Sie Ihr Augenmerk auf eine vielfältige Auslegung der Wurf- und Stoßsituationen in der gesamten Bandbreite. Ihre Bewegungsbeobachtung und ggf. Korrektur ist aber immer gefordert; die Bewegungsqualität darf nicht unter der Quantität leiden: Wesentlich ist immer eine zunehmende Beschleunigung des Geräts bis zum Abwurf, je nach Bewegung verbunden mit der passenden Druck- und Stemmbeinarbeit bis zum abschließenden Block.

4.4.2 Kugelstoßen

Ziel beim Kugelstoßen ist es, ein relativ schweres Gerät, die Kugel, nach einer Vorbeschleunigung auf eine möglichst große Weite zu stoßen. Aufgrund des vom Regelwerk stark eingeschränkten Bewegungsraums (Stoßkreisdurchmesser: 2,13 m) entwickelten sich unterschiedliche Techniken zur Verlängerung des Beschleunigungswegs: vom seitlichen Anhüpfen bis zur Rückenstoß- oder Angleittechnik und der Drehstoßtechnik. Die Faszination des Kugelstoßens liegt in der explosiven Dynamik der Stoßbewegung auf sehr engem Raum und der Spannung im Wettkampf. Bis zum letzten Versuch ist es noch möglich, den Wettbewerb für sich zu entscheiden.

Basiswissen Kugelstoßen

Die Flugweite der Kugel hängt aus physikalischer Sicht wesentlich von folgenden drei Faktoren ab (s. Abb. 4.23 auf der nächsten Seite).

- **Abfluggeschwindigkeit** der Kugel: Dies ist der Faktor mit dem höchsten Einfluss. Er ist schon im Grundlagentraining das entscheidende Trainingsziel.
- **Abflugwinkel** der Kugel: Dafür gibt es ein theoretisches Optimum, das bei den typischerweise erzielten Stoßweiten bei 37° (bei einer Flugweite von ca. 8 m) bis 41° (bei einer Flugweite von ca. 15 m) liegt. Geringfügige Abweichungen verändern die Flugweite nur wenig.
- **Abflughöhe**: Sie ist natürlich von der Körperhöhe des Athleten abhängig. Das Optimum ist jeweils bei Erreichen einer Ganzkörperstreckung erreicht.

ABB. 4.23   Einflüsse auf die Stoßweite beim Kugelstoßen

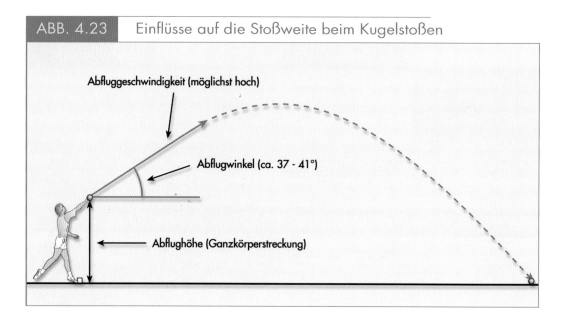

Abfluggeschwindigkeit (möglichst hoch)

Abflugwinkel (ca. 37 - 41°)

Abflughöhe (Ganzkörperstreckung)

BEACHTE   Beschleunigung

Für alle Formen einer Kugelstoßtechnik im Grundlagentraining sind entscheidend:

- Ausstoß und Hauptbeschleunigung erfolgen aus der Stoßauslage. Der Standstoß entspricht dieser Phase, allerdings aus einer mehr oder minder ruhenden Position.
- Bei jeder Art von Vorbeschleunigung ist deshalb die Position der Stoßauslage zu erreichen und aktiv in die Hauptbeschleunigung umzusetzen.
- Eine gute Vorbeschleunigung schafft einen Weitenzuwachs von maximal ca. 10 %.
- Eine mangelhafte Vorbeschleunigungsphase dagegen schafft nicht nur keinen Zuwachs, sondern durch die unzureichende Stoßauslage möglicherweise sogar einen zusätzlichen Leistungsverlust.
- Für jeden Athleten ist eine Vorbeschleunigung zu finden, die einen optimalen Übertrag und eine sichere Stoßauslage ermöglichen.

Aerodynamische Faktoren können wegen der Kugelform und der relativ kurzen Flugstrecke vernachlässigt werden. Letztlich kommt es noch darauf an, den Abflugort möglichst weit nach vorn zu verlegen, ohne dass der Athlet dabei den Stoßkreis verlässt.

Die Angleit- und die Drehstoßtechnik haben sich im höheren Alter als die Wettkampftechniken mit dem höchsten Potenzial herausgestellt. Allerdings stellen diese Bewegungsabläufe hohe konditionelle und koordinative Anforderungen, die im Grundlagentraining noch nicht unbedingt vorhanden sind. Bevor sich bei den Athleten durch zu häufiges verfrühtes Wiederholen falsche Bewegungsabläufe festigen können, empfiehlt es sich daher, auch andere Vorbeschleunigungsphasen zu erlernen.

Standstoß und rückwärtiges Angehen sind dabei zentrale Übungen, die eine gute Basis für eine spätere Weiterentwicklung schaffen. Als Zielübungen für verschiedene im Grundlagentraining tätige Aktive kann folgendes gelten:

- Minimalanforderung: Standstoß, eventuell mit rückwärtigem Angehen
- Für angehende Mehrkämpfer: Stoß aus dem rückwärtigen Angehen bis zur Rückenstoßtechnik
- Für angehende Spezialisten: Rücken- und/oder Drehstoßtechnik

ABB. 4.24 Elemente der Wettkampftechnik Kugelstoß

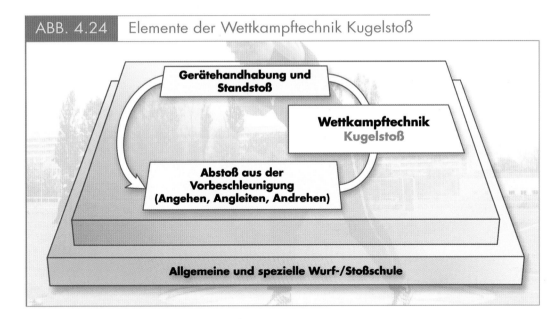

Die Drehstoßtechnik sollte für die im Block Wurf/Stoß begabten Athleten sehr frühzeitig vorbereitet werden, da sie gegenüber der Rückenstoßtechnik deutliche Leistungsreserven besitzt. Die dazu erforderliche technische und koordinative Basis kann im Grundlagentraining recht einfach erarbeitet werden. Aufgrund der relativ hohen Rotationsgeschwindigkeit in der Vorbeschleunigungsphase ist der Übergang durch die Stoßauslage in die geradlinige Hauptbeschleunigung mit anschließendem Stoß in den Sektor zwar sehr schwierig, aber im günstigen motorischen Lernalter des Grundlagentrainings gut umsetzbar. Gegen Ende des Grundlagentrainings sollte dann möglichst feststehen, welche der Kugelstoßtechniken vorerst weitergeführt wird.

Die Anzahl der gezielten Technikversuche pro Trainingsbaustein können Sie Tab. 4.7 entnehmen.

Technikelement 1: Gerätehandhabung und Standstoß

Das erste Technikelement zielt darauf, die Handhabung der Kugel bzw. alternativer Trainingsgeräte und den Standstoß zu schulen.

Übungen zur Handhabung der Geräte haben das Ziel, ein Gefühl für die Form, das Gewicht und das Treffen des Geräts (exakte Kraftübertragung beim Stoß) zu entwickeln sowie die richtige Haltung des

TAB. 4.7	Anzahlen der Kugelstoßversuche pro Baustein		
	1. Jahr GLT	**2. Jahr GLT**	**Ab 3. Jahr GLT**
Technikstöße aus dem Stand bzw. mit Vorbeschleunigung	8 – 10	10 – 12	12 – 15
Pause	2 – 3 min	2 – 3 min	2 – 3 min
Erläuterung:	Genannt ist jeweils die Höchstzahl der Stöße pro Trainingseinheit		

Die Kugel liegt auf den Fingerwurzeln.

Der Arm stützt die am Hals liegende Kugel.

Geräts in der Stoßauslage und beim Abstoß zu erlernen.

Die wichtigsten Kriterien für die Gerätehandhabung sind:

- Die Kugel liegt auf den Fingerwurzeln, die Finger umschließen die Kugel (s. Bild oben links).
- Die Kugel wird in der Halsbeuge abgelegt. Der Oberarm befindet sich bei seitlicher Ausgangsstellung rechtwinklig zum Oberkörper in Verlängerung der Schulterachse. In der Stoßauslage sinkt der Ellenbogen etwas nach unten ab, um die Kugel gegen das Herunterfallen zu stützen (s. Bild oben rechts).

Der Standstoß kann ausgehend von den Gewöhnungsübungen dann über mehrere Zwischenstationen „vom Ende her" aufgebaut werden: von reinen Ausstoßübungen über frontale, seitliche und letztlich rückwärtige Ausgangspositionen bis zum Standstoß. Die Endposition ist dabei stets gleich, die Ausgangsposition dagegen wird der Zielbewegung immer mehr angenähert. Je nach Kraftvoraussetzungen des Einzelnen ist dieses Fortschreiten

schneller oder langsamer nötig. Anfangs sind leichtere Hilfsgeräte sinnvoll, z.B. Medizinbälle.

Die folgenden Bewegungskriterien sind dabei besonders zu beachten:

- Abstoßposition mit Ganzkörperstreckung und Block über dem Stemmbein.
- Armeinsatz: Kugel startet am Hals, später in der Bewegung nah am Hals. Die Ellbogen sind seitlich hinter der Kugel, Hand und Finger klappen abschließend nach.
- Bei allen Übungen, auch den Vorübungen, startet die Bewegung immer mit der Ausgangsstellung „Körperschwerpunkt über dem Druckbein", eventuell nach einer gegenläufigen „Ausholbewegung".
- Die Bewegung wird immer durch Drehen und Arbeiten des Druckbeins gegen das Stemmbein eingeleitet, der Stoßarm wartet möglichst lange mit der Ausstoßbewegung.
- Die Zielbewegung ist erreicht, wenn der Stoß aus der Stoßauslage beginnt (Rücken zeigt in Stoßrichtung, Gegenarm entgegengesetzt).

Tipps für die Praxis

- Wählen Sie die Geräte entsprechend den Voraussetzungen Ihrer Athleten aus:
  - Leichte Gewichte erleichtern die Handhabung und das Abstoßen.
  - Zu leichte Geräte verleiten allerdings zu fehlerhaftem „Werfen" und vermitteln nicht das richtige Gefühl für den auszuübenden Stoßdruck beim Treffen des Geräts.
  - Zu schwere Geräte können ebenfalls zu einem ungünstigen Bewegungsablauf führen.
  - Geräte mit geringem Durchmesser erleichtern den Stoß vom Hals, zu große Geräte verhindern das schon einmal. Um leichtere Geräte einsetzen zu können, wird gern auf Medizinbälle zurückgegriffen, die dann andererseits das geschilderte Problem mit sich bringen können.
- Passen Sie die genaue Ausführung der Stoßauslage (Entfernung der Füße voneinander, Kniebeugung, Vorbeugen des Rumpfs) den Kraftfähigkeiten Ihrer Athleten an!
- Unterstützen Sie mit Orientierungshilfen wie Markierungen für den Fußaufsatz oder Höhenorientierer den Abstoß nach vorn-oben.

Technikelement 2:
Abstoß aus der Vorbeschleunigung

Wenn der Standstoß beherrscht wird, können verschiedene Vorbeschleunigungsmöglichkeiten mit dem abschließenden Stoß aus der Stoßauslage kombiniert werden:

- rückwärtiges Angehen
- Angleiten
- Andrehen

Der Stoß aus dem rückwärtigen Angehen ist dabei nicht nur eine Technik, die für alle Athleten auch als Wettkampftechnik geeignet ist, die (noch) nicht die ausreichenden Kraftvoraussetzungen besitzen oder sich nicht auf eine Spezialisierung im Wurf-Stoß-Block vorbereiten wollen. Sie ist auch eine gute Übergangsübung für das Training, die den Standstoß und seine Anforderungen an die Druck- und Stemmbeinarbeit erweitert, ohne bereits das schwierige Angleiten oder Andrehen mit zu verlangen. Hier steigt der koordinative Anspruch zur Bewältigung der Aneinanderreihung von Vor- und Hauptbeschleunigung.

Gelegentlich im Training zu beobachtende Formen des seitlichen Angehens sind zwar machbar, aber nicht sonderlich sinnvoll. Zum einen wird die notwendige Vorspannung durch das Drehen des

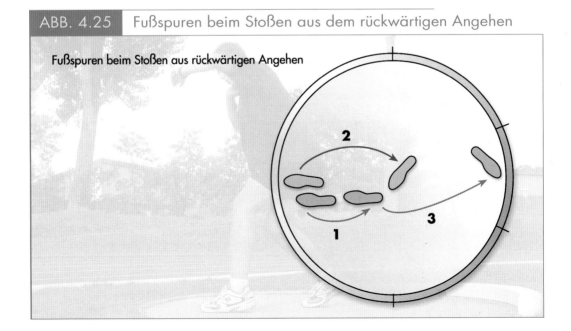

ABB. 4.25   Fußspuren beim Stoßen aus dem rückwärtigen Angehen

Fußspuren beim Stoßen aus rückwärtigen Angehen

Bildreihe 10 Stoßen aus dem rückwärtigen Angehen

Rumpfs gegen die Stoßrichtung nicht ausreichend berücksichtigt, zum anderen behindert der Nachstellschritt oft ein Weiterentwickeln zu den Schrittfolgen der anderen Techniken.

Stoßen aus dem rückwärtigen Angehen

Der Kugelstoßer (Rechtshänder) steht in leichter Schrittstellung mit dem Rücken zur Stoßrichtung. Der Ellbogen zeigt anfangs zur besseren Stützung der Kugel leicht Richtung Boden. Das Körpergewicht wird dann mit einer Auftaktbewegung und einem Vorbeugen des Rumpfs auf das rechte Bein verlagert. Im Rhythmus links – rechts – links geht der Athlet mit zunehmender Schrittlänge rückwärts durch den Ring (s. Abb. 4.25 auf S. 125). Ohne Bewegungspause wird nach dem aktiven Bodenfassen des Druckbeins mit Setzen des Stemmbeins (= Stoßauslage) der gewohnte Abstoß eingeleitet. Die wichtigsten Beobachtungspunkte sind (s. auch Bildreihe 10):

- Bis zum Setzen des Stemmbeins zeigt der Rücken des Athleten in Stoßrichtung („geschlossen bleiben").
- Das Angehen erfolgt ruhig und kontrolliert, zum Abstoß wird die Geschwindigkeit immer mehr gesteigert. Der erste Schritt ist sehr klein, der zweite ist kein Nachstellschritt, sondern führt am „Standbein" vorbei.
- Der Übergang aus dem Angehen erfolgt flüssig über die Stoßauslage in den Ausstoß (aktives Setzen des Druckbeins nur auf dem Ballen).
- Ab der Stoßauslage gelten die gleichen Anforderungen wie beim Standstoß.

Bildreihe 11 Stoßen aus dem Angleiten

Angleittechnik

Ausgangsstellung und Auftaktbewegung ähneln der beim rückwärtigen Angehen. Das (beim Rechtshänder) linke Bein wird dabei vollständig entlastet und an das Standbein herangezogen. Das Angleiten selbst erfolgt dann durch flachen Abdruck des rechten Beins und gleichzeitig flaches Schwingen des linken Beins in Stoßrichtung. Die Landung in der Kreismitte erfolgt kurz nacheinander auf dem Fußballen des rechten Beins (Druckbein) und dem linken Fuß (Stemmbein). Aus dieser Stoßauslage wird die Bewegung unverzüglich in den gewohnten Ausstoß überführt.

Die wichtigsten Beobachtungspunkte sind (s. auch Bildreihe 11):

- Bis zum Setzen des Stemmbeins zeigt der Rücken in Stoßrichtung („geschlossen bleiben").

- Das Angleiten erfolgt ruhig, kontrolliert und flach. Dies gelingt am sichersten mit einem flachen Abdruck über die rechte Ferse bei gleichzeitigem flachen Strecken des Schwungbeins Richtung Stoßbalken.
- Der Übergang aus dem Angleiten erfolgt flüssig über die Stoßauslage in den Ausstoß (aktives Bodenfassen des Druckbeins nur auf dem Ballen, unmittelbar danach Bodenfassen des Stemmbeins).
- Ab der Stoßauslage gelten die gleichen Anforderungen wie beim Standstoß.

Perspektivische Vorteile der Angleittechnik bestehen in einem verlängerten Beschleunigungsweg durch die tiefere Körperposition und in einer höheren Anfangsgeschwindigkeit durch die erhöhte Dynamik beim Angleiten. Allerdings sind dafür

Bildreihe 12 Drehstoß

auch entsprechend ausgeprägte konditionelle und koordinative Voraussetzungen notwendig.

Tipps für die Praxis

Setzen Sie die Angleittechnik erst dann regelmäßig ein, wenn Ihr Athlet die Bewegung so realisieren kann, dass er
- am Ende des Angleitens die Stoßauslage erreicht,
- nach der Stoßauslage eine Geschwindigkeitssteigerung realisiert und
- aus dem Angleiten weiter stößt als aus dem Stand.

Drehstoßtechnik

Die Drehstoßtechnik ermöglicht eine weitere Verlängerung des Beschleunigungswegs und eine Erhöhung der Anfangsgeschwindigkeit.

Der Start erfolgt aus einer Grätschstellung am hinteren Kreisrand mit dem Rücken zur Stoßrichtung. Zunächst erfolgt eine Auftaktbewegung mit Gewichtsverlagerung (für Rechtshänder) auf das rechte Bein mit Eindrehen des Rumpfs. Die eigentliche Drehung erfolgt dann mit Gewichtsverlagerung auf und Drehung um das linke Bein. Sie wird fortgesetzt mit einem flachen Schritt des rechten Beins zum Ballenaufsatz in Kreismitte und Weiterdrehen bis zur Stoßauslage. Danach erfolgt der vom Standstoß gewohnte Bewegungsablauf. Die wichtigsten Bewegungskriterien sind (s. auch Bildreihe 12):
- Das Körpergewicht wird auf das Drehbein verlagert, die Drehung erfolgt auf dem Fußballen.
- In der Drehung bleibt der Rumpf mit der Kugel hinter den Beinen zurück (Vorspannung).

- Die Drehbewegung erfolgt flach und in kontrollierter Geschwindigkeit, so dass die Stoßauslage sicher erreicht und dann unmittelbar eine Temposteigerung zum Abstoß hin erfolgen kann.
- Der Stoßarm drückt die Kugel während der gesamten Drehung gegen den Hals.
- Der eigentliche Ausstoß erfolgt wie beim Standstoß.

Die besondere Problematik der Drehstoßtechnik liegt nicht nur in der Bewegungskontrolle der Drehung, sondern auch im Übergang dieser Rotationsin die abschließende geradlinige Abstoßbewegung. Gleichzeitig behindert eine zu niedrige Andrehgeschwindigkeit eine dynamische Fortsetzung der Bewegung aus der Stoßauslage. Frühzeitiges und ausdauerndes Üben schon im lernbegünstigten Schüleralter kann diese Problematik allerdings weitgehend minimieren und den potenziellen Vorteil der Drehstoßtechnik erarbeiten!

Tipps für die Praxis

- Die Drehung können Sie mit vergleichbaren Übungen wie zum Diskuswurf erarbeiten. Nutzen Sie diese Transfer-Möglichkeit aus!
- Für Vorübungen aus im Vergleich zur Zieltechnik „unvollständiger" Drehung reicht der Durchmesser des Kugelstoßkreises nicht aus, wenn der Drehschritt mit dem rechten Bein wie gewünscht nach vorn und nicht auf der Stelle erfolgen soll. Deshalb sind methodische Zwischenübungen leider nicht für eine Anwendung im Wettkampf geeignet!

4.4.3 Diskuswerfen

In dieser Disziplin wird das Gerät nach einer Drehbewegung als Vorbeschleunigung auf eine möglichst große Weite befördert. Der Diskus ist eine
flache Scheibe, die es im Vergleich z.B. zum Kugelstoßen oder Ballwerfen ermöglicht, aerodynamische Eigenschaften im Flug auszunutzen. Der
besondere Reiz des Diskuswerfens besteht in der
Ästhetik der Drehbewegung und dem weiten aerodynamischen Flug des Diskus.

Basiswissen Diskuswerfen

Die erzielte Weite hängt beim Diskuswerfen aufgrund physikalischer Gesetzmäßigkeiten wesentlich von drei Faktoren ab (s. Abb. 4.26).

- **Abfluggeschwindigkeit** des Diskus: Sie
  hängt aufgrund der Drehbewegung und des seitlichen Abwurfs sowohl von der Drehgeschwin-
  digkeit als auch von der Entfernung des Diskus
  von der Drehachse ab. Diskuswerfer mit langen
  Armen haben also Vorteile. Ein weiterer wesent-

ABB. 4.26   Einflüsse auf die Wurfweiten beim Diskuswurf

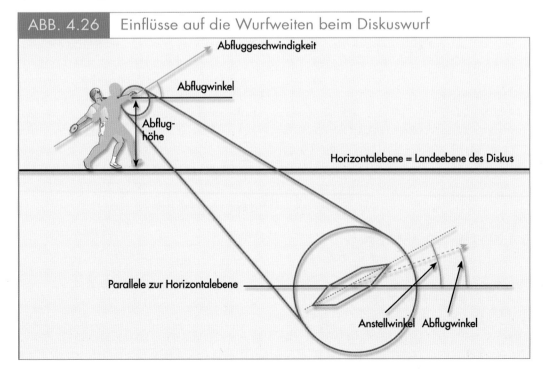

Durch Schleppen des Wurfarmes und Verwringung zwischen Schulter- und Beckenachse entsteht eine große Vorspannung.

licher Faktor ist der Aufbau und das Auflösen von Vorspannung. Durch das Andrehen und „Schleppen" des Wurfarmes hinter dem Körper entsteht eine Verwringung zwischen Wurfarm, Schulter- und Beckenachse (s. Bild oben), die zum Abwurfzeitpunkt aufgelöst wird. Gleichzeitig wird die Energie durch Blockieren der Gegenseite des Körpers (Block) möglichst vollständig auf das Gerät übertragen.

- **Abflugwinkel** des Diskus: Aufgrund von aerodynamischen Faktoren (s.u.) ist der optimale Winkel etwas flacher als beim Kugelstoßen. Außerdem ist er auch von den Windverhältnissen abhängig. Bei Windstille liegt der optimale Abflugwinkel bei ca. 35 bis 37°. Anders als beim Kugelstoßen hat die Abflughöhe des Gerätes wegen der im Vergleich deutlich größeren Flugweite nur einen vernachlässigbaren Einfluss.

- **Aerodynamische Faktoren** in der Flugphase des Diskus: Hierbei sind der Luftwiderstand, der Auftrieb sowie die Windgeschwindigkeit und -richtung zusätzlich zu Abfluggeschwindigkeit und -winkel des Diskus zu berücksichtigen. Unterschiedliche Flugstabilität und -lage des Diskus führen bei gleicher Abfluggeschwindigkeit und -winkel auch zu unterschiedlichen Flugweiten:

TAB. 4.8	Einflüsse auf den Anstell- und Abflugwinkel	
Wind	**Abflugwinkel**	**Anstellwinkel**
windstill	ca. 35 – 37°	ca. 10 – 15°
Gegenwind	flacher	steiler
Rückenwind	steiler	flacher
Seitenwind	je nach Ausrichtung, ggf. Ausgangsstellung im Ring verändern	je nach Ausrichtung, ggf. Ausgangsstellung im Ring verändern

ABB. 4.27 Elemente der Wettkampftechnik Diskuswurf

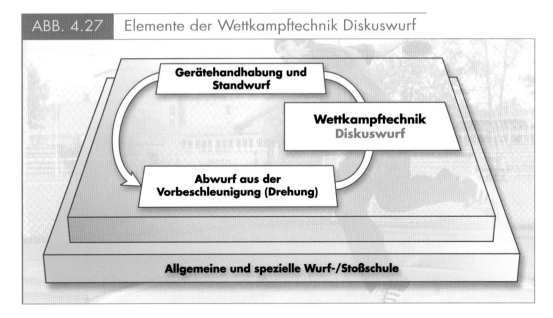

- Ein günstiger Anstellwinkel (= Differenz zwischen Längsachse des Diskus und Abflugwinkel) sorgt für Auftrieb, ein ungünstiger für Abtrieb. Der Optimalwert hängt allerdings auch von Windrichtung und -stärke ab (s. Tab. 4.8).
- Der gewünschte Auftrieb kann nur so lange wirken, wie die Lage des Diskus konstant und stabil bleibt. Voraussetzung dafür ist, dass der Werfer das Gerät beim Abwurf durch Abrollen über den Zeigefinger in Rotation versetzt. Der Kreiseleffekt stabilisiert die Fluglage.

Aufgrund des eingeschränkten Raums (Diskusring) sind die Möglichkeiten zur Verlängerung des Beschleunigungswegs begrenzt – in der Zieltechnik (s. Abb. 4.27) werden 1 1/2 Drehungen ausgeführt. Zwischen Standwurf und „kompletter" Technik lassen sich jedoch methodisch Zwischenschritte in

BEACHTE Standwurf

Im Vergleich zum Kugelstoß sind im Diskuswurf die Effekte durch die Vorbeschleunigung so groß, dass der Standwurf nur eine Zwischenstation in der Ausbildung darstellt und auch bei Fortgeschrittenen nur einen begrenzten Umfang einnehmen sollte.

1/4-Drehung-Abschnitten einlegen (s. auch Technikelement 2). Je höher die Vorbeschleunigung, desto größer ist die mögliche Körperspannung.

Für alle Bewegungsabläufe gelten trotz der unterschiedlichen Ausgangspositionen vergleichbare Haupt-Beurteilungskriterien:

- Die Wurfauslage ist die Nahtstelle zwischen Vor- und Hauptbeschleunigung: Körpergewicht auf dem Druckbein, Rücken zeigt in Wurfrichtung, Wurfarm ist weit hinter dem Körper.
- Aus der Wurfauslage erfolgt die Endbeschleunigung über die einleitende Schwenk- und Druckarbeit des Druckbeins gegen das Stemmbein. Der Wurfarm bleibt so lange wie möglich zurück (Vorspannung).
- Abschluss der Bewegung ist wie im Kugelstoß der Block der gesamten Körperseite über dem Stemmbein und der schlagende Wurfarmeinsatz.
- Alle Drehbewegungen erfolgen mit dem Verlagern des Körpergewichts über das Drehbein über die Fußballen.
- Das aktive, schnelle Überwinden der Wurfauslage aus dem Beinantrieb heraus unterstützt den Aufbau der Körperspannung. Die Vorbeschleunigung darf dabei nur so hoch sein, dass eine Temposteigerung zum Abwurf hin noch möglich ist.

TAB. 4.9	Anzahlen der Diskuswurfversuche pro Baustein		
	1. Jahr GLT	**2. Jahr GLT**	**Ab 3. Jahr GLT**
Technikwürfe aus dem Stand bzw. mit Vorbeschleunigung	8 – 10	10 – 12	12 – 15
Pause	2 – 3 min	2 – 3 min	2 – 3 min
Erläuterung:	Genannt ist jeweils die Höchstzahl der Würfe pro Trainingseinheit		

Die Ansprüche an das Diskuswerfen im Grundlagentraining sind unterschiedlich: Einige Athleten lernen das Diskuswerfen im Sinne einer vielseitigen Ausbildung nur kennen, andere benötigen es als Disziplin für den Mehrkampf, und für wieder andere ist es eine der möglichen Spezialdisziplinen. Die Steuerung über den Beschleunigungsweg lässt folgende Lösungsmöglichkeiten zu:

- Minimalanforderung: Wurf aus der rückwärtigen Wurfauslage mit Anschwingen
- Mehrkampfanforderung: Wurf aus einer Teildrehung, bei entsprechenden Voraussetzungen auch bis 1 1/2-Drehungen
- Für den zukünftigen Spezialisten: Würfe aus 1 1/2 Drehungen

Tipps für die Praxis

- Nutzen Sie die relativ günstigen Lernvoraussetzungen im Schüleralter für das Erfassen des aktiven Übergangs vom Andrehen in den abschließenden Wurf aus der Wurfauslage!
- Setzen Sie zur Unterstützung der Orientierung Bodenmarkierer im Wurfkreis und Ziele im Wurffeld ein!
- Erfahrungen mit unterschiedlichen Drehumfängen und -geschwindigkeiten unterstützen das Erfassen des Bewegungsrhythmus.
- Sobald die Grundform der Bewegung unter vereinfachten, konstanten Bedingungen erfasst ist, setzen Sie unterschiedliche äußere Bedingungen ein. So lernen Ihre Aktiven, sich auf unterschiedliche Wind- und Wetterbedingungen, z.B. auch Nässe, oder auf Reibungsunterschiede im Ringbelag einzustellen.
- Achten Sie bei allen Übungen auf das Einhalten der Sicherheitsmaßnahmen!
- Neben den Technikwürfen (s. Tab. 4.9) sollten mit entsprechend höherem Umfang und mit geeigneten vielfältigen Geräten vorbereitende Übungen aus der allgemeinen und speziellen Wurfschule zum Einsatz kommen!

Der Diskus wird beim Abwurf über den Zeigefinger abgerollt.

Technikelement 1: Gerätehandhabung und Standwurf

Das erste Technikelement zielt darauf ab, die Handhabung des Diskus sowie weiterer Trainingsgeräte und den Abwurf aus der Wurfauslage (Standwurf) zu schulen.

Die Übungen zur Handhabung der Geräte haben das Ziel, ein Gefühl für Form und Gewicht sowie das „Treffen" des Geräts beim Abwurf zu entwickeln. Besonders wichtig sind die richtigen Haltung des Diskus in der Wurfauslage und das Erzeugen der notwendigen Rotation beim Abwurf:

- Der Diskus wird mit den letzten Fingergliedern bei gespreizten Fingern gehalten.
- Der oberer Rand des Diskus berührt leicht den Unterarm, dazu ist das Handgelenk minimal gebeugt.
- Im Abwurf wird der Diskus über den Zeigefinger abgerollt, damit er die für die stabile Fluglage nötige Rotation erhält (s. Bild links).

Tipps für die Praxis

- Wählen Sie die Geräte passend zu Alter und Größe Ihrer Athleten aus. Ein guter Halt der Geräte in der Hand muss möglich sein.
- Geringe Gewichte erleichtern die Handhabung und das Abwerfen, zu leichte Geräte vermitteln dagegen kein richtiges Gefühl für das „Schleppen des Geräts" und den auszuübenden Druck beim „Treffen des Geräts". Zu schwere Geräte führen zu fehlerhafter Handhabung und einem falschen Bewegungsablauf.
- Einige einleitende Gewöhnungsübungen gehören in jeden Trainingsbaustein zur Technikschulung des Diskuswerfens.

Der Standwurf kann vergleichbar dem Kugelstoß vom Bewegungsende her sukzessive durch eine immer weiter gehende Ausgangsstellung erarbeitet werden. Dies beginnt mit dem Erlernen der Beinarbeit und dem Aufbau der Körperspannung aus frontaler Schrittstellung und endet beim Wurf aus der Wurfauslage.

Die entscheidenden Bewegungskriterien für den Standwurf (rückwärtige Wurfauslage, Druck- und Stemmbeinarbeit, Wurfarmverzögerung und ab-schließender Block) wurden bereits im Abschnitt „Basiswissen" genannt.

Tipps für die Praxis

- Die Wurfarmverzögerung („Schleppen") können Sie günstig über eine Vielzahl von Geräten erarbeiten, die die Eigenwahrnehmung unterstützen. Das sind z.B. längere, aber stabile (alte Fahrradreifen, Markierungskegel u.ä.) oder etwas schwerere Geräte (z.B. kurzgefasste Schleuderbälle, nicht zu schwere Medizinbälle).
- Die Ausprägung der Wurfauslage sollte den individuellen Voraussetzungen gemäß gewählt werden: Je weiter die Füße auseinander sind und je stärker die anfängliche Kniebeugung im Druckbein ist, desto länger ist der zur Verfügung stehende Beschleunigungsweg, aber desto mehr Kraft wird auch benötigt. Achten Sie darauf, dass Ihre Athleten nur so weit „ausholen", dass sie die Bewegung noch flüssig mit Temposteigerung zum Abwurf absolvieren können!
- Markierungen für die Wurfrichtung (Zielwurf) und für den Fußaufsatz im Ring erleichtern den Athleten die Orientierung. Den Abwurf nach vorn oben (günstiger Abflugwinkel) und die Streckung zum Abwurf können Sie durch eine Höhenorientierung (über eine Schnur oder ein Tor werfen) begünstigen.
- Beachten Sie bei allen Übungen die Sicherheitsvorkehrungen.

Technikelement 2: Abwurf aus der Vorbeschleunigung

Dem Aufbau einer guten Vorspannung durch einen aktiven Übergang von der Drehung in den Abwurf kommt besondere Bedeutung zu. Daraus leitet sich die Empfehlung ab, baldmöglichst nach dem grundsätzlichen Beherrschen des Werfens aus der Wurfauslage zum Werfen mit Vorbeschleunigung aus der Drehung überzugehen. Die Drehung wird dabei schrittweise mit zunehmendem Schwierigkeitsgrad aufgebaut. Je nach Adressaten reichen auch die Zwischenübungen aus:

- 2/4-Drehung plus Standwurf (entsprechen weiteren 2/4-Drehung) = 1 Drehung
- 3/4-Drehung plus Standwurf = 1 1/4-Drehung
- 4/4-Drehung plus Standwurf = 1 1/2-Drehung

ABB. 4.28 | Verschiedene Umfänge der Drehung beim Diskuswurf

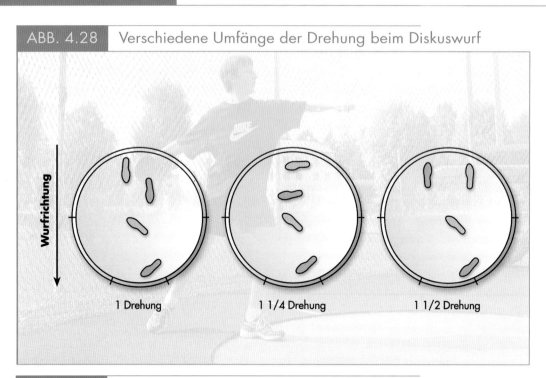

Bildreihe 13 | Diskuswerfen aus 1 1/2-Drehungen

Bei Technikimitationen kann der Diskus auch leicht „eingeklemmt" werden"

Vergleichen Sie dazu die Fußspuren der verschiedenen Ausgangsstellungen in Abb. 4.28.

In dieser Reihenfolge nimmt der mögliche Beschleunigungsweg für den Diskus zu. Gleichzeitig steigt aber auch der koordinative Anspruch zur Bewältigung der Aneinanderreihung von Vor- und Hauptbeschleunigung.

Beachten Sie in allen Würfen aus der Drehung folgende Bewegungskriterien (s. auch Bildreihe 13):

- Die Drehung wird immer durch eine gegenläufige Ausholbewegung mit Gewichtsverlagerung auf das rechte Bein (beim Rechtshänder) vorbereitet und durch Gewichtsverlagerung auf links, Beinarbeit und Ballendrehung eingeleitet.
- Das rechte Bein wird erst in die Drehung geführt, wenn das linke Bein bis in Wurfrichtung vorgedreht ist.
- Der Wurfarm wird hinter dem Körper geschleppt und fällt nicht nach vorn-unten.
- Der Drehschritt nach vorn erfolgt flach und raumgreifend („nicht auf der Stelle").
- Die Geschwindigkeit nimmt mit einer Rhythmisierung der Fußkontakte links – rechts – links zu.
- In der Wurfauslage entsteht eine große Vorspannung. Der Abwurf erfolgt wie gewohnt.

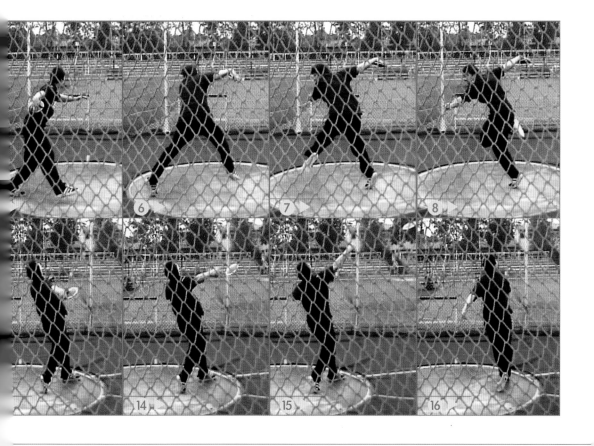

4. 4. 4 Speerwerfen

Beim Speerwerfen wird das Gerät nach einem geradlinigen Anlauf durch eine Impulsübertragung möglichst weit geworfen. Die heutigen Regeln schreiben einen etwas nach vorn verlagerten Schwerpunkt des Wurfgeräts vor, so dass das frühere Problem, den Speer regelkonform mit der Spitze zuerst zur Landung zu bringen, kaum noch existent ist. Aerodynamische Faktoren während des Fluges haben aber immer noch großen Einfluss. In Verbindung mit dem rhythmischen Anlauf und dem dynamischen Abwurf macht dies den Reiz des Speerwerfens aus.

Basiswissen Speerwerfen

Die erzielte Weite hängt beim Speerwerfen aufgrund physikalischer Gesetzmäßigkeiten von drei Faktoren ab (s. Abb. 4.29).

- **Abfluggeschwindigkeit** des Speers: Sie hängt direkt von der Anlaufgeschwindigkeit und dem im Abwurf erzielten Impulsübertrag ab. Aufgrund einer großen Wurfauslage besitzen Speerwerfer mit langen Armen Vorteile. Ein weiterer wesentlicher Faktor ist der Aufbau und das Auflösen von Vorspannung. Durch das Verwringen von Körperachsen in der Wurfauslage und den Einsatz des Druckbeins gegen das Stemmbein bei langer Wurfarmverzögerung wird eine Körperspannung aufgebaut, die mit dem Wurfblock und dem darauf folgenden Impulsübertrag eine hohe Abfluggeschwindigkeit ermöglicht. Die Spannung (s. Bild unten) wird dadurch vorbereitet, dass der Speer sich in Verlängerung der Schulterachse befindet und die Schulterachse in den letzten Anlaufschritten gegenüber der Beckenachse nachläuft. Durch das geringe Gewicht und die Form des Speers ist außerdem ein sehr genaues Treffen des Geräts für eine hohe Abfluggeschwindigkeit erforderlich.
- **Abflugwinkel** des Speers: Aufgrund der weiter unten beschriebenen aerodynamischen Faktoren ist der günstigste Abflugwinkel flacher als bei einer Flugkurve ohne diese Einflüsse, wie z.B. beim Kugelstoßen. Außerdem ist der günstigste

Durch den lange zurückgehaltenen Speer und die Verwringung der Schulter- gegen die Hüftachse wird Vorspannung aufgebaut.

ABB. 4.29 Einflüsse auf die Wurfweite beim Speerwurf

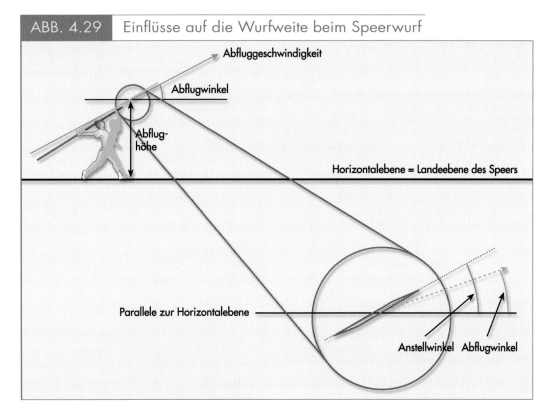

Abfluggeschwindigkeit

Abflugwinkel

Abflug-
höhe

Horizontalebene = Landeebene des Speers

Parallele zur Horizontalebene

Anstellwinkel Abflugwinkel

Abflugwinkel auch vom Wind abhängig. Bei Windstille liegt der optimale Winkel etwa bei 30 bis 36°. Wegen der im Verhältnis großen Flugweite hat die Abflughöhe nur eine vernachlässigbare Bedeutung.

- **Aerodynamische** Faktoren in der Flugphase des Speers: Hier sind der Luftwiderstand, der Auftrieb sowie Windgeschwindigkeit und -richtung zusätzlich zur Abfluggeschwindigkeit und -winkel zu nennen. Unterschiedliche Flugstabilität und -lage des Speers führen bei gleicher Abfluggeschwindigkeit und gleichem Abflugwinkel auch zu unterschiedlichen Flugweiten:

- Ein günstiger Anstellwinkel (= Differenz zwischen Längsachse des Speeres und Abflugwinkel) sorgt für Auftrieb, ein ungünstiger für Abtrieb. Der Optimalwert hängt von der Windrichtung und -stärke ab (s. Tab. 4.10). Bei Gegenwind wirken sich Abweichungen zudem stärker aus als bei Rückenwind.

TAB. 4.10 Einflüsse auf den Anstell- und Abflugwinkel

Wind	Abflugwinkel	Anstellwinkel
windstill	30 – 36°	10 – 15°
Gegenwind	flacher	steiler
Rückenwind	steiler	flacher
Seitenwind	je nach Ausrichtung, ggf. im Rahmen der Möglichkeiten Anlauf- und Abwurfrichtung verändern	je nach Ausrichtung, ggf. im Rahmen der Möglichkeiten Anlauf- und Abwurfrichtung verändern

Wie beim Diskuswurf sind auch im Speerwurf die Effekte durch die Vorbeschleunigung so groß, dass der Standwurf nur einen begrenzten Umfang im Training einnimmt. Das Erzeugen der Körperspannung aus dem Übergang vom Anlauf über die Wurfauslage in den Abwurf ist die Hauptvoraussetzung für eine hohe Abfluggeschwindigkeit.

– Der gewünschte Auftrieb kann nur so lange wirken, wie die Lage des Speers konstant und stabil bleibt. Durch die Rotation des Speers um seine Längsachse (verursacht durch den leicht dezentralen Kraftstoß auf die Wicklung beim Abwurf) entsteht eine zunächst stabile Fluglage. Da der Schwerpunkt des Speers vor seinem Druckpunkt liegt, kippt der Speer allerdings mit zunehmender Flugdauer vermehrt nach vorn, so dass der Auftrieb abnimmt.

Von allen genannten Faktoren hat im Grundlagentraining das Erarbeiten einer möglichst hohen Abfluggeschwindigkeit Vorrang.

Aufgrund des geradlinigen Anlaufs ist die Möglichkeit zur Erhöhung der Vorbeschleunigung hinreichend möglich. Grenzen werden nur durch die

Wegstrecke bis zum Erreichen der maximalen Laufgeschwindigkeit gesetzt. Die Vorbeschleunigung darf jedoch nur so hoch sein, dass es auch zum Aufbau einer Körperspannung und einer weiter ansteigenden Geschwindigkeitsentwicklung bis zum Abwurf kommt.

Die optimale Speerhaltung ist beim Lauf eine andere als sie zum Abwurf hin erforderlich ist. Deshalb ist in der Zieltechnik nach dem zyklischen Anlaufteil eine Veränderung der Armhaltung notwendig. Dies wird in den ersten beiden Schritten des so genannten Fünfer-Rhythmus nach dem zyklischen Anlaufteil umgesetzt. Ein weiterer charakteristischer Schritt im Fünfer-Rhythmus ist der vorletzte Schritt, der Impulsschritt. Darin „laufen die Beine dem Körper und dem Wurfarm weg", um die optimale Wurfauslage und Vorspannung vorzubereiten.

Die Ansprüche an das Speerwerfen im Grundlagentraining sind unterschiedlich: Einige Athleten lernen das Speerwerfen im Sinne einer vielseitigen Ausbildung nur kennen, andere benötigen es als Disziplin für den Mehrkampf, und für weitere ist es eine der möglichen Spezialdisziplinen. Die Steuerung über den Beschleunigungsweg lässt folgende Lösungsmöglichkeiten zu:

● Minimalanforderung: Wurf aus dem Dreier-Rhythmus mit Wurfauslage und Körperspannung

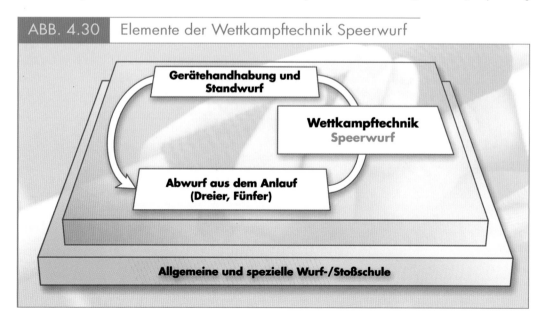

ABB. 4.30   Elemente der Wettkampftechnik Speerwurf

Gerätehandhabung und Standwurf

Wettkampftechnik
Speerwurf

Abwurf aus dem Anlauf (Dreier, Fünfer)

Allgemeine und spezielle Wurf-/Stoßschule

TAB. 4.11	Anzahlen der Speerwurfversuche pro Baustein		
	1. Jahr GLT	**2. Jahr GLT**	**Ab 3. Jahr GLT**
Technikwürfe aus dem Stand bzw. mit Vorbeschleunigung	8 – 10	10 – 12	12 – 15
Pause	2 – 3 min	2 – 3 min	2 – 3 min
Erläuterung:	Genannt ist jeweils die Höchstzahl der Würfe pro Trainingseinheit		

- Mehrkampfanforderung: Wurf aus dem Fünfer-Rhythmus (= Speerrückführung plus Dreier-Rhythmus) oder Anlauf mit zurückgeführtem Speer und abschließendem Dreier-Rhythmus
- Für den zukünftigen Spezialisten: Würfe aus den Anlauf mit Übergang zum Fünfer-Rhythmus

Tipps für die Praxis

- Im Grundlagentraining sollten vielfältige Erfahrungen zum Treffen des Speers und zu den aerodynamischen Flugeigenschaften des Speers erworben werden. Nur mit diesen Erfahrungen wird es später möglich sein, bei wechselnden Bedingungen notwendige Anpassungen der Abwurfrichtung, des Abflug- und des Anstellwinkels vorzunehmen. Setzen Sie dazu Zielwürfe ein und trainieren Sie auch bei wechselnden Witterungs- und insbesondere Windbedingungen!
- Eine gute Beinarbeit bei der Speerrückführung bis hin zur Wurfauslage ist stark rhythmisch geprägt. Bieten Sie deshalb Bewegungserfahrungen mit Rhythmen bei unterschiedlichen Geschwindigkeiten an. Setzen Sie auch Bodenmarkierungen ein.
- Aufgrund der relativ hohen Anlaufgeschwindigkeit ist der Übergang über die Wurfauslage bis zum Abwurf auch von den Kraftfähigkeiten abhängig. Bei entwicklungsgemäß und individuell reduzierten Geschwindigkeiten ist dies im günstigen motorischen Lernalter des Grundlagentrainings gut umsetzbar.
- Neben den Technikwürfen (s. Tab. 4.11) sollten mit entsprechend höherem Umfang und mit geeigneten vielfältigen Geräten vorbereitende Übungen aus der allgemeinen und speziellen Wurfschule zum Einsatz kommen!

Technikelement 1: Gerätehandhabung und Standwurf

Vergleichbar mit den anderen Disziplinen des Wurf-/Stoßbereichs zielt auch im Speerwerfen das erste Technikelement auf die Handhabung des Gerätes sowie den Abwurf aus der Wurfauslage und den Aufbau der Körperspannung.

Ziele der Übungen zur Gerätehandhabung sind...

- ...die richtige Speerhaltung zu erfassen: Daumen und Zeigefinger fassen den Speer fest hinter der Wicklung, das Handgelenk wird so eingedreht, dass die Handfläche zum Speer zeigt (s. Bild unten)
- ...ein Gefühl für die Form, das Gewicht und das Treffen des Gerätes zu erarbeiten, z.B. mit Zielwürfen.

Der Speer wird mit eingedrehter Hand mit Zeigefinger und Daumen hinter der Wicklung gefasst.

- ...die Körperverwringung zwischen Becken und Schulter sowie die Schulterbeweglichkeit vorzubereiten (s. Bild rechts.)

Tipps für die Praxis

- Wählen Sie die Geräte passend zu Alter und Größe Ihrer Athleten aus.
- Geringe Gewichte erleichtern die Handhabung und das Abwerfen, zu leichte Geräte vermitteln kein richtiges Gefühl für das „Treffen des Geräts" und den auszuübenden Druck beim Treffen des Geräts. Zu schwere Geräte führen öfter zu einem falschen Bewegungsablauf und bedingen dadurch eine Verletzungsgefahr für Schulter und Ellbogen!
- Aus Sicherheitsgründen dürfen die Speere außerhalb der Übungen nur senkrecht getragen werden!
- Einige einleitende Gewöhnungsübungen gehören in jeden Trainingsbaustein zur Technikschulung des Speerwerfens.

Das Erarbeiten des Standwurfs beginnt mit dem Erlernen des schlagartigen Abwerfens und dem Aufbau der Körperspannung aus der Wurfauslage zunächst mit Hilfsgeräten (z.B. leichter Medizinball, Nockenball, Handball, Fußball, Schlagball, Tennisball, Tennisring, Wurfstab). Anschließend wird die Schlagwurfbewegung dann auf den Speer übertragen.

Die folgenden Bewegungskriterien sind Schwerpunkt der Ausbildung:

- Die Bewegung wird durch die Arbeit des Stemmbeins gegen das Druckbein eingeleitet.
- Diese Beinarbeit führt in Verbindung mit dem verzögerten Wurfarmeinsatz (möglichst lange den Wurfarm gestreckt halten) zum gewünschten Spannungsaufbau.
- Die Wurfhand ist zu Beginn der Abwurfbewegung in Schulterhöhe, niemals darunter.

Durch Halten des Wurfgeräts kann der Athlet erst spät mit der Armwurfbewegung beginnen.

Die spezielle Beweglichkeit kann gut mit dem Speer vorbereitet werden.

- Im Abwurf wird der Ellbogen zuerst eingedreht und hoch bis neben den Kopf mit abschließendem Ausschlagen des Unterarms nach vorn geführt.
- Die Speerachse befindet sich in der Wurfauslage parallel zu Schulter- und Beckenachse. Die Speerspitze ist dabei etwa in Augenhöhe.

Tipps für die Praxis

- Auch mit dem Speer unterstützen Zielwürfe die geradlinige Wurfbewegung.
- Wenn mit dem Speer geworfen wird, entspricht die Längsachse des Speers auch nach der Landung genau der Wurfrichtung.
- Den Abwurf nach vorn oben („richtiger" Abflugwinkel) können Sie durch eine Höhenorientierung (über eine Schnur, Fußballtor usw. werfen) unterstützen. Zu tief liegende Ziele/Höhenorientierer verführen dabei zu zu frühem Abknicken im Hüftgelenk, d.h., die Körperspannung wird zu früh aufgegeben.
- Die Wurfauslage kann durch Variieren der Länge des Ausfallschritts und der Beugung im Kniegelenk verändert werden. Entsprechend der Beinstreckkraft sollten Sie für jeden Athleten das für ihn günstige Optimum für einen explosiven Abwurf ermitteln!

ABB. 4.31 Fußspuren bei verschiedenen Anlaufrhythmen

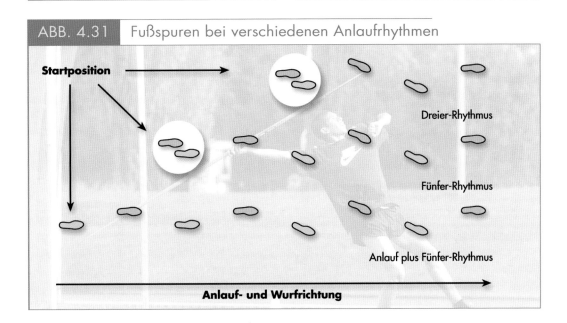

Startposition

Dreier-Rhythmus

Fünfer-Rhythmus

Anlauf plus Fünfer-Rhythmus

Anlauf- und Wurfrichtung

Bildreihe 14 Speerwurf aus dem Anlauf

Technikelement 2:
Würfe aus dem Anlauf

Dem Aufbau einer guten Vorspannung durch einen aktiven Übergang vom Anlauf in den Abwurf kommt im Speerwerfen, auch durch die relativ hohe Geschwindigkeit, eine besondere Bedeutung zu. Daraus leitet sich die Empfehlung ab, baldmöglichst nach dem grundsätzlichen Beherrschen des Standwurfs zum Werfen aus dem Anlauf überzugehen. Dieser wird dabei schrittweise mit zunehmendem Schwierigkeitsgrad aufgebaut. Dabei können Sie je nach Ausbildungsstand Ihrer Athleten auch auf Erfahrungen aus dem Schlagballwurf zurückgreifen. Je nach Adressaten (Absichern der Vielseitigkeit oder angehende Mehrkämpfer bzw. angehende Wurfspezialisten) reichen auch die Zwischenübungen als Ziel des Grundlagentrainings aus:

- Wurf aus dem Dreier-Rhythmus mit zurückgeführtem Wurfarm

- Wurf aus zwei Anlaufschritten mit zurückgeführtem Speer und anschließendem Dreier-Rhythmus
- Wurf aus dem Fünfer Rhythmus (zwei Schritte mit Speerrückführung plus Dreier-Rhythmus)
- Wurf aus den Anlauf (zwei, später auch mehr Anlaufschritte) mit Übergang zum Fünfer-Rhythmus

Vergleichen Sie dazu die Fußspuren der verschiedenen Ausgangsstellungen in Abb. 4.31.

In dieser Reihenfolge nimmt der mögliche Beschleunigungsweg für den Speer und vor allem die Anlaufgeschwindigkeit zu. Damit steigen auch die Anforderungen an Bewegungskoordination und Kraft (Stemmbeineinsatz!) deutlich an.

Die folgenden Bewegungskriterien sind, je nach Bewegungsumfang der ausgewählten Übung, entscheidend (s. auch Bildreihe 14):

- Der zyklische Anlaufteil (vor dem Fünfer-Rhythmus) ist ein Steigerungslauf, bei dem der Speer mit angewinkeltem Arm getragen wird. Der

Speer zeigt in Laufrichtung, die Speerspitze nach unten.

- Die Speerrücknahme erfolgt auf den ersten beiden Schritten des Fünfer-Rhythmus. Dabei wird der Wurfarm nach hinten gestreckt, die Wurfhand darf aber nicht unter Schulterhöhe absinken. Der Körper dreht sich entsprechend mit zurück, der Gegenarm bewegt sich in gleicher Richtung mit („Schließen") und die Füße setzen leicht zur Wurfarmseite gedreht auf. Der Speer zeigt hierbei weiter in Wurfrichtung.
- Der Impulsschritt (vorletzter Schritt) ist der entscheidende Schritt zum Erreichen der Wurfauslage und zur Vorbereitung des Spannungsaufbaus: Die Beine eilen dem Körper voraus, so dass der Körperschwerpunkt über dem Druckbein landet. Zu diesem Zeitpunkt hat das Stemmbein das Druckbein bereits überholt.
- Der eigentliche Abwurf erfolgt wie beim Standwurf.

Tipps für die Praxis

- Unterstützen Sie Schrittgestaltung und Rhythmisierung des Anlaufs z.B. durch Bodenmarkierer für die Füße oder begleitendes rhythmisches Klatschen.
- Für einen vorwärts gerichteten, beschleunigten Impulsschritt können Sie als Hilfe einen markierten „Graben" einsetzen, der bei diesem Schritt flach und schnell übersprungen werden muss.
- Die Geschwindigkeit sollte bis zum Schluss ansteigen. Auch in der Speerrückführung und im Impulsschritt darf sie nicht absinken.
- Durch die hohe Geschwindigkeit in der Vorbeschleunigung ist eine besonders hohe Bremskraft beim Block des Stemmbeins erforderlich. Hier sind je nach Entwicklungsstand Ihrer Athleten die konditionellen Voraussetzungen oft nicht ausreichend: Wenn das Stemmbein Ihres Athleten im Abwurf deutlich nachgibt, ist die Anlaufgeschwindigkeit zu hoch. Reduzieren Sie deshalb die Anlaufschritte, damit sich keine Bewegungsfehler festigen können.

4.5 Allgemeine Inhaltsbereiche

Leichtathletische Inhalte alleine reichen nicht aus, die Ansprüche des Grundlagentrainings ausreichend einzulösen. Allgemeine Inhalte aus anderen Sportarten

- ergänzen die koordinative Vielfalt der leichtathletischen Disziplinen,
- setzen vielseitige konditionelle Reize, wie sie zum Teil durch leichtathletische Übungen nicht ausreichend gestaltet werden können (z.B. Dehnen, Kräftigen) und
- sichern Trainingsreize in ausreichendem Umfang ab (Ausdauer) und reduzieren gleichzeitig die orthopädische Belastung durch den gezielten Wechsel der konkreten Belastungsform.

4.5.1 Gymnastik
Basiswissen Gymnastik
Der Bereich der Gymnastik umfasst die Inhalte Dehnen, Kräftigen und Geschicklichkeit/Gewandtheit. Aus Sicht der Trainingslehre sind diese Inhalte

BEACHTE Allgemeine Inhalte

- Allgemeine Trainingsinhalte aus anderen Sportarten erfordern ein Mindestmaß an Können, damit sie trainingswirksam werden können. So müssen die Athleten in den Spielen ein Mindestmaß an Technik und gegebenenfalls auch Taktik beherrschen bzw. erlernen, damit tatsächlich ein ausreichender Spielfluss zustandekommt. Unter dieser Prämisse sind Abweichungen von den exakten Techniken der anderen Sportarten sowie auch Regelvereinfachungen durchaus sinnvoll.
- Übungen zum Kräftigen werden im Rahmentrainingsplan Grundlagentraining nicht aufgeführt. Entsprechende Übungen werden im Abschnitt Gymnastik erfasst, der damit Übungen zum Dehnen und zum allgemeinen Kräftigen enthält. Ebenso sind Übungen des Turnens auch unter diesem Aspekt zu berücksichtigen.

Partnerübungen sind zur Kräftigung im Grundlagentraining ideale Übungsformen.

ABB. 4.32 Handlungsmöglichkeiten Gymnastik

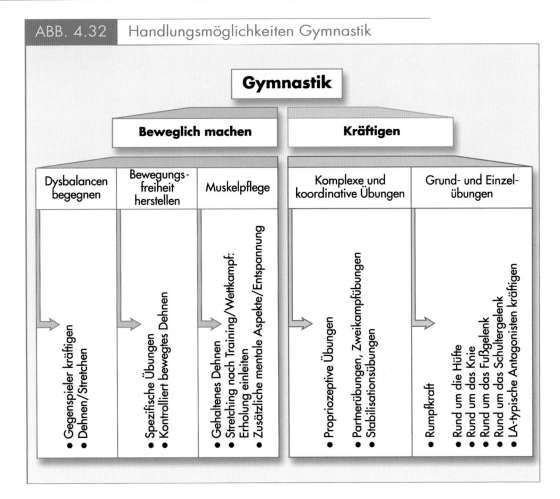

der konditionellen Ausbildung zuzuordnen (s. dazu Abb. 4.32)

Die Bedeutung der Gymnastik für die Leichtathletik ist wie folgt begründet:

- In allen leichtathletischen Disziplinen wird die Bewegungsenergie über die Beine mit den Füßen auf dem Boden umgesetzt (Beschleunigen und Abbremsen). Entsprechend bedürfen die Füße und Fußgelenke einer besonderen Stabilität.
- Zum Beschleunigen und Abbremsen werden in allen leichtathletischen Disziplinen Bewegungsimpulse übertragen (Lauf, Absprung und Abwurf/-stoß). Diese Bewegungsimpulse zu übertragen, gelingt nur, wenn bestimmte Körperbereiche stabil fixiert werden können (Hüfte, Oberkörper, Schwungbein, Schwungarm und Wurf/Stoßseite zum „Block").

- Der Körper befindet sich vor dem Training meist im Ruhezustand und muss erst auf die erhöhten Leistungsanforderungen vorbereitet werden (höhere Bewegungsgeschwindigkeiten, größere Bewegungsamplituden und Krafteinsätze).
- Leichtathletische Bewegungsabläufe erfordern für optimale Ergebnisse eine bestimmte Bewegungsamplitude und damit Beweglichkeit (Ausnutzen von Beschleunigungswegen und Leistungsmaximierung).
- Andererseits nützt die Beweglichkeit allein nichts, wenn die Bewegung nicht auch im Sinne der Technik gesteuert, d.h. geführt wird (Geschwindigkeitsentwicklung). Für diese Steuerung ist Kraft erforderlich. Die bei leichtathletischen Bewegungen beanspruchte Muskulatur neigt durch die Beanspruchung zur Verkürzung (erhöhter

Gymnastische Übungen können auch mit dem Stab durchgeführt werden.

Muskeltonus, dies führt zu einseitiger Einschränkung der Beweglichkeit).

Die Gymnastik verfolgt für die Leichtathletik insgesamt und insbesondere im Grundlagentraining folgende wichtige Ziele:

- Erhalt und Steigerung der Beweglichkeit im Wachstumsprozess der Athleten:

BEACHTE   Gymnastik

In der Trainingspraxis sind deshalb folgende Aufgabestellungen umzusetzen:

- Erlernen der Dehn- und Kräftigungstechniken
- Entwickeln eines Gefühls für Spannung und Entspannung in der Muskulatur
- Kräftigung der Rumpfmuskulatur, aufrechte Körperhaltung
- Stabilisierung des Fußgelenks, Hüftgelenes (Becken), Schultergelenks
- Kräftigung der Arm- und Beinmuskulatur
- Mobilisation des Oberschenkel-/Hüftgelenks, Oberarm-/Schultergelenks und der Wirbelsäule
- Vorbereitung der Muskulatur-/Gelenke auf schnellkräftige Bewegungen

- Beweglichkeit der Gelenke
- Dehnbarkeit der die Gelenke umgebenden Muskulatur
- Sicherstellen einer optimalen Funktion des Körpers im Hinblick auf die Bewegungstechnik (Vorbereitung auf schnellkräftige Bewegungen, hohe Bewegungsamplituden):
  - Die für das Praktizieren der altersgemäßen Bewegungstechnik erforderliche Beweglichkeit muss vorhanden sein.
  - Die für das Praktizieren der altersgemäßen Bewegungstechnik erforderliche Stabilität muss vorhanden sein.
- Sicherstellen einer optimalen Körperhaltung im Hinblick auf Belastungsreduktion und Verletzungsprophylaxe (Ausgleich von Haltungsfehlern sowie Kraft- und Beweglichkeitsdefiziten).

In jeder Trainingseinheit ist Gymnastik ein permanenter Bestandteil des Aufwärmens zur Vorbereitung auf spätere Belastungen und je nach Trainingszielsetzung auch Bestandteil des Ausklangs. Um die oben genannten Ziele zu erreichen, werden gymnastische Übungen auch als eigenständiger Inhaltsbereich durchgeführt, und zwar durch Übungen, die isoliert oder kombiniert mehrere Zielsetzungen verfolgen.

Beim aktiven Dehnen wird immer gleichzeitig eine Muskelgruppe gedehnt und der Gegenspieler gekräftigt. Durch den abwechselnden Einsatz der entsprechend gegenläufigen Übungskombinationen können somit beide Zielsetzungen miteinander kombiniert werden.

Tipps für die Praxis

- Schaffen Sie eine ruhige, konzentrierte Atmosphäre. Damit werden das Erlernen von Dehn- und Kräftigungstechniken, die Vorbereitung auf schnellkräftige Bewegungen sowie das Entwickeln eines Gefühls für An- und Entspannung in der Muskulatur erleichtert.
- Achten Sie in Gymnastikeinheiten und beim Auf- und Abwärmen auf ein konzentriertes und effektives Üben.
- Im Aufwärmprogramm sollte der ganze Körper mit einer kleinen Übungsauswahl allgemein und die nachfolgend belastete Muskulatur speziell gedehnt werden (Zeitfaktor).
- Führen Sie die Dehnübungen nach guter Erwärmung und mit wärmender Bekleidung durch. Trainieren Sie zügig, so dass keine wesentliche Abkühlung erfolgt.
- Die Dehnung sollte jeweils so weit erfolgen, bis eine leichte Dehnungsspannung in der zu dehnenden Muskulatur auftritt. Diese Position wird gehalten, die Muskulatur dann bewusst entspannt, bis die Spannung nachlässt. Dann kann die Dehnposition bis zu einer erneuten Spannung verstärkt und der Vorgang wiederholt werden.
- Führen Sie nach einem ausführlichen Dehnen erneut einige Spannung aufbauende Übungen durch, wenn noch schnellkräftige Übungen folgen sollen.
- Dehnungs- und Kräftigungsübungen werden immer funktional, d.h. in den Bewegungsachsen der Gelenke, durchgeführt.

Dehnen

Das Dehnen dient in erster Linie dazu, den durch einen hohen Muskeltonus oder eine noch nicht hinreichend betriebswarme Muskulatur eingeschränkten Bewegungsradius zu erhöhen. Im Grundlagentraining müssen hier je nach Entwicklungsstand der Athleten unterschiedliche Wege gegangen werden.

Dehnen ist ein großer Schwerpunkt in der Gymnastik

Bis zur Pubertät ist die Beweglichkeit normalerweise nur durch Bewegungsmangel oder Bewegungsvorstellung eingeschränkt. In diesem Zeitraum steht die Schulung der Beweglichkeit unter dem Aspekt „Erlernen von Dehnübungen" im Vordergrund. Mit beginnender Pubertät setzt nach dem Längenwachstum auch das Muskelwachstum ein. Jetzt muss die Beweglichkeit erhalten und durch den gezielten Einsatz von Dehnübungen ausgebaut werden.

BEACHTE Dehnen

Achten Sie darauf, dass die Beweglichkeit in einem ausgewogenem Verhältnis zur Körperspannung steht; denn für die leichtathletischen Bewegungen sind bestimmte Körperhaltungen aus der Bewegung zu fixieren, um Bewegungsenergie zu übertragen. – Dehnen und Kräftigen stehen deshalb in einem Wechselspiel!

der Organisation ist das Circuittraining mit abwechslungsreichen Stationen.

4.5.2 Turnen
Basiswissen Turnen

Das turnerische Bewegungsrepertoire beinhaltet viele Aspekte, die in den leichtathletischen Disziplinen nutzbar sind:
- Orientieren im Raum (Hürdensprint, Hoch-, Stabhochsprung, Kugelstoß, Diskus-, Hammerwurf, Staffel)
- Verhalten in Flugphasen (Weit-, Drei-, Hoch-, Stabhochsprung)
- Halten des Gleichgewichts (Hürdensprint, Weit-, Drei-, Hoch-, Stabhochsprung, Kugelstoß, Diskus-, Hammerwurf)
- Körperspannung (alle Disziplinen)
- Akrobatik (Hoch-, Stabhochsprung)

Turnen erfordert darüber hinaus Mut, Kraft und Gewandtheit/Geschicklichkeit.

Das Turnen ist somit in dreierlei Hinsicht ein wertvoller Bestandteil des leichtathletischen Trainings:
1. im Sinne eines vielseitigen und abwechslungsreichen Trainings als praktische Umsetzung und Ergänzung der Gymnastik, Konditions- und Koordinationsschulung (z.B. Kraft, Körperspannung, Schnelligkeit, Beweglichkeit, Gewandtheit/Geschicklichkeit, Koordination)

Zweikämpfe im Einbeinsteinstand entwickeln Kräfte zum Stabilisieren des ganzen Körpers.

Kräftigen

Kraft lässt sich auf unterschiedliche Art und Weise entfalten. Die Höhe der entwickelten Kraft ist vom Muskelquerschnitt, der Anzahl der gleichzeitig aktivierten Muskelfasern und der Stärke der Aktivierung abhängig. Für ein Krafttraining, das den Muskelquerschnitt erhöht, sind die Athleten im Grundlagentraining aufgrund der körperlichen Entwicklung (vorpubertärer oder pubertärer Entwicklungsstand, nicht ausgewachsener Bewegungsapparat) und den für dieses Training erforderlichen systematischen Belastungen noch nicht geeignet!

Wichtiger ist in dieser Altersklasse das vielfältige und auch schnelle Aktivieren der Muskelfasern bei geringen bis mittleren Belastungen. Geeignet hierzu sind Übungen aus der funktionellen Kräftigungsgymnastik, entsprechend der Belastung abgewandelte Übungen der Sprint-, Sprung- und Wurfschule sowie das Turnen. Eine geeignete Form

> **BEACHTE** Turnen
>
> Das Turnen im leichtathletischen Grundlagentraining orientiert sich nicht am Wett-kampfturnen. Die Übungsauswahl richtet sich nach der Nutzbarkeit für die leichtath-letischen Disziplinen. Es muss den leichtathletischen Zielsetzungen genügen und beschränkt sich entsprechend dieser Zielsetzung auf die nachfolgend genannten Elemente:
> - allgemeines Turnen (Drehen, Rollen, Balancieren, Klettern, Stützen, Hängen, Schwingen)
> - Bodenturnen
> - Einfache Übungen aus dem Gerätturnen

2. im Sinne einer komplexen und zeitsparenden Schulung vieler leichtathletischer Zubringerleistungen (z.B. Bewegungselemente in Flugphasen)
3. im Sinne der Herausforderung/Bewegungsaufforderung zur Erhöhung der Attraktivität des Trainings und der Motivation

Turnen kann im Grundlagentraining als Krafttraining mit hohen koordinativen Bewegungsanteilen eingesetzt werden. Der hohe Aufforderungscharakter einzelner Bewegungen bzw. die spezielle Aufgabenstellung verdeckt dabei den Krafteinsatz. Umfangreiche Übungen zum Turnen für Leichtathleten sollten Sie schon in der Kinderleichtathletik anbieten (s. Katzenbogner, H.: *Kinderleichtathletik*: spielerisch und motivierend üben in Schule und Verein. Aus der Mediathek Leichtathletik des DLV, erschienen im Philippka-Sportverlag, Münster).

Helfen und Sichern

Zu beachten und mit den Athleten zu üben sind unbedingt die Aspekte des Helfens und Sicherns sowie die Handhabung der Turngeräte und -anlagen. Die Hilfestellungen müssen stets aktiv erfolgen („die Bewegung begleiten").
Der Einsatz des Turnens im Grundlagentraining der Leichtathletik darf auch unter diesem Blickwinkel nicht an den eigenen Unzulänglichkeiten scheitern. In vielen Vereinen gibt es Turnabteilungen, in denen Sie sich als Leichtathletiktrainer Unterstützung und Hilfestellung für das Turnen holen können.

Radschlagen gehört zum Repertoire des jungen Leichtathleten.

4.5.3 Spiele
Basiswissen Spiele

Spiele haben nicht nur für Kinder einen hohen Motivationscharakter. Der Wunsch nach Vergleich, nach Gewinnen und nach Risiko ist jedoch in der Altersklasse des Grundlagentrainings besonders ausgeprägt. Im Spiel besteht die Möglichkeit des Erprobens, Improvisierens, Erfindens und sich Darstellens. Die Spieler entscheiden zudem selbstständig über ihren Einsatz.
Viele Spiele enthalten die leichtathletischen Grundelemente (Laufen, Springen, Werfen), andere bieten wichtige Zubringerleistungen für leichtathletische Disziplinen (Reaktion, Geschicklichkeit, Gewandtheit, Kraft, Schnelligkeit, Beweglichkeit, Ausdauer usw.).

BEACHTE   Spiele

Spiele sind aufgrund der vielseitigen und abwechslungsreichen Situationen in Verbindung mit der Motivation ideal dazu geeignet, trainingswirksame Belastungen im Grundlagentraining zu erzielen. Die Belastung wird durch die Spielidee/-aufgabe und die sich daraus ergebende Motivation verdeckt (s. auch Tab. 4.12).

TAB. 4.12	Ziele und Aufgaben von Spielen
Ziel/Aufgabe	**Beispiele für dieses Ziel/diese Aufgabe**
Anwenden des leichtathletischen Bewegungsgutes in einem anderen Umfeld	• Laufen • Springen • Werfen
Koordinationsschulung	• Orientierung im Raum durch Bewegung mit vielen Partnern und Gegnern auf begrenztem Raum • Bewegungskopplungen, z.B. Laufen und Werfen oder Laufen, Abspringen und Werfen • Improvisieren • situationsabhängiges Variieren, Differenzieren
Konditionsschulung	• Schulen der Grundlagenausdauer durch die Intervallbelastung im Spiel bei entsprechendem Belastungsumfang • Schulen der Schnelligkeit durch Reaktions-, Start- und Beschleunigungsphasen, situative Absprung- und Wurfphasen • Schulen der Kraft durch Antritte, Absprünge, Abwürfe, Ausweichen, Abbremsen
Schulung psychischer Elemente	• Wechsel von Spannung und Entspannung • Willensqualitäten • Emotionen (Spaß, Freude, Enttäuschung) • Kreativität
Schulung sozialer Elemente	• Teamfähigkeit • Anerkennung und Toleranz • Umgang mit Erfolg und mit Misserfolg

Sprung und Schlagwurf – zwei leichtathletische Bewegungselemente beim Handball.

Tipps für die Praxis

• Spiele müssen immer trainingswirksam eingesetzt werden. Bieten Sie diese so an, dass alle Teilnehmer mitspielen können und angemessene Belastungszeiträume erreichen. Dies erfordert teilweise eine Abkehr von den normalen Wettkampfregeln der Spiele. Variationsmöglichkeiten sind Verändern des Spielfeldes oder der Mannschaftszusammensetzung, Regelveränderungen (Aufstellung oder Erfinden eigener Regeln), der Einsatz mehrer Bälle und/oder Tore usw.

• Beginnen Sie die Spiele immer einfach. Entwickeln Sie diese danach weiter, verändern Sie sie, und ersetzen Sie sie gelegentlich durch andere Spiele. So bleibt der Aufforderungs- und Motivationscharakter erhalten.

Kleine Spiele

Die so genannten Kleinen Spiele besitzen insbesondere beim Übergang von der Grundausbildung/Kinderleichtathletik in das Grundlagentraining eine hohe Bedeutung. In diesen Kleinen Spielen sind die leichtathletischen Bewegungselemente in unterschiedlicher Gewichtung enthalten. Die Spielaufgabe verdeckt die Belastung und fordert gleichzeitig Belastungen unter sehr variablen Bedingungen (Koordinationschulung). Wesentlich ist, dass die Kleinen Spiele weiterentwickelt bzw. verändert werden, damit sie ihren Reiz immer neu entfalten.

Beispiele für solche Spiele sind: Brückenwächter, Nummernwettlauf, Katz & Maus, Fischfangen, Kettenfangen, Platzwechselspiele, Hundehütte, Schwarzer Mann, Fuchsjagd, Jägerspiele, Tigerball, Völkerball, Brennball, Prellball, Partnerball, Raufball, Rollball, Treibball, Sitzfußball, Turnschuhtennis, Komm mit/Lauf weg, Nachlaufen, Davonlaufen, Abschlagen, Hahnenkampf, Arme weg, Füße weg, Schiebekampf und vieles mehr. Bei Bedarf lassen sich in einschlägigen Spielesammlungen weitere Anregungen* finden.

Große Spiele

Basiswissen

Die Großen Spiele (Sportspiele) ersetzen mit zunehmendem Alter im Grundlagentraining die Kleinen Spiele. Neben dem Erlernen von Grundtechniken der einzelnen Spiele steht das tatsächliche Spielen im Vordergrund. Beachten Sie insbesondere, dass alle Athleten mitspielen können. Die Wettkampfregeln sollten so angepasst sein, dass ein permanenter Spielfluss zustande kommt (z.B. kein „Aus"), andererseits aber auch selbstbewusste „Dribbler" in ihrer Eigenständigkeit gebremst werden… Die Bälle können bei Bedarf an die körperlichen Verhältnisse der Athleten angepasst werden (z.B. Minibasketball, Minifußball).

*	**Literaturhinweis**

Döbler, H. und F. (1998): *Kleine Spiele – das Standardwerk für Ausbildung und Praxis.* 21. durchges. Auflage; Berlin: Sportverlag

Basketball ist ein ideales Ergänzungsspiel für Leichtathleten.

Basketball

Basketball vereint in idealtypischer Weise leichtathletische Bewegungen in einem Spiel: Laufen, Springen und Werfen. Neben den Grundfertigkeiten Dribbeln, Passen und Fangen sollten auch die Basketballwürfe (Standwurf, Positionswurf, Sprungwurf, Korbleger) als Übungsmöglichkeiten vorbereitend angeboten werden. Der basketballtypische Korbleger kann dabei auch zur Schulung des höhenorientierten Absprungs mit Ganzkörperstreckung benutzt werden.

Tipps für die Praxis

- Reguläre Korberfolge sind bei Nicht-Spezialisten wie Leichtathleten wegen des kleinen Ziels relativ selten. Erleichtern Sie Erfolge durch Regeländerungen, z.B.: Ball trifft das Brett = 1 Punkt, Ball trifft den Ring = 2 Punkte, Ball im Korb = 5 Punkte.
- Wird das Spiel durch einzelne „Dribbelkünstler" dominiert, können Sie durch Regeln wie „maximal 5 Dribbelkontakte" wieder alle Athleten vermehrt ins Spiel bringen.
- Das Basketballspiel mit dem Rugbyball unterbindet das Dribbeln aufgrund der Ballform und fördert das Mannschafts- und Stellungsspiel.
- Bei größeren Gruppen können Sie parallel auf kleineren Feldern spielen lassen.

Handball

Handball vereint ebenso wie Basketball die leichtathletischen Bewegungselemente Laufen, Springen und Werfen. Es gelten ähnliche Grundsätze, das Wurfziel (Tor) liegt jedoch in einer anderen Ebene. Dies macht einen anders gearteten Wurf als beim Basketball sinnvoll, der mehr dem leichtathletischen Schlagwurf ähnelt.

Tipps für die Praxis

- Ermöglichen Sie durch Regelanpassungen ausreichend viele Torerfolge, z.B. durch die Größe des Tores oder angepassten Torwarteinsatz.
- Die Torwartposition ist genau zu beobachten: Einerseits ist der Torwart häufig wenig in den Spielbetrieb eingebunden, andererseits können Körpertreffer aus kurzer Distanz schmerzhaft sein. Sie können dies umgehen, indem Sie ohne Torwart auf sehr kleine Ziele wie z.B. umgekippte kleine Kästen spielen lassen.

Fußball

Fußball fordert im Vergleich zum Basketball und Handball eher die läuferischen Qualitäten. Es ist deshalb ab einer gewissen Spieldauer besonders zur Schulung der Grundlagenausdauer geeignet. Aufgrund der im Grundlagentraining noch man-

gelnden Spielübersicht sollte das Spiel aber auf reduziertem Spielfeld gespielt werden.

Tipps für die Praxis

- Lassen Sie mit höchstens sechs Spielern je Mannschaft auf entsprechend kleinen Spielfeldern spielen, bei Bedarf auf mehreren Feldern. So können maximal viele Spieler mitmachen.
- Erhöhen Sie die Möglichkeiten, Tore zu erzielen, z.B. durch Erhöhen der Anzahl an Bällen und/oder Toren. Oder spielen Sie ohne Torwart auf kleinere Tore wie z.B. Kastendeckel, kleiner Kasten, hoch gestellte Turnmatte usw.

Volleyball

Volleyball ist ein Spiel mit relativ geringem Bezug zur Leichtathletik. Lediglich der Schmetterschlag weist Analogien zum Schlagwurf auf, und das Springen zum Block bzw. zum Schmetterschlag kann durch die Ganzkörperstreckung leichtathletischen Zielen dienen. Die Absprünge sind jedoch leichtathletisch untypisch (beidbeinig). Aufgrund der nur indirekten Gegnereinwirkung und der Möglichkeit, die in der Leichtathletik erworbene Athletik einzubringen, wird es dennoch gerne gespielt. Im Grundlagentraining sollte das Spiel zunächst von seinem Grundbegriff aus gespielt werden (Volley = aus der Luft spielen). Dies ist mit dem ganzen Körper möglich. Das Spielfeld kann recht eng und auch unter Einbeziehung der Wände (Banden) gewählt werden.

Die normalen Wettkampfregeln des Volleyballs lassen im leichtathletischen Grundlagentraining häufig kein motivierendes Spiel und aufgrund der zahlreichen Unterbrechungen auch keine hinreichende Belastung zu. Ein Ball- und Punktverlust sollte erst nach einer gewissen Zahl von Bodenkontakten erfolgen. Das Spiel kann auch so gespielt werden, dass über eine gewisse Spielzeit die Anzahl der Bodenkontakte des Balles gezählt wird. Sieger ist die Mannschaft mit der geringsten Anzahl.

4.5.4 Weitere Sportarten

Weitere Sportarten dienen neben einer umfassenden Ausbildung hauptsächlich der vielseitigen Schulung der Grundlagenausdauer. Sie bieten bei

Auch Tauchen zählt neben dem Erlernen der Schwimmtechniken zu den Aufgaben.

guter Ausdauerbelastung gleichzeitig einen sinnvollen und wünschenswerten Belastungswechsel aus orthopädischer Sicht. Bei diesen Sportarten sind zusätzliche Sicherheits- und Aufsichtsaspekte zu berücksichtigen (z.B. Schwimmaufsicht und -fähigkeit Funktionssicherheit der Fahrräder oder Inline-Skates, Umgang mit den Rädern/Inline-Skates, Verhalten im Straßenverkehr, Aufsichtspflicht, Organisation usw.).

Schwimmen

Der Besuch des Schwimmbads in der Gruppe und die Bewegung in einem anderen Element motiviert die Athleten besonders. Baden/Schwimmen ist trotz des Auftriebs und der damit verbundenen Entlastung eine Ganzkörperbelastung, die gezielt zur Schulung der Grundlagenausdauer genutzt werden kann. Die Motivation kann durch die Aufgabenstellung (Tauchen, verschiedene Spielformen, Staffeln, Materialien usw.) gesteuert werden.

Bei entsprechenden örtlichen und fachlichen Möglichkeiten sollte das Schwimmen vor allem auch zur Entwicklung der grundlegenden Schwimmtechniken genutzt werden. Damit wird im Grundlagentraining die Voraussetzung für eine gezielte Ausdauerentwicklung durch Schwimmen im Aufbautraining geschaffen (semispezifisches Training).

Inlineskating

Das Inlineskating bietet ebenfalls als besondere oder regelmäßige Maßnahme die Möglichkeit zur Entwicklung und Schulung der Grundlagenausdauer bei im Vergleich zum Laufen deutlich entlastetem Bewegungsapparat. Aufgrund der Entlastung sind im Vergleich zum Laufen höhere Belastungsumfänge zum Erzielen eines ähnlichen Trainingseffektes erforderlich.

Die Sicherheitsvorkehrungen (Helm, Ellbogen-, Knie- und Handschützer) sind dringend zu beachten. Sie sollten nur auf ausreichend gesicherten Plätzen fahren lassen.

Fahrradfahren

Fahrradfahren (als Alternative auch auf dem Ergometer) stellt eine weitere Alternative zur Schulung der Grundlagenausdauer dar. Das entlastende Sitzen und die Übersetzung beim Antrieb machen jedoch im Vergleich zum Laufen für einen ähnlichen Trainingseffekt höhere Belastungsumfänge erforderlich. Überprüfen Sie vor Fahrtantritt die Sicherheit der Räder und der Ausrüstung (Helm). Auf öffentlichen Straßen ist die Formation dem Verkehr anzupassen. Eine gezielte Belastungsgestaltung können Sie oft nur auf abgesicherten Strecken erreichen.

ÜBUNGSSAMMLUNG

5. Übungssammlung

5.1 Einführung

In diesem Kapitel finden Sie eine Übungssammlung zu den in Kapitel 4 aufgeführten Inhaltsbereichen. Die Übungen sind als Auswahl aus einem äußerst umfangreichen Repertoire an Übungsmöglichkeiten zu verstehen.

> Diese Übungen sind insofern grundlegend, als mit ihrer Hilfe die Ziele des Grundlagentrainings umsetzbar sind. Gleichzeitig sind sie als Anregung und Rahmen zu verstehen, im Sinne eines vielseitig-zielgerichteten Trainings diese Übungen zu variieren oder weitere Übungen mit vergleichbarer Zielsetzung auszuwählen, zu entwickeln und anzuwenden.

In den leichtathletikspezifischen Inhalten finden Sie entsprechend dem Aufbau in Kapitel 4 jeweils Übungen zur disziplingruppenspezifischen allgemeinen Bewegungsschule und zu den aufeinander aufbauenden disziplinspezifischen Elementen. Die vorbereitend-allgemeinen Übungen sollten Sie nicht nur in der Grundschulung, sondern auch in der Vorbereitung jeder einzelnen Trainingseinheit regelmäßig einbeziehen.

> Die konkrete Auswahl der Übungen orientiert sich am jeweiligen Lern- und Könnensstand Ihrer Aktiven.

Für die gewünschte Trainingswirkung ist nicht allein die Auswahl einer Übung wichtig, sondern auch die Art und Weise der Durchführung. In Kapitel 4.1.1 (s. Seite 64 und 65) wurden die drei möglichen Hauptwirkungen von Trainingsübungen vorgestellt: Technik, Koordination, Kondition. Zum Abschluss dieses Kapitels finden Sie dazu in Abschnitt 5.8 Beispiele anhand einiger ausgewählter Übungen, wie Sie durch entsprechende Variation und Anordnung ein und derselben Übung diese unterschiedlichen Trainingswirkungen ansteuern können.

Starts gegeneinander mit Kommando sind die letzte Übungsstufe vor dem Wettkampf!

5.2 Sprint/ Lauf

5.2.1 Allgemeine Lauf- und Gehschule

In der allgemeinen Lauf- und Gehschule geht es darum, koordinativ vielseitige Bewegungserfahrungen mit dem Laufen und Gehen zu sammeln und zu aktivieren. Dies bedeutet, das Laufen und Gehen systematisch zu variieren. Zielsetzung bei allen Varianten ist es, dass aktiver Fußaufsatz, Treffen des Körperschwerpunkts zum Vortrieb sowie unterstützende Armarbeit unter den wechselnden Bedingungen erreicht werden.

Als Anregung zur systematischen Variation listet Tab. 5.1 (s. folgende Seite) verschiedene Teilaspekte der Lauf- und Gehbewegung und dazu passende Ausführungsvarianten auf. In der Praxis wird dieser Überblick durch die den Fußabdruck unterstützende Formen des Prellens und Springens ergänzt.

Überkreuz-Schritte stellen besondere koordinative Anforderungen.

Kurvenläufe fördern das „Treffen" des Körpers. Hier kommt als zusätzliche Anforderung die Vorhalte der Arme hinzu.

TAB. 5.1	Teilaspekte der Geh- und Laufschule
Laufrichtung	vorwärts, rückwärts, seitwärts, kurvenförmig
Schrittfrequenz	ruhig, mittel, hoch
Schrittlänge	kurz, mittel, lang
Schritt-„Höhe"	flach, mittel, hoch
Geschwindigkeit	langsam, mittel, schnell
Lautstärke	laut, leise
Körperhaltung	aufrecht, vor- oder zurückgeneigt, Kurvenneigung
Armhaltung	mit Armeinsatz oder ohne (Haltung seitwärts, hoch, am Körper, vor, auch asynchron)
Laufuntergrund	aufwärts, abwärts, weich, hart, nachgebend – auch barfuß
Geräte	transportieren, drum herum, drüber, mitnehmen – für Stabhochsprung auch den Stab einsetzen
„Ansteuerung"	mit offenen und geschlossenen Augen, Differenzierung bei Anläufen (Entfernungen einschätzen können)
Sozialformen	allein, mit Partner, in der Gruppe, hintereinander, nebeneinander
Rhythmen	Nachstellschritt, überkreuz, Beistellschritt, Passgang, variable Anläufe (Schritt-zahl)
Fortbewegungs-formen	Laufen, Gehen, Hüpfen, Prellen, Hinken, leichtes Springen
Fußaufsatz	über die ganze Sohle, Ballen, Ferse, betont abrollen

BEACHTE   Praxistipps

- Lassen Sie die Übungen mit unterschiedlichen Schrittfrequenzen und -längen durchführen!
- Kombinieren Sie die Übungen, indem Sie diese nacheinander (z.B. von der Fußgelenksarbeit zum Kniehebelauf) oder asynchron gleichzeitig (z.B. links Fußgelenksarbeit, rechts Kniehebelauf) durchführen lassen.
- Übergänge in den Sprintlauf, in das „freie Sprinten" sind wichtig!
- Sprinten bedeutet einen schnellen Wechsel zwischen Spannung und Entspannung sowie ein „Sichtreffen"!

- Achten Sie bei allen Übungen auf den aktiven Fußaufsatz und eine stabile Körperhaltung!

Allgemeine Technikübungen | Sprint/Lauf 5.2

5.2.2 Sprint – allgemeine Technikübungen

Passive Fußgelenksarbeit

Bewegungsbeschreibung

- Ausgangsstellung: Ein Fuß steht auf der ganzen Sohle, der andere setzt mit leicht nach vorn gebeugtem Knie auf der Fußspitze auf.
- Aus leichtem Ballendruck die Fußpositionen wechseln.
- Die Bewegung kann in unterschiedlichen Frequenzen mit Vorwärtsbewegung (s. Bild) oder im Stand durchgeführt werden.

Beachte

- Wechselseitige Fuß- und Kniestreckung!
- Geringer Kniehub und Vortrieb durch kleine Schritte, die Füße bleiben nah am Boden!

Passives Anfersen

Bewegungsbeschreibung

- Der Oberschenkel wird nach hinten geführt, bis die Ferse nah am Gesäß ist, und dann nahe am Gesäß nach vorne gebracht.
- Die Bewegung kann im Stand und später aus der Bewegung heraus erfolgen.

Beachte

- Nur leichte Oberkörpervorlage mit aufrechter Haltung!
- Knie von weit hinten an die Hüfte führen, das Schlagen der Ferse an den Oberkörper vermeiden!
- Aktiver Fußaufsatz!

Rückwärtslaufen

Bewegungsbeschreibung

- Der Athlet läuft mit aufrechter Körperhaltung und aktivem Schwungeinsatz nach hinten rückwärts.
- Die Fußspitzen sind angezogen.
- Die Beine werden eng am Gesäß vorbei nach hinten geführt.

Beachte

- Raumgreifender Schritt!
- Gerader Kopf mit Blick entgegen der Laufrichtung!

Prellsprünge

Bewegungsbeschreibung

- Der Absprung erfolgt aus den Fußgelenken nach oben.
- Die Fußspitzen werden im Flug angezogen (s. Bild).
- Zur Landung aktiver Fußaufsatz mit kurzem Bodenkontakt.
- Die Rumpfmuskulatur ist angespannt, Hüfte und Knie bleiben gestreckt.

Beachte

- Körperstreckung und Blick nach vorn!
- Aktiver Fußaufsatz über die Fußballen!
- Nur geringe Sprungweiten ausführen, da sonst eine Ausweichbewegung der Hüfte erfolgen kann!
- Übung gehört auch zur allgemeinen Sprungschule (s. Seite 173).

Variation

- Die Sprünge können beidbeinig, aber auch wechselseitig erfolgen.

Spezielle Technikübungen

Sprint/Lauf 5.2

5.2.3 Sprint – spezielle Technikübungen

Aktive Fußgelenksarbeit

Bewegungsbeschreibung

- Ausgangsstellung: Ein Bein ist mit leicht gebeugtem Knie angezogen, dabei ist die Fußspitze aktiv nach oben gerichtet
- Dann wird der Fuß nach unten geführt und der Fußballen aktiv gegen den Boden geschlagen.
- Sobald der aktive Fuß den Boden berührt hat, erfolgt der Einsatz des anderen Beins in gleicher Weise.

Beachte

- Aktive Beuge-Streck-Bewegung im Fußgelenk!
- Aktiver Fußaufsatz!
- Leichte Beugung in den Knien, da sonst eine seitliche Ausweichbewegung erfolgt!
- Körperstreckung mit „hoher Hüfte"!

Skippings

Bewegungsbeschreibung

- Wechselseitiger Ballenlauf mit aktivem Kniehub und Fußaufsatz.
- Vollständige Fuß-, Knie- und Hüftstreckung.
- Aktiver, ebenfalls wechselseitiger Armeinsatz.

Beachte

- Aufrechter Rumpf!
- Körperstreckung und aktiver Fußaufsatz über den Ballen!

Variation

- Verschiedene Schrittfrequenzen und Höhen mit geringem Vortrieb wählen.

Kniehebelauf

Bewegungsbeschreibung

- Wechselseitiger Ballenlauf mit aktivem Fußaufsatz und Kniehub bis zur Waagerechten.
- Aktiver, ebenfalls wechselseitiger Armeinsatz.
- Fuß-, Knie- und Hüftstreckung bleiben während des Bodenkontaktes erhalten.

Beachte

- Aufrechter Rumpf!
- Körperstreckung und aktiver Fußaufsatz über den Ballen!
- Die Übung nur dann durchführen, wenn sie technisch einwandfrei beherrscht wird!
- Gegebenenfalls Vorübungen im Stand durchführen!

Variationen

- Verschiedene Schrittfrequenzen und Höhen mit geringem Vortrieb wählen.
- Übung mit seitlicher oder nach oben gerichteter Armhaltung durchführen.

Schlaglauf

Bewegungsbeschreibung

- Start aus der Schrittstellung: Wechselseitiger Lauf mit gestreckten Knien und aktivem Fußaufsatz einleiten.
- Das gestreckte Bein wird mit Hüftstreckung aktiv nach hinten geführt (s. Pfeil).
- Kurze Bodenkontakte realisieren.
- Aktiver, wechselseitiger Armeinsatz.

Beachte

- Aufrechter Rumpf!
- Körperstreckung und aktiver Fußaufsatz über den Ballen!
- Die Übung nur dann durchführen, wenn sie technisch einwandfrei beherrscht wird!

Hopserlauf

Bewegungsbeschreibung

- Aus der Schrittstellung einen einbeinigen Sprung mit Landung auf dem Sprungbein, danach einen „Schritt zum Beinwechsel" und Fortsetzung mit der Gegenseite.
- Körperstreckung und **aktiver** Fußaufsatz mit wechselseitigem Armeinsatz.

Beachte

- Kurze Bodenkontakte!
- Körperstreckung und aktiver Fußaufsatz über den Ballen!

Variation

- Ausführung in verschiedenen Höhen und Frequenzen: Je mehr die Sprungrichtung nach vorn geht, desto sprintspezifischer ist die Bewegung!

Aktives Anfersen

Bewegungsbeschreibung

- Einleitung der Bewegung wie beim Kniehebelauf, aber nach dem Abdruck wird das Bein weiter nach hinten bewegt und dann wieder schnell und aktiv (Ferse eng am Gesäß) nach vorne geführt.
- Aktiver, wechselseitiger Armeinsatz.

Beachte

- Körperstreckung!
- Wechsel von Anspannung und Entspannung!
- Vorübungen können im Stand erfolgen, um das pendelartige Schwingen zu erlernen!

Koordinationsläufe

Bewegungsbeschreibung

- Verschiedene Läufe mit Schwerpunkt auf gut koordiniertem, lockerem, aber auch schnellem Lauf.

Beispiele

- Steigerungslauf: Aus lockerem Trab heraus wird die Geschwindigkeit langsam bis zu einem hohen Tempo gesteigert und über einen bestimmten Zeitraum/eine bestimmte Strecke gehalten.
- Tempowechselläufe („Ins & Outs"): Innerhalb verschiedener Abschnitte/Intervalle wird abwechselnd schnell und langsam gesprintet.
- Windsprints: Abwechselnd gegen und mit dem Wind laufen, um verschiedene Geschwindigkeiten zu realisieren und Kraftverhältnisse zu nutzen.
- Flieger (s. Bild): Mit seitlich ausgestreckten Armen (90°-Winkel) aus dem lockeren Trab in den Steigerungslauf und bei erhöhtem Tempo in die „normale" wechselseitige Armarbeit übergehen. – Variation: Handflächen zeigen nach oben oder unten.

5.2.4 Starten und Tiefstart
Allgemeine Start- und Reaktionsschulung

Reaktions- und Startspiele, wie sie u.a. aus der Kinderleichtathletik (s. Katzenbogner, 2002) bekannt sind, sowie Starts aus unterschiedlichen Positionen gehen der direkten Tiefstartschulung als allgemeine Start- und Reaktionsschulung immer wieder voraus. Dabei werden auch verschiedene Startsignale (akustisch, optisch oder taktil) eingesetzt. Starts können allgemeiner Natur sein (z.B. aus der Bauch- oder Rückenlage, mit verschiedenen Blickrichtungen, Fallstart usw.) oder aber sich in ihrer Ausgangsposition langsam dem Tiefstart annähern.

Das Ausmessen der richtigen Starteinstellung kann mit den Füßen erfolgen!

Hoch- und Kauerstart aus der Schrittstellung

Bewegungsbeschreibung

- Start aus der Schrittstellung.
- Beschleunigung mit ausreichender Körpervorlage.

Beachte

- Hoch- und Kauerstart unterscheiden sich durch die unterschiedlich stark ausgeprägten Ausgangspositionen (Rumpfvorlage, Kniebeugung). Wählen Sie die passende Ausführung nach dem Entwicklungsstand (konditionelle Voraussetzung) Ihrer Athleten aus – je tiefer die Ausgangsposition, desto mehr Kraft wird benötigt!
- Diese Startformen werden auch im Wettkampf beim Mittel-/Langstreckenlauf und beim Staffelwechsel eingesetzt!

Dreipunktstart

Bewegungsbeschreibung

- Start aus der Schrittstellung, allerdings ist die Gegenhand des vorderen Beins ebenfalls auf dem Boden aufgesetzt.
- Beschleunigung mit ausreichender Körperstreckung und -vorlage.

Beachte

- Im Vergleich zum Hoch- und Kauerstart ist die Kraftanforderung erneut erhöht; gleichzeitig erfolgt eine weitere Annäherung an den Tiefstart!
- Durch ein leichtes Zurückblicken in der Startposition und ein optisches Startsignal können Sie auf den Ablauf beim Staffelwechsel vorbereiten!

Einzelstarts aus dem Startblock

Beachte

- Lassen Sie zunächst ohne, dann mit Startkommando üben.
- Als Vorübung sind leichte Sprünge über die Fußballen in der Fertig-Position möglich, um die richtige Druckposition zu erspüren!
- Durch Verlängern der Startstrecke wird mehr Augenmerk auf den Übergang vom Druck- zum Zuglauf gelegt!

Variation

- Starts auf der Geraden oder in und aus der Kurve durchführen.

Bewegungsbeschreibung

- Der Start erfolgt aus dem Startblock über die beiden Positionen „Auf die Plätze" und „Fertig".
- Beschleunigung mit ausreichender Körpervorlage und stetiger Schrittverlängerung.

Starts gegeneinander aus dem Startblock

Bewegungsbeschreibung

- Wie beim Einzelstart, jetzt allerdings mit mehreren Athleten gleichzeitig nebeneinander.

Beachte

- Unverzichtbar in der Vorbereitung auf Wettkämpfe!

Variation

- Einzelne Athleten starten mit leichter Vorgabe (Startposition vorverlegt).

5.2.5 Staffellaufen

Stabübergabe im Gehen und Traben

Bewegungsausführung

- Die Athleten gehen oder laufen in geringem Abstand und leicht versetzt hintereinander her.
- Von hinten beginnend wird der Stab nach vorn durchgewechselt.
- Danach wir der Stab zurückreicht. – Alternativ kann der erste Läufer den Stab fallenlassen, der letzte hebt ihn wieder auf.

Beachte

- Übergabe auf Kommando!
- Stabübergabe möglichst in Schulterhöhe!
- Beidseitig üben!

Organisationstipp

- Die Übung lässt sich gut in das Aufwärmen/Einlaufen integrieren.

Stabübergabe im Sitzen

Bewegungsbeschreibung

- Die Athleten sitzen versetzt hintereinander.
- Übergeben des Stabs von hinten nach vorn.

Beachte

- Schnelles, geradliniges Weiterreichen des Stabs!
- Stabübergabe schulterhoch!

Variationen

- Mit unterschiedlichen Geschwindigkeiten und eigenem Kommando wechseln.
- Mehrere Gruppen (durchaus auch mit mehr als vier Athleten) führen einen Wettbewerb gegeneinander durch: Start nach Zuruf des Trainers.

Stabübergabe in submaximalem Tempo

Bewegungsbeschreibung

- Stabübergabe bei zunächst submaximalem Tempo aus der Annäherung (Steigerung) des übergebenden Partners.
- Übergabe auf Zuruf.

Beachte

- Wechsel zunächst in freier Organisation, dann in einem vorgegebenem Raum (z.B. durch Hütchen markiert, s. Bild) durchführen!

Organisationstipps

- Paarweise üben!
- Reihenfolge/Positionen der Läufer wechseln!

Stabübergabe im Wechselraum

Bewegungsbeschreibung

- Regelgerechte Übergabe im Wechselraum in hohem bis maximalem Tempo.

Beachte

- Ausreichende Anlaufstrecke des Übergebenden!
- Maximale Beschleunigung des Annehmenden!
- Stabübergabe sowohl am Kurveneingang wie am -ausgang (verschiedene Positionen) üben!

5.2.6 Ausdauerndes Laufen

Das ausdauernde Laufen sollte sich nicht auf das „Rundendrehen" beschränken. Allgemeine Übungsformen unter Ausnutzung verschiedener Laufgelegenheiten schaffen Motivation, koordinative Anreize und ausreichende Belastungswechsel. Beispiele dafür sind:

- Ausgedehnte Ein- und Auslaufphasen mit niedrigem, der Zielgruppe angepasstem Tempo.
- Ruhige bis mittlere Läufe auf unterschiedlichem Boden bzw. Gelände wie Rasen, Wald, Bahn usw. (s. Bild unten).
- Zeitschätzläufe zum Erlernen des Tempo- und Zeitgefühls (die Übenden laufen drei Minuten in einem bestimmten Feld und verlassen das Feld, wenn sie meinen, die Vorgabezeit sei abgelaufen).
- Laufen kreuz und quer in begrenztem Raum.
- Laufen in der Gruppe (Figurenlauf, in der Kette usw.).
- Laufen mit Geräten (z. B. Bällen) oder über verschiedene Hindernisse.

- Dauerlauf mit Wechsel zwischen Laufen und Gehen (mit und ohne Zeitvorgaben).
- Einsatz kleiner Spiele (z.B. Biathlonstaffeln usw.).

Auf der Laufbahn wie auf bekannten Runden in Park und Wald lassen sich die Belastungen spezifisch planen und entwickeln:

- Erweiterung und Ausbau der Laufdauer (z. B. 15 Minuten Lauf, 5 Minuten Gehpause, 10 Minuten Lauf; im Verlauf der Trainingswochen ohne Pause bzw. über zunehmend längere Zeit/Strecken: danach Erhöhung der Geschwindigkeiten)
- Intervallläufe (z. B.. 3 x 15 Minuten, mit und ohne Gehpausen)
- Tempowechselläufe (z. B. 10 Minuten mittleres Tempo, 5 Minuten Traben oder ruhiger Lauf usw.)
- Fahrtspiele (verschiedene Geschwindigkeiten und Strecken, orientiert an bestimmten Markierungen oder Abschnitten)

Laufen auf dem Rasen, auch barfuß, als Abwechslung zum Laufen auf der Bahn

5.2.7 Hürdensprinten

Übergehen von Hürden

Aufbau

- 6 bis 8 Hürden hintereinander aufstellen.
- Abstand je nach Übung (s.u.), für Übung ohne Zwischenschritt ca. eine Hürdenfußlänge.

Bewegungsbeschreibung

- Hürden frontal übergehen.
- Schwungbein wird geradlinig geführt.
- Nachziehbein seitlich abspreizen und abschließend geradlinig vorbringen.
- Aktiver Fußaufsatz auf den Ballen.
- Varianten: ohne Zwischenschritt (Seitenwechsel), mit Zwischenschritt, mit Zwischenhüpfer ohne Seitenwechsel.

Beachte

- Geradlinige Gesamtbewegung ohne seitliches Ausweichen!
- Körperspannung halten, Fußaufsatz nur auf dem Ballen!

Lauf über niedrige Hindernisse

Aufbau

- Niedrige Hindernisse (Kartons, Schaumstoffblöcke, niedrige Hürden) hintereinander aufstellen.

Bewegungsbeschreibung

- Die Athleten übersprinten niedrige Hindernisse in gleichmäßigen Schrittrhythmen.
- Beidseitiges Üben.
- Unterschiedliche Rhythmen ausprobieren.

Beachte

- Rhythmischer Lauf zwischen den Hindernissen!
- Flaches Überwinden der Hindernisse mit schnellem Bodenfassen!

Organisationstipp

- Bauen Sie gegebenenfalls mehrere Bahnen mit unterschiedlichen Abständen – Rhythmus ist wichtiger als Wettkampfabstand – auf.

Komplettes Überlaufen von Hürden

Bewegungsbeschreibung

- Flaches Übersprinten der Hürden mit geradlinigem Schwungbeineinsatz.
- Nachziehbein beim Überqueren abspreizen, dann frontal nach vorn bringen.
- Aktives Landen auf dem Fußballen und weitersprinten.
- Rhythmischer Zwischenhürdenlauf.
- Nach der letzten Hürde stets noch ein kurzer Antritt (Ziellinie markieren).

Beachte

- Unterschiedliche Rhythmen berücksichtigen!
- Der Rhythmus steht im Vordergrund – nicht den Wettkampfabstand auf Kosten des flüssigen Ablaufs „erzwingen"!
- Günstige Raumaufteilung für einen flachen Hürdenschritt (s. Hütchenmarkierung; Bild): zwei Drittel vor, ein Drittel hinter der Hürde.

Teilübungen über die Hürden

Aufbau

- Nur eine Hürdenbahn aufbauen oder nur jede 2. Bahn mit Hürden besetzen.

Bewegungsbeschreibung

- Ablauf wie zuvor; jetzt aber seitlich versetzt über die Hürden laufen, so dass je nach Übung nur das Schwungbein (im Bild Läufer links) oder nur das Nachziehbein (im Bild Läufer rechts) über die Hürde geführt werden.

Beachte

- Bewegungsausführung wie zuvor!
- Das Schwungbein muss immer hinter der Hürde landen, auch wenn es bei der Nachziehbeinübung an der Hürde vorbeigeführt werden kann! Markieren Sie eventuell die Landestelle.

„Päckchen"-Lauf über niedrige Hürden

Bewegungsbeschreibung

• Mehrere Athleten fassen sich bei den Händen und übersprinten gemeinsam Hindernisse/Hürden.

Beachte

• Durch die Handfassung werden gemeinsames flaches Überlaufen, eine ruhige Oberkörperhaltung und eine Konzentration auf die Beinarbeit erzwungen.

• Da die unterstützende Armarbeit fehlt, müssen Sie eventuell die Abstände leicht verringern.

Variation

• Nach gemeinsamen Überlaufen mehrerer Hürden Hände lösen und parallel allein weiterlaufen

Hürdensprint aus dem Startblock

Bewegungsbeschreibung

• Tiefstart zum Anlauf an die erste Hürde und zum Weiterlauf über weitere Hürden.

• Aufrichten nach dem Start etwas frühzeitiger als beim Flachsprint, um die erste Hürde besser angehen zu können.

Beachte

• Verändern Sie eventuell den Abstand des Startblocks zur Startlinie, um ein rhythmisches Heranlaufen an die erste Hürde zu ermöglichen – im Normalfall sind es acht Schritte bis zur Hürde!

• Eventuell zunächst den Start und Beschleunigungsabschnitt bis über die erste Hürde (mit Weitersprinten) schulen, erst danach mit weiteren Hürden!

• Zunächst einzeln üben, dann mit mehreren Athleten gleichzeitig (mit Startkommando)!

Allgemeine Sprungschule | Sprung 5.3

Sprungläufe können auch barfuß auf dem Rasen durchgeführt werden.

5.3 Sprung

5.3.1 Allgemeine Sprungschule

Vielseitige Hüpf- und Sprungformen z.B. aus der Kinderleichtathletik (s. Katzenbogner 2002) und aus der Freizeit sind die allgemeine Basis für Sprungübungen. Sprunggärten und Seilspringen gehören ebenso dazu. Die folgenden Übungen schaffen den Übergang zu leichtathletischen Trainings- und Wettkampfübungen!

Schlusssprünge

Bewegungsbeschreibung
- Beidbeinige Sprünge nach oben oder vorn-oben.
- In der Landephase die Knie maximal bis zum rechten Winkel beugen.
- Beim Absprung den Körper (Fuß-, Knie- und Hüftgelenk) vollständig strecken.
- Flacher Fußaufsatz zur Landung.

Beachte
- Aktive Landung ohne Durchschlagen der Fersen!
- Aufrechter Rumpf (Gleichgewicht; Achtung: Im Bild links ist eine leichte Oberkörpervorlage zu erkennen)!

Wechselsprünge

Bewegungsbeschreibung

- Aus der Schrittstellung beidbeiniger Absprung nach vorn-oben oder nach oben.
- Im Flug Beinwechsel.
- Aktive Landung in gegengleicher Schrittstellung zum nächsten Sprung.

Beachte

- Stets kontrolliert landen – bei Ermüdung Übung abbrechen!

Hopserlauf

Bewegungsbeschreibung

- Aus der Schrittstellung einen einbeinigen Sprung mit Landung auf dem Sprungbein, danach einen „Schritt zum Beinwechsel" und Fortsetzung mit der Gegenseite.
- Körperstreckung und **aktiver** Fußaufsatz mit wechselseitigem Armeinsatz.

Beachte

- Kurze Bodenkontakte!
- Körperstreckung und aktiver Fußaufsatz – im Gegensatz zur Laufschule – auf dem ganzen Fuß!

Einbeinige Mehrfachsprünge

Bewegungsbeschreibung

- Beginnend aus der Schrittstellung einbeinige Sprünge nach vorn.

Beachte

- Aktive Landung über den flachen Fuß zum schnellen Absprung über Ballendruck und vollständiger Körperstreckung!
- Abbruch der Übung bei fehlerhafter Ausführung („Durchschlagen") aufgrund Überforderung oder Überlastung – auch durch Ermüdung!

Sprunglauf

Bewegungsbeschreibung

- Einbeinige, wechselseitige Absprünge nach vorn-oben aneinanderreihen.
- Aktiver Fußaufsatz flach über die Sohle mit schnellem Abklappen und Übergang zum Ballenabdruck.
- Gegengleiche geradlinige Armarbeit.

Beachte

- Das Absprungbein zeigt lange gestreckt zur Absprungstelle zurück.
- Das Schwungbein verharrt kurz mit waagerechtem Oberschenkel, Unterschenkel schwingt locker aus (nicht „unterklemmen").

Steigesprünge

Bewegungsbeschreibung

- Aus kurzem Anlauf einbeiniger Absprung nach vorn-oben.
- Flug mit langem Halten der Absprunggestalt und Landung auf dem Schwungbein.
- Einige Zwischenschritte (nicht mehr als drei) zum erneuten Steigesprung.

Beachte

- Bewegungskriterien vergleichbar mit dem Sprunglauf!
- Tempo und Schwierigkeit steigen mit der Anzahl der Zwischenschritte, deshalb reduziert halten!

Variationen

- Verschiedene Rhythmen mit gleichem oder wechselndem Sprungbein.
- Auch über Hindernisse wie kleine Hürden (s. Bild) springen (Fortgeschrittene).
- Je nach Vorgabe mit eher vertikaler oder eher horizontaler Sprungrichtung.

Treppensprünge

Bewegungsbeschreibung

- Verschiedene Sprungformen eine Treppe hoch springen, z.B. beidbeinige oder einbeinige Sprünge (s. Bild).

Beachte

- Auf eine saubere Bewegungsausführung achten: Auch wenn treppauf gesprungen wird, muss ein aktiver Fußaufsatz gezeigt werden!
- Durch das Aufspringen wird die Absprungstreckung besonders gefordert.
- Gleichzeitig entfällt ein Teil der Landekräfte, da die Falltiefe verringert ist.

Variation

- Sprünge in verschiedenen Rhythmen (nur eine Stufe, nur zwei Stufen; eine Stufe – zwei Stufen – eine Stufe usw).

Beidbeinige Hürdensprünge

Bewegungsbeschreibung

- Absprung ähnlich den Schlusssprüngen.
- Der Sprung erfolgt über niedrige Hürden, die Beine werden dabei im Flug leicht angehockt (dennoch auf Absprungstreckung achten).
- Aktive Landung.

Beachte

- Diese Sprünge stellen schon einige Anforderungen an die Sprung- und Rumpfkraft. Sie sollten Sie deshalb nur nach entsprechender Vorbereitung gegen Ende des Grundlagentrainings durchführen.
- Die aktive Landung ohne Durchschlagen der Fersen ist unverzichtbar. Wenn dies nicht (mehr) gelingt, muss die - Übung abgebrochen werden.

Variation

- Sprünge mit und ohne Zwischenhüpfer.

5.3.2 Weitsprung

Steigesprünge in die Grube

Bewegungsbeschreibung

- Aus kurzem Anlauf einbeiniger Absprung nach vorn-oben in die Sandgrube.
- Aktiver Fußaufsatz flach über die Sohle mit schnellem Abklappen und Streckung zum Absprung.
- Gegengleiche geradlinige Armarbeit.
- Flug mit langem Halten der Absprunggestalt (Sprung-bein zeigt lange zurück zum Absprungort, Schwung-beinoberschenkel waagerecht fixiert, Unterschenkel nicht untergeklemmt).
- Landung auf dem Schwungbein und weiterlaufen.

Beachte

- Je höher die Anlaufgeschwindigkeit, desto an-spruchsvoller, aber auch weitsprungspezifischer, wird die Übung.
- Die Geschwindigkeit steuern Sie über die Anzahl der Anlaufschritte.

Organisationstipp

- Nutzen Sie Anlauf und Absprung von der Querseite der Sprunggrube (meistens von der Rasenfläche; s. Bild unten) für paralleles Üben!

Steigesprünge mit Telemark-Landung

Bewegungsbeschreibung

- Anlauf und Absprung wie zuvor.
- Die Absprungfigur bleibt bis zur Telemark-Landung (= Sprungbein gestreckt hinten, Schwungbein gebeugt vorn) erhalten.

Beachte

- Zunächst mit niedriger Anlaufgeschwindig-keit üben!
- Rumpfspannung bis zur Landung halten!

Rhythmische Steigesprünge

Aufbau

- Mehrere kleine Hindernisse in gleichmäßigen Abständen auf der Anlaufbahn aufbauen.
- Ein höheres Hindernis in die Weitsprunggrube stellen.

Bewegungsbeschreibung

- Steigesprünge über die Hindernisse mit z.B. drei Zwischenschritten.
- Der letzte Steigesprung erfolgt über das höhere Hindernis mit und ohne Telemark-Landung in die Grube.

Beachte

- Höhenorientierer geben die Sprungrichtung vor und können auch in anderen Übungsformen eingesetzt werden!
- Zu hohe Hindernisse verführen allerdings zu verfrühtem Auflösen der Absprunggestalt!

Organisationstipp

- Bieten Sie verschiedene Bahnen für unterschiedliche Schrittlängen an.

Schrittweitsprung aus verkürztem Anlauf

▶ 1   ▶ 2   ▶ 3

Bewegungsbeschreibung

- Anlauf und Absprung wie bei den Steigesprüngen.
- Die Absprunggestalt wird möglichst lange gehalten.
- Zur Landung wird das Sprungbein bis in die Klappmesserposition vorgebracht.

Beachte

- Das Absprungbein muss weiterhin lange zur Absprungstelle zurückweisen!
- Anlauf- und Absprungrhythmus sind wichtiger als das Treffen einer Absprungmarke/Balken!
- Anlauflänge: ca. sieben Anlaufschritte!

Hochsprung   Sprung   5.3

Schrittweitsprung aus längeren Anläufen

Bewegungsausführung

- Ausführung wie zuvor, jetzt allerdings mit zunehmend längeren Anläufen.

Beachte

- Anlauflänge jeweils um zwei Schritte verlängern!
- Anlauf darf nur so lang sein, dass das Umsetzen in den Absprung noch gelingt!
- Zuerst aus jeder Anlauflänge den richtigen Anlauf-Absprung-Rhythmus erlernen (ohne Zwang, den Balken zu treffen)! Erst danach durch Verlagern des Ablaufpunkts zum Balkentreffen weiterentwickeln.

Organisationstipp

- Jeder Athlet hat seinen eigenen Anlauf und ist für das Ausmessen seiner Anlauflängen selbst verantwortlich (s. Bild).

5.3.3 Hochsprung

Kurven- und Slalomläufe

Bewegungsbeschreibung

- Kurven- und Slalomläufe in freier Organisationsform oder z.B. durch Hütchenbahnen (s. Bild).
- Dabei ist auf eine gute Kurveninnenneigung zu achten.

Beachte

- Beidseitig üben!

Variationen

- Variable Geschwindigkeiten!
- Auch als Steigerungslauf durchführen!

Steigesprünge aus geradem und Kurvenanlauf

◀3   ◀2   ◀1

Bewegungsbeschreibung

- Steigesprünge aus geradlinigem oder Kurvenanlauf mit Landung auf der Hochsprungmatte.
- Absprung mit dem mattenfernen Bein.
- Bei Kurvenanlauf: Körperneigung nach innen, die erst zum Absprung aufgelöst wird. Der Sprungfuß zeigt beim Absprung in Sprungrichtung.

Beachte

- Mit Spannung im ganzen Körper landen (sonst Gefahr des Umknickens)!

Organisationstipp

- Hütchenbahnen markieren den Kurvenanlauf.

Schersprung aus dem Kurvenanlauf

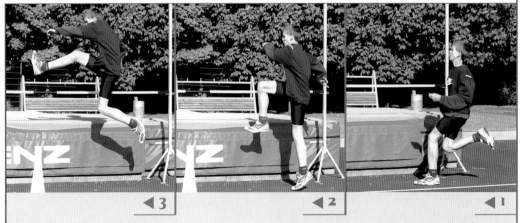

◀3   ◀2   ◀1

Bewegungsbeschreibung

- Anlauf und Absprung wie beim Steigesprung aus dem Kurvenanlauf.
- Lattenquerung mit Scherenschlag der Beine.

Beachte

- Absprungstreckung nicht zu früh auflösen!

- Zunächst nur den bogenförmigen Anlaufteil üben, danach mit vorgeschaltetem geradlinigen Teil!

Organisationstipps

- Hütchenbahnen markieren den Kurvenanlauf.
- Hütchen vor der Mitte der Matte verhindern ein zu weites Anlaufen (s. Bild).
- Statt der Latte ist auch ein Elastikband o.ä. möglich.

Flopsprung

Bewegungsbeschreibung

- Anlauf und Absprung wie zuvor.
- Durch diagonalen Schwungbeineinsatz und Aufrichten aus der Kurvenneigung im Steigflug mit dem Rücken zur Latte drehen.
- Danach rückwärtige Überquerung der Latte mit zunächst angehobener Hüfte („Brücke") und anschließendem Anheben der Beine zur Landung auf dem Rücken.

Beachte

- Absprungstreckung nicht zu früh auflösen!
- Zunächst nur den bogenförmigen Anlaufteil üben, danach auch mit vorgeschaltetem geradlinigen Teil!

Organisationstipp

- Hütchenbahnen markieren den Kurvenanlauf!

Die Streckung von der Fußspitze bis zur oberen Griffhand ist beim Absprung entscheidend.

5.3.4 Stabhochsprung

An dieser Stelle sind nur Übungen mit dem Stab aufgeführt. Vorbereitend und begleitend dazu sind unbedingt Turnübungen anzuwenden. Diese dienen im Anfängerbereich zunächst dazu, eine erste Orientierung für das Verhalten im Hang und Sturzhang zu vermitteln. Diese Orientierung muss von Anfang an mit einer effektiven Kräftigung verbunden werden, ohne die ein Erlernen dieser Übungen nicht möglich wäre! Allgemeine und den Stabhochsprung vorbereitende Übungen sind in Kapitel 5.6 (s. Seite 211) im Zusammenhang mit dem Turnen aufgeführt.

Laufkoordination mit dem Stab

Bewegungsbeschreibung

- Mit weitgehend aufrecht gehaltenem Stab werden verschiedene aus dem Sprint und der allgemeinen Geh- und Laufschule bekannte Übungen durchgeführt, z.B.:
  - Kniehebegehen
  - Skippings und Kniehebeläufe
  - Schlagläufe
  - Steigerungsläufe

Beachte

- Ruhige und korrekte Stabhaltung!
- Laufbewegung wie aus dem Sprint bekannt, d.h., es gelten auch die gleichen Beobachtungskriterien!

Einstich-Imitationen aus dem Gehen und Laufen

▶ 1　　　▶ 2　　　▶ 3

Bewegungsbeschreibung

- Aus dem Gehen, Übungen des Sprint-ABC bzw. Laufen wird die Stabspitze abgesenkt.
- Über zwei Schritte wird der obere Arm nach oben, der untere vor den Kopf gestreckt.
- Absprungimitation bis zur Absprungfigur mit Sprungbeinstreckung und Schwungbeineinsatz.

Beachte

- Geradlinige Bewegung des Stabes nach vorn-oben!
- Sprungbeinfuß beim Absprung senkrecht unter der oberen Griffhand!
- Zunächst aus ruhiger Geschwindigkeit: Tempo vom Gehen über das Sprint-ABC zum leichten Laufen steigern!

Stabweitsprung (starrer Stab)

▶ 1　　　▶ 2　　　▶ 3　　　▶ 4

Bewegungsbeschreibung

- Kurzer Anlauf von der Weitsprung-Anlaufbahn mit abschließendem Einstich am Beginn der Sprunggrube.
- Absprung mit gestrecktem oberen Arm.
- Auf der Gegenseite des Sprungbeins am Stab vorbeischwingen.

- Zum Landen Beine nach vorn bringen (ohne Körperdrehung), dabei den Stab bis zur Landung festhalten.

Beachte

- Anlauflänge und Griffhöhe den Fähigkeiten anpassen (nicht zu langer Anlauf)!
- Immer auf geradlinigen Einstich vor dem Körper und geradliniges Vorschwingen ohne Drehung achten!

Springen vom Kastensteg

▶ I ▶ 2 ▶ 3

Aufbau

- Kastensteg aus ca. drei großen Kästen vor dem Einstichkasten einer Stabhochsprungmatte.
- Die Höhe kann je nach Könnensstand und -fortschritt stufenweise abgebaut werden.

Bewegungsbeschreibung

- Wie zuvor beim Stabweitsprung.
- Landung kann auch im Sitz erfolgen.

Beachte

- Vom Kastensteg können auch weitere Übungen durchgeführt werden (s.u.).

Springen mit Aufrollen (starrer Stab)

▶ I ▶ 2 ▶ 3

Aufbau

- An der Stabhochsprunganlage – vorbereitend können diese Sprünge zunächst noch vom Kastensteg durchgeführt werden

Bewegungsbeschreibung

- Anlauf und Absprung wie aus den Übungen zuvor bekannt.

- Nach dem Absprung mit dem Aufrichten des Stabes Aufrollen nach oben: Füße und vor allem die Hüfte an den Stab.
- Landung nach dem Überkippen des Stabes in Rückenlage.

Beachte

- Aktiver Einstich-/Absprungkomplex!

Springen mit Aufrollen und Drehung (starrer Stab)

▶ 1   ▶ 2   ▶ 3

Aufbau

- An der Stabhochsprunganlage – vorbereitend können diese Sprünge zunächst noch vom Kastensteg durchgeführt werden

Bewegungsbeschreibung

- Anlauf, Absprung und Aufrollen wie zuvor.

- Nach dem Überkippen des Stabes Drehung des Körpers um die Längsachse und Landung in Bauchlage.

Beachte

- Geradliniger Einstich, Absprung und Aufrollen dürfen nicht vernachlässigt werden – die Drehung wird erst danach eingeleitet.

Absprung- und Biegeübung mit Trainerhilfe

▶ 1   ▶ 2   ▶ 3

Bewegungsbeschreibung

- Aus leichtem Anlauf Einstich und Absprung wie zuvor.
- Absprungposition halten, oberer Arm gestreckt, unterer Arm drückt gegen den Stab.
- Der Trainer unterstützt durch Druck gegen die Schultern die Stabbiegung und fixiert den Springer in der Absprungposition.

Beachte

- Der Athlet muss zwingend auch mit dem unteren Arm hinter dem Stab bleiben!
- Bei der Stabwahl auf einen ausreichend weichen Stab achten!

Sprünge mit dem flexiblen Stab

▶ 1

▶ 2

▶ 3

▶ 4

Bewegungsbeschreibung

- Die zuvor genannten Übungen können jetzt mit einem flexiblen Stab und entsprechender Stabbiegung durchgeführt werden.
- Aus dem Sprung mit Drehung und Bauchlandung lässt sich nach und nach ein Sprung mit vermehrter Aus-

richtung nach oben, auch über die Leine oder Latte, entwickeln.

Beachte

- Passende Stabhärte wählen!
- Der Trainer kann den Absprung durch Druck gegen die Schultern unterstützen (s. Bildreihe)!

5.4 Wurf/Stoß

5.4.1 Allgemeine Wurf- und Stoßschule

Gegenstand der allgemeinen Wurf- und Stoßschule sind vielfältige Bewegungserfahrungen, wie eine Impulsübertragung vom Körper des Athleten auf das Wurfgerät erfolgen kann. Dazu dienen ver-

schiedene Ausgangspositionen, Vorbeschleunigungen, Wurfgeräte usw.

Meist ist davon auszugehen, dass aus dem Alltag heraus nur geringfügige Bewegungserfahrungen vorhanden sind. Um so wichtiger ist es, mit Übungen aus der Wurf- und Stoßschule im Training eine Basis aufzubauen. Die folgenden Übungen stellen dazu nur eine kleine Auswahl dar.

Schockwurf vorwärts

Bewegungsbeschreibung

- Wurfgerät in beiden Händen vor dem Körper halten.
- Die Arme sind gestreckt.
- Aus dem schulterbreiten Stand mit aufrechtem Rumpf die Knie beugen (max. 90°) und aus der explosiven Bein-, Rumpf- und Armstreckung heraus das Gerät vorwärts-aufwärts werfen.

Beachte

- Rumpf aufrecht und Arme gestreckt lassen!
- Die Bewegung wird immer aus den Beinen eingeleitet!

Organisationstipps

- Mit Medizinball oder Kugel durchführbar.
- Mit Medizinbällen auch gut als Partnerübung in Gassenaufstellung möglich.

Schockwurf rückwärts

Bewegungsbeschreibung

- Wurfgerät in beiden Händen vor dem Körper halten.
- Die Arme sind gestreckt.
- Aus dem schulterbreiten Stand mit aufrechtem Rumpf die Knie beugen (max. 90°), leicht rückwärts ankippen (Anweisung: „Hinsetzen!") und aus der explosiven Streckung heraus das Gerät rückwärts-aufwärts über den Kopf werfen.

Beachte

- Rumpf aufrecht und Arme gestreckt lassen!
- Die Bewegung wird immer aus den Beinen eingeleitet!

Organisationstipps

- Mit Medizinball oder Kugel durchführbar.
- Mit Medizinbällen auch gut als Partnerübung in Gassenaufstellung möglich.

Schockwurf seitwärts-rückwärts

Bewegungsbeschreibung

- Wurfgerät in beiden Händen vor dem Körper halten.
- Die Arme sind gestreckt.
- Aus dem schulterbreiten Stand mit aufrechtem Rumpf die Knie beugen (max. 90°), dabei schwingen beide Arme auf einer Körperseite mit leichter Drehung seitwärts-rückwärts.
- Aus der Dreh-/Streckbewegung heraus das Gerät seitwärts-rückwärts an der anderen Seite vorbeiwerfen.

Beachte

- Rumpf aufrecht und Arme gestreckt lassen!
- Die Bewegung wird immer aus den Beinen eingeleitet!

Schockwurf seitwärts-vorwärts im Sitz

Bewegungsbeschreibung

- Im Langsitz einen Medizinball in beiden Händen vor dem Körper halten.
- Die Arme sind gestreckt.
- Beide Arme schwingen auf einer Körperseite mit leichter Drehung seitwärts-rückwärts.
- Aus der Gegenbewegung heraus das Gerät seitwärts-vorwärts werfen.

Beachte

- Arme gestreckt lassen!
- Bewegung wird aus dem Rumpf eingeleitet!

Wurf/Stoß im Langsitz

Bewegungsbeschreibung

- Im Langsitz einen Medizinball in beiden Händen vor dem Körper halten.
- Den Ball mit beiden Händen nach vorn-oben stoßen bzw. nach Ausholbewegung (Ball hinter den Kopf) mit Schlagwurf nach vorn-oben werfen (s. Bild).

Beachte

- Beim Schlagwurf nicht zu schwere Geräte!

Organisationstipp

- Als Partnerübung in Gassenaufstellung.

Wurf/Stoß im Kniestand

Bewegungsbeschreibung

- Im Kniestand (parallel oder wie im Bild mit einem vorgestellten Bein) einen Medizinball in beiden Händen vor dem Körper halten.
- Den Ball mit beiden Händen nach vorn-oben stoßen bzw. nach Ausholbewegung (Ball hinter den Kopf) mit Schlagwurf nach vorn-oben werfen (s. Bild).

Beachte

- Beim Schlagwurf nicht zu schwere Geräte!

Organisationstipp

- Als Partnerübung in Gassenaufstellung.

Einhändige Schlagwürfe als Zielwürfe

Bewegungsbeschreibung

- Mit einhändigem Schlagwurf auf ein Ziel werfen.

Beachte

- Durch das Ziel entsteht eine kontrollierte, geradlinige Bewegung im Abwurf!

Variationen

- Unterschiedliche Ausgangspositionen (paralleler Stand, Schrittstellung usw.), Entfernungen und Wurfgeräte (Speer, Wurfbälle, -ringe, -stäbe, -rakete usw.) verwenden.

Einhändige seitliche Würfe

Bewegungsbeschreibung

- Aus unterschiedlichen Ausgangsstellungen (frontal bis Wurfauslage, s. Bild) einen seitlichen Schleuderwurf ausführen.

Beachte

- Der Wurf wird aus den Beinen und dem Rumpf eingeleitet; der Wurfarm wird dabei „geschleppt"!

Organisationstipps

- Mit verschiedenen geeigneten Wurfgeräten werfen: Reifen (s. Bild), Hütchen, Schleuderball – auch kurzgefasst.
- Werfen auf Ziele (z.B. durch ein Tor aus Fahnenstangen).
- Ausreichend großen seitlichen Abstand halten!

5.4.2 Kugelstoßen

Gerätegewöhnung

Bewegungsbeschreibung

- Führen Sie verschiedenen Übungen zur Gewöhnung an Kugel und Kugelhaltung durch, z.B.:
  - Kugel umkreist den Körper im Stand um den Rumpf.
  - Kugel kreist durch die Beine (Achterkreise) mit und ohne Gewichtsverlagerung von einem Bein zum anderen.
  - Kugel wird vor und über dem Kopf leicht von einer Hand in die andere und wieder zurück gestoßen (s. Bild).
  - Kugel wird leicht mit einer Hand nach oben ausgestoßen und mit einer oder beiden Händen wieder gefangen. Diese Bewegung kann auch mit einer Beinstreckung eingeleitet werden.

Frontaler Stoß

Bewegungsbeschreibung

- Kugel liegt auf den Fingerwurzeln, Ellbogen weitgehend unter der Kugel.
- In der parallelen Fußstellung die Knie anbeugen und…
- …über eine einleitende Beinstreckung die Kugel nach vorn-oben stoßen.

Beachte

- Der Ausstoß erfolgt mit Bodenkontakt im Gleichgewicht (keine Rotation)!
- Wählen Sie das Kugelgewicht passend zu den konditionellen Fähigkeiten der Aktiven. Zu leichte Kugeln verführen allerdings zum Werfen statt Stoßen!

Variationen

- Fortführung von der Parallel- zur Schrittstellung mit und ohne Auftaktschritt.
- Stoß mit dem Medizinball: Die Gegenhand als lange begleitende Stützhand fördert den Block!

Standstoß

Bewegungsbeschreibung

- Standstoß aus der rückwärtigen Stoßauslage.
- Die Beinarbeit leitet die Bewegung ein.
- Ausstoß mit Stütz des Stemmbeins.

Beachte

- Je tiefer die Kugellage in der Ausgangsstellung (Rumpfbeuge), desto größer sind die Kraftanforderungen. Hier gibt es also nur ein individuelles Optimum, das jedem Athleten angepasst werden muss!

Variationen

- Stoß aus seitlicher Position (Körpergewicht über dem Druckbein) als vorgeschaltete Übung.
- Stoß auch mit Abfangen/Beinwechsel nach dem Ausstoß mit Stütz.

Stoß aus dem rückwärtigen Angehen

Bewegungsbeschreibung

- Start in paralleler Fußstellung.
- Vorbeugen und drei Rückwärtsschritte mit gebeugten Beinen; beginnend mit dem Stemmbein, bis zur rückwärtigen Stoßauslage.
- Danach weiter wie beim Standstoß.

Beachte

- Mit kleinen Schritten beginnen!
- Der Athlet sollte in der Stoßauslage noch „geschlossen" sein (Blick und Gegenarm noch der Stoßrichtung entgegen) – im Bild nicht ausreichend!
- Auch hier ist der Grad des Vorbeugens abhängig von der Kraft!

Angleitstoß

▶ 1   ▶ 2   ▶ 3

Bewegungsbeschreibung

- Start in rückwärtiger leichter Schrittstellung, Druckbeinfuß am Kreisrand: Vorbeugen des Rumpfs, Beugen des Standbeins und Heranziehen des Schwungbeins (im Bild nicht zu sehen: Start ist schon erfolgt).
- Durch Strecken beider Beine flaches Angleiten in Richtung Balken.

- Schnelles Setzen von Druck- und Stemmbeinfuß zur Stoßauslage und dynamischer Übergang in die Endphase wie beim Standstoß.

Beachte

- Flaches Angleiten wird durch Abdruck des Druckbeins über die Ferse erleichtert (s. Bild 2)!
- Beachten Sie erneut die Kraftabhängigkeit!

Vorbereitung Drehstoßtechnik (einfache Drehung)

▶ 1   ▶ 2   ▶ 3   ▶ 4

Bewegungsbeschreibung

- Ausgangsstellung: Schrittstellung, linker Fuß im Kreis (für Rechtshänder), Blick in Stoßrichtung.
- Körpergewicht auf das vordere Bein verlagern und mit zwei flachen Drehschritten über die Fußballen in den Kreis und die Stoßauslage „hineinlaufen".
- Ausstoß wie beim Standstoß (dynamischer Übergang).

Beachte

- Die Beine laufen dem Körper voraus!
- Diese Übung ist eine Vorübung, die wegen der Ausgangsposition nicht wettkampftauglich ist!
- Weiterführung ist möglich über das Vorschalten eines weiteren Drehwegs in 90°-Schritten – vergleichen Sie dazu die Übungen zum Diskuswerfen!

5.4.3 Diskuswerfen

Diskusrollen

Bewegungsausführung

- In Schrittstellung, linker Fuß vorn, wird der Diskus mit langem Arm über den Zeigefinger abgerollt, gleichzeitig auf dem Boden aufgesetzt und möglichst weit und vor allem geradlinig gerollt.

Beachte

- Abrollen immer über den Zeigefinger!
- Fläche zum Rollen von Personen freihalten (Sicherheit)!
- Beobachtungspunkt ist das geradlinige Rollen (s. Organisationstipp)!

Organisationstipp

- Führen Sie die Übung auf einer Linie aus, so erhalten der Athlet und Sie direkt eine Rückmeldung (s. Bild).

Standwurf

▶ 1   ▶ 2

Bewegungsbeschreibung

- Standwurf aus der rückwärtigen Stoßauslage: Rücken in Wurfrichtung, Wurfarm schulterhoch weit zurückschwingen.
- Die Beinarbeit leitet die Bewegung ein.
- Abwurf mit Stütz des Stemmbeins.

Beachte

- Der Wurfarm wird bis zur Frontalstellung hinter dem Körper her geschleppt!
- Saubere „Lage" des Diskus (Anstellwinkel)!
- Vereinfachend kann zunächst mit z. B. Bällen oder Reifen geworfen werden – die Diskushandhabung entfällt dann!

Trockenübungen für die Drehung (Drills)

▶ 1   ▶ 2   ▶ 3

Bewegungsbeschreibung

- Ausgangsstellung gut schulterbreit.
- Halbe Drehung flach nach vorn, eingeleitet über Fußballen. Nach der halben Drehung Stopp und Gleichgewichtskontrolle; dann weitere halbe Drehung usw.

Beachte

- Nur Ballenkontakt, auch beim Landen!

- Einleitung immer über Füße/Beine, Rumpf und Arm laufen nach!

Organisationstipp

- Linien geben eine Orientierungshilfe (s. Bild).

Variation

- Fortgesetzte Drehungen ohne Pause; auch mit Halten eines Geräts zum besseren Spüren des Wurfarms.

Wurf aus der 4/4-Drehung

Bewegungsbeschreibung

- Ausgangsstellung: Schrittstellung in Wurfrichtung, linkes Bein (für Rechtshänder) vorn (s. Bild).
- Gewicht auf das vordere Bein verlagern („Sprinterposition") und mit zwei halben Drehschritten nach vorn in die Wurfauslage laufen.
- Sofortiges dynamisches Weiterarbeiten zum Abwurf, vergleichbar dem Standwurf.

Beachte

- Einleitung der Bewegung durch Beinarbeit und Ballendrehung. Der Arm wird wieder hinterher geschleppt!
- Körpergewicht immer über dem Drehbein!
- Ausgangsstellung mit linkem Fuß im Kreis am Kreisrand und rechtem Fuß außerhalb erleichtert die flache Drehung nach vorn mit Raumgewinn, ist aber nicht wettkampftauglich!

Imitationsübung „Einwickeln"

► 1 ► 2 ► 3

Bewegungsbeschreibung

- Sprinterposition des Werfers (s. 4/4-Drehung) ohne Gerät, Partner steht leicht versetzt vor dem linken Fuß und hält die linke Hand des Werfers.
- Werfer dreht nur bis zur Wurfauslage.
- Endposition: rechter Fuß nah bei den Füßen des Partners, Wurfarm hinter dem Partner (s. Bild)

Beachte

- Rechter Fuß auf dem Ballen!

Variation

- Erweiterung der Ausgangsstellung um weitere 90°: dann zuerst auf beiden Ballen in die Sprinterposition drehen, dann weiter wie zuvor.

Wurf aus 1 1/2 Drehungen

► 1 ► 2 ► 3

Bewegungsbeschreibung

- Ausgangsstellung am hinteren Kreisrand schulterbreit mit Rücken zur Wurfrichtung.
- Rückschwingen des Wurfarms mit Drehen nach rechts, Gewichtsverlagerung auf das rechte Bein.
- Rückverlagern des Gewichts auf das linke Drehbein, dabei auf beiden Ballen vordrehen.

- Spätes Lösen des rechten Beins und über die Sprinterposition (ohne Aufsetzen des rechten Beins) in die Drehung und weiter in die Wurfauslage drehen.
- Von dort aus aktives Weiterarbeiten zum Abwurf.

Beachte

- Das Gleichgewicht in der Sprinterposition ist eine Schlüsselstelle!

Der Wurfarm ist nach der Speerrücknahme gestreckt.

5.4.4 Speerwerfen

Unverzichtbare Basis für das Speerwerfen sind allgemeine Wurferfahrungen vor allem zum geraden Wurf. Geräte wie Wurfstäbe oder -ringe geben dem Werfer eine direkte Rückmeldung über die gewünschte Geradlinigkeit der Wurfbewegung, wenn sie sich in einer senkrechten Ebene in Wurfrichtung überschlagen. Diese Erfahrungen sind dann mit der Handhabung des Speers zu verbinden. Eine gute Möglichkeit sind Zielwürfe (s. Kapitel 5.4.1 „Allgemeine Wurfschule"). Das eigentliche Speerwurftraining sollte danach weitgehend aus verschiedenen Anlaufarten erfolgen. In der jeweiligen Trainingseinheit sollten aber immer zuerst Würfe aus der frontalen Schrittstellung oder der Wurfauslage als Steckwürfe über kurze Entfernungen zur Gewöhnung erfolgen.

Laufübung mit dem Speer

▶ 1

▶ 2

Bewegungsbeschreibung

- Koordinations- oder Steigerungslauf mit dem Speer.
- Der Speer wird mit angewinkeltem Wurfarm getragen, die Hand ist stirnhoch und die Speerspitze zeigt leicht nach unten.

Beachte

- Die Lage des Speers bleibt beim Laufen unverändert!

Variation

- Andere Speerhaltung mit zurückgeführtem Wurfarm: Die Wurfhand ist dann schulterhoch und die Speerspitze in Stirnhöhe.

Wurf aus dem Dreier-Rhythmus

▶ 1 ▶ 2 ▶ 3 ▶ 4

Bewegungsbeschreibung

- Der Speer ist mit langem Arm zurückgeführt, die Wurfhand schulterhoch und der Gegenarm geschlossen.
- Mit drei Schritten (Auftakt – Impulsschritt – Stemmschritt) in die Wurfauslage.
- Beim flachen schnellen Impulsschritt laufen die Beine dem Körper voraus: Körperschwerpunkt beim Landen auf dem Druckbein, Stemmbein hat dann schon überholt!
- Stemmbein über die Ferse aufsetzen!
- Dynamischer Übergang in den Abwurf!

Beachte

- Speer-, Schulter- und Beckenachse sind bis zur Wurfauslage parallel zueinander.

Wurf aus dem Zwei-plus-Dreier-Rhythmus

▶ 1 ▶ 2 ▶ 3 ▶ 4

Bewegungsbeschreibung

- Der Speer ist mit langem Arm zurückgeführt, die Wurfhand schulterhoch und der Gegenarm geschlossen.
- Zwei Auftakt-Gehschritte, danach Beschleunigung in den Dreier-Rhythmus (siehe Vorübung)

Beachte

- Auftaktschritte zunächst als Gehschritte, später auch als Laufschritte. Der Anlauf darf nur so schnell sein, dass der Werfer noch bis zum Abwurf beschleunigen und sauber abwerfen kann. – Beobachtungspunkt: kein deutliches Nachgeben im Stemmbeinknie!

Organisationstipp

- Hütchen als Ablaufmarkierung, Impulsschritt-Graben markieren (z. B. mit Klebestreifen).

Wurf aus dem Fünfer-Rhythmus

▶ 1 ▶ 2 ▶ 3

Bewegungsbeschreibung

- Anlauflänge wie beim „Zwei-plus-Dreier", jetzt wird der Speer in normaler Laufhaltung getragen.
- Auf den ersten zwei Schritten (zunächst als Gehschritte) den Speer zurückführen.
- Danach weiter wie aus dem „Zwei-plus-Dreier".

Beachte

- Nach der Speerrückführung die Achsenparallelität von Speer, Schulter und Becken beachten!
- Der Wurfarm muss nach der Rückführung gestreckt sein (im Bild nicht ausreichend)!
- Der Anlauf darf nur so schnell sein, dass der Werfer bis zum Abwurf beschleunigen und sauber abwerfen kann.

Wurf aus vollständigem Anlauf

▶ 1 ▶ 2 ▶ 3

Bewegungsbeschreibung

- Dem „Fünferrhythmus" werden je nach Fähigkeiten in Zweierschritten weitere Anlaufschritte vorgeschaltet.

Beachte

- Geschwindigkeit und damit Anlauflänge werden nur dann gesteigert, wenn kräftemäßig das Umsetzen in einen gelungenen Abwurf mit guter Stemmbeinarbeit möglich ist!
- Kontrollierte Anlaufgeschwindigkeit, Beschleunigung muss bis zum Abschluss möglich sein!

Organisationstipp

- Markieren Sie zur Unterstützung den Beginn des Ablaufs, des „Fünfers" und den Impulsschritt.

5.5. Gymnastik

Gymnastik umfasst im Rahmentrainingsplan Grundlagentraining die Schwerpunktbereiche Dehnen und Beweglichkeit sowie Kräftigen, die oft in Verbindung mit Geschicklichkeit und Gewandtheit umgesetzt werden, (s. dazu auch Kapitel 4.5.1)

5.5.1 Dehnen und Beweglichkeit
Gehaltenes Dehnen/Stretching

Das gehaltene Dehnen/Stretching hat sich in den letzten Jahren durchgesetzt. Gekennzeichnet sind die Übungen, bei allen Unterschieden im Detail (je nach Auffassung), zum einen durch funktionale Körperpositionen (d. h. achsen- und gelenkgerecht), zum anderen durch das Einnehmen und Halten der Dehnposition ohne Zerren und Wippen. Die Dauer des Dehnens geht meist Richtung 30 Sekunden. Weil die Spannung im Muskel nach 6 bis 8 Sekunden nur noch geringfügig nachlässt, ist aber eine Ausführung nach dem Muster 3 x 10 Sekunden auch sinnvoll.

Um das Gefühl für Spannung und Entspannung zu entwickeln, um die Dehnfähigkeit grundsätzlich zu verbessern und um nach der sportlichen Belastung die Erholung einzuleiten, ist das gehaltene Dehnen sehr sinnvoll. Kritisch zu sehen ist es allerdings unmittelbar vor schnellkräftigen Bewegungen. Wenn im Aufwärmen gestretcht wird, sind danach erst noch einige Spannung aufbauende Übungen sinnvoll. Oder Sie greifen im letzten Teil des Aufwärmens zur Vorbereitung der Bewegungsfreiheit auf etwas dynamischere Übungen zurück, wie sie weiter unten dargestellt werden.

Die Übungen rechts und auf der nächsten Seite sind eine Auswahl für Stretching-Übungen und sollen eine Anregung dafür vermitteln.

Vorbereitung der Bewegungsfreiheit vor schnellen Bewegungen

Diese Übungen bereiten die notwendige Bewegungsfreiheit in den Gelenkbereichen vor, die anschließend in den schnellkräftigen Belastungen gefordert sind. Mit weichen, zunehmend dynamischen Bewegungen werden die Gelenke vorbereitet. Dies können eigene Übungen oder auch Imita-

Tricepsdehnung im Stand

Brustdehnung an der Wand

Dehnung der Adduktoren im Sitzen, Beine angezogen

Gesäßmuskeldehnung im verwrungenen Sitz

Hüftbeugerdehnung im einbeinigen Kniestand

Oberschenkel-
Vorderseite
dehnen in
Seitenlage

Oberschenkel-
Rückseite dehnen
im einbeinigen
Kniestand

Oberschenkel-
Rückseite und
Gesäß dehnen in
Rückenlage
(verstärkt mit
gestrecktem Knie)

Wadendehnung
mit gestrecktem
Knie (Zwillings-
muskel)

Wadendehnung
mit gebeugtem
Knie (Schollen-
muskel)

tionsübungen mit „übertriebener" Bewegungsamplitude sein. Ihre Auswahl richtet sich jeweils nach
den folgenden Übungsformen

Übungsvorschläge

Sprint und Lauf
- Beinschwingen im Einbeinstand
- Anfersen mit betonter Bewegungsamplitude

Hürdensprint
- Nachziehbeinschwünge im Stütz gegen eine
  Wand
- Beinschwingen im Einbeinstand

Sprungdisziplinen
- Übung wie beim Sprint
- Absprungimitationen (geschwungen) mit Betonung
  der Bewegungsweite

Wurf- und Stoßdisziplinen
- Laufen und Hopserlauf mit Armkreisen
- Imitationsübungen in die Position der größten
  Vordehnung
- Verwringung Hüfte gegen Schulter: Seitwärtslauf
  mit Vor- und Rückführung des nachgeführten Beins,
  Schultern konstant, Arme zur Seite gestreckt

5.5.2 Kräftigung
Grund- und Einzelübungen

Diese Übungen wirken gezielt auf einzelne Muskeln, die somit besonders effektiv angesprochen
werden. In der Regel kommen solch isolierte Bewegungen in der Sportpraxis allerdings kaum vor.
Diese Grundübungen sind als unverzichtbare Basis
für die Grundkraft anzusehen (insbesondere bei
stützenden und ausgleichenden Muskeln, die sonst
zu gering angesprochen werden). Sie sollten aber
durch komplexere Übungen ergänzt werden, in
denen verstärkt das Zusammenspiel der Muskeln
gefordert wird. Eine weitere Ergänzung zum Trainingsziel Kräftigung sind Übungen aus dem Bereich Turnen sowie die konditionell orientierten An-
wendungen der Übungen aus dem Laufen, Springen und Werfen.
Alle folgenden Übungen werden ruhig und kontrolliert ausgeführt!

RUMPFKRAFT

Bauchmuskeln: Crunches 1

Bewegungsbeschreibung

- Beine sind in Rückenlage angewinkelt angehoben.
- Langsames Aufrollen des Rumpfs.

Beachte

- Nur so weit aufrollen, dass die Lendenwirbelsäule gerade noch am Boden ist (im Bild fehlerhaft ausgeführt)!

Bauchmuskeln: Crunches 2

Bewegungsbeschreibung

- In Rückenlage sind die Beine angewinkelt, Fersen sind aufgesetzt und drücken durchgehend gegen den Boden.
- Langsames Aufrollen des Rumpfs.

Beachte

- Nur so weit aufrollen, dass die Lendenwirbelsäule gerade noch am Boden ist!
- Fersen drücken durchgehend gegen den Boden!

Rückenmuskeln: Diagonales Paddeln

Bewegungsbeschreibung

- Diagonales Paddeln der gestreckten Arme und Beine in Bauchlage.

Beachte

- Stirn immer nah am Boden (kein Aufrichten; „Doppelkinn-Position")!

RUMPFKRAFT

Rückenmuskeln: Rumpfverschieben in Bauchlage

Bewegungsbeschreibung

- In Bauchlage Rumpf und Arme leicht anheben (auch mit Stab; s. Bild).
- Rumpf abwechselnd parallel zum Boden nach rechts und links verschieben.

Beachte

- Zehen drücken mit Dauerspannung „in den Boden".
- Stirn immer nah am Boden (kein Aufrichten; „Doppelkinn-Position" – im Bild fehlerhaft ausgeführt)!

Schräge Bauchmuskeln: Scheibenwischer

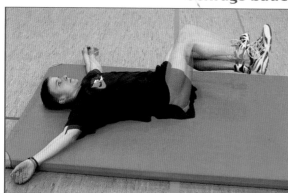

Bewegungsbeschreibung

- Beine sind in Rückenlage angewinkelt angehoben.
- Beine wie ein Scheibenwischer nach links und rechts bewegen.

Beachte

- Der Rücken hat immer mit Bodenkontakt!

Schräge Bauchmuskeln: Schräge Crunches

Bewegungsbeschreibung

- Beine sind in Rückenlage angewinkelt angehoben.
- Diagonal aufrollen und beide Hände auf der gegenüberliegenden Seite an den Knien vorbeischieben.

Beachte

- Nur so weit aufrollen, dass die Lendenwirbelsäule gerade noch am Boden ist!

HÜFTE STABILISIEREN

Beinheben in Seitenlage

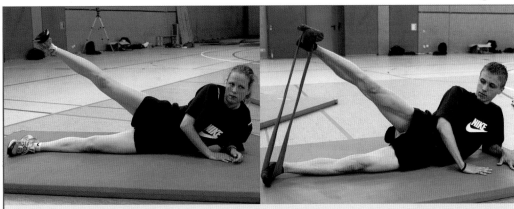

Bewegungsbeschreibung

- Eine gestreckte Seitenlage einnehmen.
- Das obere Bein langsam anheben und absenken (s. Bild oben links).

Beachte

- Streckung des gesamten Körpers beibehalten!

Variationen

- Zur Erschwerung kann die Übung mit einem Theraband ausgeführt werden (s. Bild oben rechts).

- Gleiche Übung im aufrechten einbeinigen Stand durchführen: Am freien Bein ist dann der Zugwiderstand, z.B. wieder ein Theraband, befestigt. Achten Sie dabei auf einen kontrollierten Stand ohne Ausweichen in der Hüfte. Zudem ist es bei dieser Übung auch möglich, den Zug in alle Richtungen auszuführen.

KNIE STABILISIEREN

Propriozeptive Übungen

Zur Kniestabilisation sind insbesondere die propriozeptiven Übungen geeignet, die weiter unten im Abschnitt der komplexen und koordinativen Übungen beschrieben sind! Folgende Übung ist nur ein Beispiel:

Bewegungsbeschreibung

- Im einbeinigen Stand Balance halten, dabei das Kniegelenk des Standbeins leicht beugen.

Variation

- Einbeinstand auf verschiedenen Untergründen und mit unterschiedlichen Bewegungsaufgaben (s. Seite 209).

FUSSGELENKE STABILISIEREN

Gehübungen auf weichem Untergrund

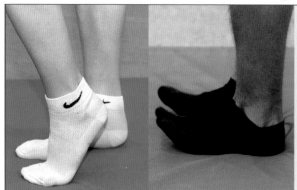

Bewegungsbeschreibung

- Langsames Gehen auf den Zehenspitzen, auf den Fersen (dabei Fußspitzen anheben) oder auf den Außenseiten.

Beachte

- Aufrecht gehen, ohne Ausweichen in der Hüfte!

Organisationstipp

- Weicher Untergrund ist möglich: Turn- oder Weichbodenmatte, Sandgrube usw.

SCHULTERGELENK STABILISIEREN

Schwimmbewegungen

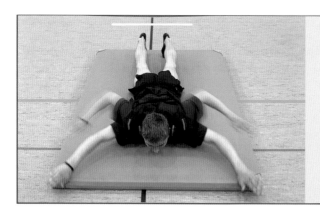

Bewegungsbeschreibung

- Bauchlage mit aufgestellten Füßen und vor dem Kopf gestreckten Armen. Die Fußspitzen drücken durchgängig in den Boden.
- Rumpf und Arme leicht anheben, dann Schwimmbewegung der gestreckten Arme bis zu den Oberschenkeln und zurück.

Beachte

- Handflächen zeigen immer zum Boden!

Diagonalzüge

Bewegungsbeschreibung

- Schulterbreiter aufrechter Stand.
- Diagonal hinter dem Rücken mit gebeugten Armen ein Theraband halten.
- Beide Arme strecken und wieder beugen.

Beachte

- Aufrechter Stand!
- Theraband immer nah am Rücken!
- Beidseitig üben!

GEGENSPIELERMUSKELN (ANTAGONISTEN) DER EXTREMITÄTEN STÄRKEN

Beincurls

Bewegungsbeschreibung

- Ein Athlet liegt in der Bauchlage mit einem im Knie leicht angewinkelten Bein.
- Ein Partner kniet hinter ihm und fixiert den Fuß des angewinkelten Beins.
- Der Liegende beugt das Bein gegen den Widerstand des Partners.

Beachte

- Beidseitig üben!
- Der Übende darf den Rumpf nicht aufrichten (Stirn immer nah am Boden)!

Armcurls

Bewegungsbeschreibung

- Einseitiger Kniestand.
- Der vorn stehende Fuß steht auf einem Theraband.
- Der Gegenarm fasst das andere Ende des Therabands.
- Mit am Rumpf fixiertem Oberarm wird das Ellbogengelenk gebeugt.

Beachte

- Den Oberarm immer am Rumpf fixieren!

Komplexe und koordinative Übungen

Bei diesen Übungen geht es nicht mehr um den Krafteinsatz eines einzelnen Muskels, sondern darum, in einer ganzen Kette die einzelnen Muskeln und ihre Kraftentfaltung anforderungsgemäß zu dosieren und zu koordinieren. Als beispielhafte Übungsgruppen werden einfache Stabilisationsübungen, propriozeptive Übungen (dabei geht es um die richtige Kraftdosierung beim Herstellen von Gleichgewicht) und Partner- und Zweikampfübungen vorgestellt.

STABILISATIONSÜBUNGEN

Halteübungen im Liegestütz

Bewegungsbeschreibung

- Im seitlichen Liegestütz (auf dem Ellbogen abstützen) die Hüfte hoch halten (gestreckter Körper; s. Bild oben).

Beachte

- Der Körper bleibt immer gestreckt – kein Absinken der Hüfte!
- Der Kopf ist in Verlängerung der Wirbelsäule und wird nicht in den Nacken oder auf die Brust genommen!
- Beidseitig üben!

Variationen

- Neben dem seitlichen Liegestütz können Sie die die Übung auch im Liegestütz rücklings oder bäuchlings durchführen.
- Liegestütz auf den Händen (s. Bild unten) und nicht auf den Ellbogen.
- Zusätzlich kann ein Bein leicht angehoben und gehalten werden (Körperstreckung aber nicht aufgeben)!
- Kombinieren Sie diese statische Halteübung mit dynamischen Elementen, indem ein Bein angehoben wird und verschiedenen Bewegungen (hoch/tief, vor/zurück oder Kreisbewegungen) ausführt. Achten Sie hierbei besonders auf die Körperstreckung!

PROPRIOZEPTIVE ÜBUNGEN

Einbeinstand 1

Bewegungsbeschreibung

- Im einbeinigen Stand (Standbein leicht im Kniegelenk gebeugt) die Balance halten.

Beachte

- Das freie Bein darf nicht den Boden berühren.
- Beidseitig üben!

Variationen

- Das freie Bein schwingt in verschiedene Richtungen, z. B. Achterkreisen usw.
- Die Arme führen verschiedene Bewegungen aus, z. B. Armkreisen in unterschiedliche Richtungen usw.
- Zusatzaufgabe: Der Athlet fängt einen Ball und wirft ihn zurück, ohne das Gleichgewicht zu verlieren.
- Übungsausführung mit geschlossenen Augen!

Einbeinstand 2

Bewegungsbeschreibung

- Übungen wie vor, aber jetzt auf beweglichem Untergrund.

Beachte

- Steigern Sie den Schwierigkeitsgrad langsam aber stetig durch unterschiedliche Untergründe: zuerst fester Boden, dann Turnmatte, Sand oder Weichbodenmatte, dann Airexmatte, Therapiekreisel (s. Bilder), Kippbrett usw.

PARTNER- UND ZWEIKAMPFÜBUNGEN

Beindrücken

Bewegungsbeschreibung

- Partner sitzen Rücken an Rücken auf dem Boden und versuchen, den anderen durch Beinkraft nach hinten wegzudrücken.

Beachte

- Das Gesäß muss immer am Boden bleiben, sonst verändern sich die Krafthebel!

Ziehkampf

Bewegungsbeschreibung

- Partner stehen sich im Stand mit einseitigem Handfassen gegenüber und versuchen, den jeweils anderen über eine Mittellinie zu ziehen.

Beachte

- Regelmäßiger Handwechsel!

Kampf ums Gleichgewicht

Bewegungsbeschreibung

- Partner legen im Einbeinstand gegenüberstehend die Handflächen der gleichen Hand aneinander.
- Den Partner durch wechselnden Druck aus dem Gleichgewicht bringen.

Beachte

- Regelmäßiger Handwechsel!

Variationen

- Hände mit der Außenseite gegeneinander legen.
- Auf weichem, nachgebendem Untergrund.

PARTNER- UND ZWEIKAMPFÜBUNGEN

Arme an den Rumpf drücken

Bewegungsbeschreibung

- Partner stehen im Stand gegenüber. Ein Partner hat die Arme seitlich gestreckt in Verlängerung der Schultern angehoben, der andere greift mit beiden Händen die Oberarme des Partners knapp oberhalb der Ellbogen.
- Die Arme gegen den Widerstand nach unten an den Rumpf drücken.

Beachte

- Immer zwischen Ellbogen- und Schultergelenk greifen!

5.6 Turnen

Übungsformen aus dem allgemeinen Turnen dienen der allgemeinen Körperschule vor allem in Hinblick auf Stützkraft und koordinative Fähigkeiten. Sie sind bereits Inhalte der Grundausbildung (s. auch Katzenbogner, H.: Kinderleichtathletik, spielerisch und motivierend üben in Schule und Verein. Aus der Mediathek Leichtathletik des DLV, erschienen im Philippka-Sportverlag Münster).

Diese Übungen haben im Grundlagentraining weiterhin eine wichtige Funktion, werden aber um einige weiterführende Übungen des Turnens wie Rollen, Handstandübungen, Auf- und Umschwünge am Reck usw. ergänzt.

Direkt leichtathletikspezifisch sind Übungen, die die turnerischen Elemente des Stabhochsprungs

konditionell wie koordinativ vorbereiten. Sie sind für alle Athleten, die sich dieser Disziplin zuwenden wollen, unverzichtbar. Für das Kennenlernen des Stabhochspringens sind vielleicht einige einfachere Übungen als Vorbereitung ausreichend, für alle angehenden Mehrkämpfer und Spezialisten muss es vertiefend weitergehen.

BEACHTE   Sicherheit

Treffen Sie immer ausreichende Sicherheitsvorkehrungen. Holen Sie sich möglichst Unterstützung bei Turntrainern! Diese können Ihnen auch weiterhelfen, wenn es um vertiefende Übungen im Hinblick auf den Stabhochsprung geht.

Körperspannung ist beim Turnen das A und O.

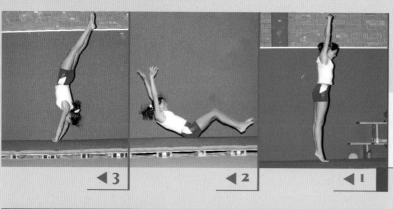

Rolle rückwärts in den Handstand

◀3 ◀2 ◀1

Radwende

◀3 ◀2 ◀1

Flickflack

◀3 ◀2 ◀1

Schwingen am Barren

▶1 ▶2

Wolkenschieber
am Reck

▶ 1 ▶ 2

Kippe am Barren

▶ 1 ▶ 2

Aufroller aus der
Absprungfigur an
den Ringen

▶ 1 ▶ 2 ▶ 3

Kippe am Reck

▶ 1   ▶ 2   ▶ 3

Ein- und Ausroller
am Reck

▶ 1   ▶ 2   ▶ 3

Unterschwung

▶ 1   ▶ 2   ▶ 3

5.7 Spiele und andere Sportarten

Inhalte aus Spielen und anderen Sportarten, wie sie in Kapitel 4 begründet wurden, sprechen für sich. In ihrer Zubringerfunktion im leichtathletischen Grundlagentraining müssen sie nicht exakt dem Vorgehen in den jeweiligen Sportarten entsprechen, sondern können abgewandelt, insbesondere vereinfacht werden. Die so genannten Kleinen Spiele sind meist so einfach, dass sie ohne große Vorbereitungen spielbar sind. Anregungen in Form von Spielesammlungen gibt es in hoher Zahl in der Literatur. Bei den Großen Sportspielen müssen die Athleten allerdings befähigt werden, das Spiel zumindest in einfacher Form zu beherrschen, sonst kann es nicht systematisch zu den gewünschten Trainingseffekten und freudbetonten Erlebnissen kommen. Einfache Techniken zum Passen und Annehmen, zum Ballführen und zum Torwurf oder -schuss müssen deshalb bei Bedarf vorbereitet werden. Als Anregung sind hier einige Organisationsbeispiele (s. rechts) zum Basketball angeführt, die leicht auf andere Spiele übertragbar sind.

Dribbeln lässt sich mit Linienlaufen kombinieren.

Passen und Fangen in Gassenaufstellung.

5.8 Ausgewählte leichtathletische Übungen mit den Ziel-Varianten Technik, Koordination und Kondition

Zum Abschluss der Übungssammlung finden Sie auf den nächsten Seiten beispielhafte Übungen, die durch entsprechende Variation und Anordnung unterschiedliche Trainingswirkungen ansprechen (s. auch Kapitel 4.1.1 und 5.1):

Korbwürfe üben ist sogar in Riegenform reizvoll.

- Kniehebelauf
- Koordinationsläufe
- Sprunglauf
- Frontaler Standstoß

Sie werden sehen, dass allein durch die Art und Weise der Durchführung die drei Hauptwirkungen Technik, Koordination und Kondition unterschiedlich in den Vordergrund treten. Mit nur ein wenig Kreativität können Sie viele der in Kapitel 5 aufgeführten Übungen dementsprechend „durchdeklinieren".

Nach den Vorübungen kann es endlich zum Kampf um den Ball kommen!

KNIEHEBELAUF

Schwerpunkt Technik

Konstanz der Bewegungsqualität

- Wechselseitiger Ballenlauf mit aktivem Fußaufsatz und Kniehub bis zur Waagerechten.
- Aktiver, ebenfalls wechselseitiger Armeinsatz.
- Fuß-, Knie- und Hüftstreckung bleiben während des Bodenkontakts erhalten.
- Aufrechter Rumpf.

Schwerpunkt Koordination

Variabilität der Bewegungsgestaltung

- Wählen Sie verschiedene Frequenzen und Höhen!
- Variieren Sie die Schrittlängen, z.B. mit Hilfe von Schaumstoffbalken (s. Bilder)!
- Verändern Sie die Armhaltung (nach oben, zur Seite, nur eine Seite aktiv)!
- Wechseln Sie die Bodenbeläge (Bahn, Rasen, Wald)! – So verändern Sie das Abdruckverhalten!
- Führen Sie die Übung bei Seiten- oder Gegenwind aus!

Schwerpunkt Kondition

Belasten

- Verlängern Sie die Strecke!
- Wählen Sie eine Strecke, die leicht bergauf geht!
- Erhöhen Sie die vertikale Ausrichtung (Knie übertrieben hoch, s. Bild)!
- Erhöhen Sie die Wiederholungen!
- Verkürzen Sie die Pausen!

KOORDINATIONSLÄUFE

Schwerpunkt Technik

Konstanz der Bewegungsqualität

- Verschiedene Läufe mit Schwerpunkt auf gut koordiniertem, lockerem, aber auch schnellen Lauf.
- Beispiel Steigerungslauf: Aus lockerem Trab heraus die Geschwindigkeit langsam bis zu hohem Tempo steigern, dieses über einen bestimmten Zeitraum/Strecke halten. Dabei auf aktiven Armeinsatz, aktiven Fußaufsatz und Kniehub achten.
- Beispiel Übergänge: Aus verschiedenen Ausgangspositionen und Übungen in den schnellen Sprint. Dabei auf aktiven Armeinsatz und Fußaufsatz und Kniehub sowie auf flüssigen und lockeren Übergang achten.

Schwerpunkt Koordination

Variabilität der Bewegungsgestaltung

- Verändern Sie die Armhaltung (nach oben, zur Seite, nur eine Seite aktiv)!
- Wechseln Sie die Bodenbeläge (Bahn; Wald; Rasen, s. Bild,)! – So verändern Sie das Abdruckverhalten!
- Führen Sie die Übung bei Seiten- oder Gegenwind aus!
- Führen Sie die Übung auf der Geraden oder in bzw. aus der Kurve aus!

Schwerpunkt Kondition

Belasten

- Verlängern Sie die Strecke!
- Wählen Sie eine Strecke, die leicht bergauf geht!
- Erhöhen Sie die Wiederholungen!
- Verkürzen Sie die Pausen!
- Tempowechselläufe (Ins & Outs): Innerhalb verschiedener Intervalle wird abwechselnd schnell und langsam gesprintet.
- Windsprints: Abwechselnd gegen und mit dem Wind sprinten.
- Schalten Sie eine Kraftbelastung vor, z.B. durch Sprungläufe (s. Bild)!

SPRUNGLAUF

Schwerpunkt Technik

Konstanz der Bewegungsqualität

- Aktiver Fußaufsatz flach über die Sohle mit schnellem Abklappen und Übergang zum Ballenabdruck.
- Gegengleiche geradlinige Armarbeit.
- Das Absprungbein zeigt lange gestreckt zur Absprungstelle zurück.
- Das Schwungbein verharrt kurz mit waagerechtem Oberschenkel, Unterschenkel schwingt locker aus.

Schwerpunkt Koordination

Variabilität der Bewegungsgestaltung

- Sprunglauf mit verschiedenen Ausrichtungen: horizontal, vertikal.
- Verändern Sie die Armhaltung (nach oben, zur Seite, nur eine Seite aktiv)!
- Wechseln Sie die Bodenbeläge!
- Führen Sie die Übung in verschiedenen Tempi aus!
- Weichen Sie von der geradlinigen Sprungrichtung ab, z.B. Zickzack-Sprünge (s. Bild)!

Schwerpunkt Kondition

Belasten

- Verändern Sie die Streckenlänge!
- Wählen Sie eine Strecke, die leicht bergauf – auch treppauf (s. Bild) – geht!
- Erhöhen Sie die vertikale Ausrichtung!
- Erhöhen Sie die Wiederholungszahlen!
- Verkürzen Sie die Pausen!
- Führen Sie die Sprungläufe gegen den Wind aus!

FRONTALER STOSS

Schwerpunkt Technik

Konstanz der Bewegungsqualität

- In der parallelen Fußstellung Knie anbeugen und...
- ...über einleitende Beinstreckung die Kugel nach vorn-oben stoßen.
- Der Ausstoß erfolgt mit Bodenkontakt im Gleichgewicht (keine Rotation).

Schwerpunkt Koordination

Variabilität der Bewegungsgestaltung

- Führen Sie den Standstoß mit verschiedenen Gerätegrößen (kleine und große Kugeln, Medizinbälle) und mit unterschiedlichen Eigenschaften (Hallenkugel, Eisenkugel) durch!
- Wechseln Sie die Ausgangsposition (parallele Fußstellung oder Schrittstellung)!
- Erhöhen Sie durch Angehen den Zeitdruck (s. Bild)!

Schwerpunkt Kondition

Belasten

- Nehmen Sie schwerere Geräte!
- Stoßen Sie in Serien mit kleinen Pausen!
- Stoßen Sie mehrfach nacheinander ohne Pause: Medizinballstöße aus kurzer Entfernung gegen eine Wand (s. Bild)!

ÜBERPRÜFUNG

DER

TRAININGSZIELE

6. Überprüfung der Trainingsziele

6.1 Grundsätze einer Trainingsüberprüfung

Training ist ein systematischer Prozess, in dem vereinbarte Zielsetzungen in einem überschaubaren Zeitraum und mit vertretbarem Aufwand erreicht werden sollen. Eine wesentliche Bedingung dafür ist, die Eingangsvoraussetzungen der Athleten zu erheben und zu berücksichtigen. Wenn dann das Training geplant und absolviert wird, muss der Trainer regelmäßig überprüfen, welche Wirkung erzielt wurde und ob das Training eventuell verändert werden muss.

Wettkämpfe sind eine Art der Überprüfung. Für die Athleten im Grundlagentraining liefern sie einen, wenn nicht sogar *den* wesentlichen Anreiz für ihr Sporttreiben. Ein Wettkampfergebnis kommt aber aufgrund eines komplexen Bedingungsgefüges zustande, so dass Abweichungen im Detail eventuell nicht ausreichend feststellbar sind. Außerdem sind so kaum Zwischenetappen oder Trainingsinhalte außerhalb der Leichtathletik zu erfassen. Überprüfungen sind deshalb in unterschiedlichem Ausmaß auch Bestandteil des Trainings.

6.2 Eingangsprüfung

Als Trainer benötigen Sie im Sinne einer Eingangsprüfung Kenntnisse darüber, was Ihre Athleten in welcher Qualität und mit welchem Leistungsvermögen können. Diese Kenntnisse nutzen Sie als Basis für die Gestaltung der Trainingsinhalte und der Belastung. Eingangsprüfungen bieten sich

- mit dem Abschluss der Grundausbildung bzw. der Aufnahme des Grundlagentrainings,
- bei Aufnahme neuer Mitglieder in die Trainingsgruppe und
- bei der Aufnahme des Wintertrainings bzw. des Frühjahrstrainings an.

Sprungergebnisse im Training sind schnell gemessen.

Beurteilen Sie die beobachteten Entwicklungen immer im Zusammenhang mit der individuellen körperlichen Entwicklung. Einige Athleten reagieren auf Trainingsreize sofort, andere erst später und einige nur unzureichend. Diese Entwicklungen sollten Sie bei Ihrer Beurteilung immer mit einbeziehen.

Organisatorisch können diese Überprüfungen im Verlauf mehrerer Trainingseinheiten Bestandteil des normalen Trainings sein.

6.3 Überprüfen des Trainingsfortschritts

Im Trainingsverlauf sind Kenntnisse darüber sinnvoll, ob das geplante Training die richtige Wirkung erzielt und welche Entwicklungen in bestimmten Zeitabschnitten erreicht werden. Die Entwicklung kann in drei Richtungen erfolgen:

- Fortschritt (Leistungssteigerung, Technik- oder Koordinationserwerb, erhöhte Belastbarkeit)
- Stagnation = Gleichstand
- Rückschritt (Leistungsminderung, Technik- oder Koordinationsverlust, verminderte Belastbarkeit)

Nach der Einschätzung aller Faktoren gilt es zu entscheiden, ob das geplante Training weiterhin so durchgeführt werden kann oder ob es verändert werden muss. Wägen Sie Konsequenzen für eine Veränderung des Trainings sorgfältig ab, da Sie nicht nur einen Athleten, sondern eine ganze Gruppe mit Ihren Entscheidungen treffen. Vielfach ist, die richtige Planung vorausgesetzt (s. Kapitel 7), ein konsequentes Verfolgen der geplanten Trainingsziele sinnvoller als hektisches Agieren bei kleinen Auffälligkeiten!

6.4 Zielerreichung überprüfen

Zum Abschluss des Grundlagentrainings sollten Sie als Trainer prüfen, ob die in Kapitel 1 genannten Zielsetzungen des Grundlagentrainings (Lerntrai-

ning, Talenterkennung, Grundlagen für das Aufbautraining) erreicht wurden.

6.4.1 Lerntraining

Hier steht die Frage im Vordergrund, ob im Sinne der vielseitigen Ausbildung alle Disziplinen und die weiteren Inhalte Turnen, Gymnastik, Spiele angeboten wurden und auf welchem Niveau die Athleten die einzelnen Inhalte beherrschen. Letzteres umfasst die Bewegungsqualität, die Leistung und die Wettkampffähigkeit. Die Bewertung erfolgt für jeden Athleten individuell: In welcher Disziplin sollte in Abhängigkeit von motorischen Voraussetzungen und Interessenslage des Athleten welches Technikniveau vorhanden sein (einfaches Niveau im Sinne der vielseitigen Ausbildung, Mehrkampfniveau oder Spezialdisziplin/-block)?

6.4.2 Talenterkennung

Eine direkte Talenterkennung im Sinne einer zuverlässigen Prognose für spätere Höchstleistungen ist im Grundlagentraining praktisch nicht möglich. Was allerdings geleistet werden kann, ist eine Einschätzung derzeitiger individueller Stärken und Schwächen anhand von Vergleichswerten Gleichaltriger und damit eine Orientierung, inwieweit altersbezogene Trainingsziele erreicht wurden.
Der Hauptfaktor für die momentane Beurteilung ist zunächst die Leistungsfähigkeit. Dabei ist aber zu hinterfragen, wie die Leistung entstanden ist. Die Checkliste in Abb. 6.1 (s. folgende Seite) gibt Ihnen eine Hilfestellung dazu in Form von systematischen Fragestellungen.

Orientieren Sie sich an diesen drei Faktoren zur „Talenterkennung":

- Leistungsfähigkeit in einer Disziplin oder einem Disziplinblock (Wettkampfleistungen)
- Interesse und Neigung des Athleten, Einstellung zum Sport
- Rahmenbedingungen, die zur Leistung und zum Interesse beitragen

ABB. 6.1 Individuelle Einschätzung

Checkliste „Individuelle Einschätzung"

- Welches Leistungsniveau wurde relativ und absolut erreicht (Vergleich mit D-Kaderrichtwerten AK 14/15 oder mit vergleichbaren Leistungswerten aus Bestenlisten, Wettkampfergebnissen usw.)?
- Welche körperlichen Voraussetzungen besitzt der Athlet?
- Wie ist der Entwicklungsstand des Athleten im Vergleich zu seinen Altersgenossen einzuschätzen (retardiert, normal, akzeleriert)?
- Mit welchem Trainingsaufwand wurden diese Leistungen erreicht?
- Liegt eine Bewegungsbegabung vor, oder sind die Bewegungen hart erarbeitet?
- Ist eine eher kontinuierliche oder eine sprunghafte Entwicklung vorhanden?
- Wie ist die Belastungsverträglichkeit für ein weiteres Training in dieser Disziplin oder Disziplingruppe einzuschätzen?
- Sind die intellektuellen Fähigkeiten des Athleten für eine weitere Leistungsentwicklung in dieser Disziplin vorhanden?
- Unterstützt das soziale Umfeld (Eltern, Freunde, Schule etc.) die sportliche Betätigung des Athleten?

In der Praxis der Talentbeurteilung ist die qualitative Einschätzung in Form mehrerer Portfolios hilfreich, indem Sie eine Zuordnung in den Bereichen hohe vs. geringe Leistung und hohe vs. geringe vermutete Begabung vornehmen (s. Abb. 6.2).
Viele der zu beurteilenden Faktoren können sich bei den Athleten im Grundlagentraining in kurzer Zeit verändern: körperliches Wachstum, Trainings-

BEACHTE Zur Beurteilung

Die Beurteilung eines Athleten ist also immer nur für eine kurze Zeit gültig. Die weitere Perspektive kann nur kurzzeitig prognostiziert werden und muss in regelmäßigen Abständen überprüft werden.
Nicht die Momentaufnahme der aktuellen Leistung ist das entscheidende Kriterium, sondern der Lern- und Leistungsfortschritt über die Zeit.

Testergebnisse machen nur Sinn, wenn sie für den Vergleich dokumentiert werden.

ABB. 6.2 Portfolio für eine Bewertung

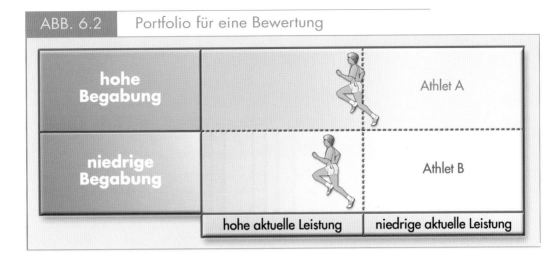

effekte, pubertäre Einflüsse, schulische Zielsetzung (Fächerkombinationen, Lehrer, Mitschüler usw.), Freundeskreis, Situation der Eltern, Zeit für das Training usw.

6.4.3 Grundlagen für den Übergang in das Aufbautraining

Nach dem Abschluss des Grundlagentrainings steht für die geeigneten und interessierten Athleten der Übergang in das Aufbautraining an. Deshalb ist an dieser Stelle zu überprüfen, ob die im Hinblick auf das Aufbautraining erforderlichen Voraussetzungen gegeben sind. Neben den bereits genannten sportlichen und persönlichen Kriterien

ist dabei auch die Belastungsverträglichkeit zu bedenken. Konnten die Athleten die im Grundlagentraining vorgenommenen Umfangsteigerungen entsprechend ihrer Disziplinneigung verkraften, und weisen sie eine Perspektive für weitere Belastungssteigerungen auf?

6.5 Kontrollparameter

Begleitende Kontrollen sind somit für den Trainer unverzichtbarer Bestandteil jeder Trainingsplanung. Sie sind mit entsprechenden Bausteinen in der praktischen Trainingsplanung verankert. Tests sollten innerhalb von Training und Wettkampf möglichst sinnvoll und praktikabel umgesetzt werden.

TAB. 6.1	Kontrollebenen
Ebene 1	Regelmäßige sportmotorische Tests, die innerhalb des normalen Trainings durchgeführt werden können und die Trainingswirksamkeit, die Belastbarkeit und den Trainingsfortschritt überprüfen.
Ebene 2	a) Umfangreiche oder komplexe Testbatterien, für die zwei- bis dreimal pro Jahr ein Zeitraum geschaffen werden muss, um das Erreichen von Lernzielen, Bewegungstechniken und speziellen leichtathletikrelevanten Leistungsvoraussetzungen differenziert zu überprüfen und Körperbaumerkmale zu erfassen, b) Wettkämpfe
Ebene 3	Grundsätzliche Eingangs- oder Ausgangsüberprüfungen wie z.B. sportmedizinische Untersuchungen (mindestens 1 x pro Jahr).

Eine neuerliche Kontrolle ist erst dann sinnvoll, wenn Zeiträume verstrichen sind, in denen auch einigermaßen stabile Veränderungen in den zu beurteilenden Parametern möglich wurden. Jedoch sollten die Kontrollen so häufig erfolgen, dass rechtzeitig Aussagen für eventuelle Korrekturen des Trainings getroffen werden können. – Kontrollen werden deshalb auf drei Ebenen im Training berücksichtigt (s. Tab. 6.1 auf S. 225).

Bei den Tests innerhalb dieser Kontrollebenen werden folgende Parameter erfasst und beurteilt:

- **Bewegungsqualität:** Sie muss bei sportmotorischen Tests zur Einschätzung der erzielten Leistung mit berücksichtigt werden. Bei den leichtathletischen Disziplinen ist die Beurteilung der Bewegungsqualität zur Beschreibung des erreichten Technikniveaus erforderlich. In den Bereichen Turnen, Gymnastik, Spiel zeigt sich die Bewegungsqualität als wichtiger Zubringer für die Leichtathletik oder in der Anwendung leichtathletischer Bewegungen unter variablen Bedingungen.
- **Leistung:** Die Leistungen in leichtathletischen Disziplinen und sportmotorischen Tests sind wichtige Parameter zur Einschätzung des Leistungsniveaus und seiner Weiterentwicklung. Hierzu zählt auch die Belastbarkeit bei diversen Übungen der allgemeinen und speziellen Grundausbildung sowie der konditionellen Ausbildung.
- **Körperliche und mentale Entwicklung:** Bewegungsqualität und erzielte Leistungen müssen vor dem Hintergrund der körperlichen Entwicklung beurteilt werden. Schon allein die körperliche Entwicklung verursacht Veränderungen der Bewegungsqualität und der Leistungsfähigkeit. Die Veränderung von Bewegungsqualität und Leistungsfähigkeit ist immer ein gemeinsamer Effekt von Training und körperlicher und mentaler Entwicklung.

6.6 Kontrollen in der Trainingspraxis

Die Kontrollen sollten in der Trainingspraxis so wenig Zusatzaufwand wie möglich erfordern. Praktisch ist deshalb die Integration der regelmäßigen Kontrollen in das normale Training: Tests müssen integraler Bestandteil des Trainings sein! Gerade auch bei anstehenden Wettkämpfen kann die Leistungsüberprüfung und Technikbeurteilung

Gemeinsames Beobachten erleichtert das Beurteilen der Bewegungsqualität.

TAB. 6.2	Regelmäßige Testbatterie
Übung	**Testbereich**
50 m aus dem Hochstart	Beschleunigungsfähigkeit, lokomotorische Schnelligkeit
30 m „fliegender" Sprint	lokomotorische Schnelligkeit (kann aus dem 50-m-Sprint heraus erfasst werden)
30 m aus dem Startblock	Beschleunigungsfähigkeit
Weitsprung (10 m Anlauf)	Sprungkraft
Dreier-Hop	Sprungkraft, Sprunggewandtheit
beidhändiges Kugel- schocken vorwärts (3 kg)	Wurfkraft, Rumpfkraft

durchgeführt werden. Jede Kontrolle und jeder Wettkampf sind jedoch gleichzeitig auch Training, so dass durch die Überprüfung keine wertvolle Trainingszeit verloren geht, sondern die Kontrollen zur Steigerung der Trainingsqualität genutzt werden.

Die Auswahl der regelmäßigen sportmotorischen Testübungen beschränkt sich auf wenige Standardtests. Bei diesen können Sie als Trainer auf umfangreiche Daten, Erfahrungen und statistisch abgesicherte Aussagen zurückgreifen. Mit diesen Tests gelingt eine zuverlässige Einschätzung und Einordnung der erzielten Ergebnisse (z.B. Übungen des Talenttests des Instituts für angewandte Trainingswissenschaften in Leipzig und des D-Kadertests*).

Die Disziplinauswahl zur Beurteilung des vielseitigen Grundlagentrainings im Sinne des Lerntrainings setzt sich aus dem Disziplinangebot der Blockwettkämpfe sowie ergänzenden Disziplinen und Testübungen zusammen. Der Einfachheit halber sollte die Einschätzung der Bewegungsqualität in nur wenigen Kategorien und dem individuellen

Profil des Athleten (Ausrichtung) entsprechend erfolgen.

Das Testprogramm für das Grundlagentraining setzt sich aus den regelmäßigen sportmotorischen Tests und einem Sommer- bzw. Wintertest zusammen. Der Sommertest widmet sich vor allem dem Entwicklungsstand der leichtathletischen Disziplinen (s. Abb. 6.3 auf der folgenden Seite), der Wintertest (s. Abb. 6.4 auf Seite 229) berücksichtigt hauptsächlich die allgemeinen Ausbildungsinhalte. Ein Beispiel für eine regelmäßige Testbatterie zum Einsatz in den Trainingseinheiten finden Sie in Tab. 6.2. Die dort aufgeführten Übungen sollten im Abstand von 3 bis 4 Wochen als integraler Bestandteil der Trainingsbausteine abgefragt werden. Die Übungen müssen nicht als komplette Testbatterie durchgeführt werden, sondern können auch themenbezogen aufgeteilt aus dem Training erfasst werden.

BEACHTE   Zur Einordnung

Bei regelmäßiger Erfassung der Testergebnisse entsteht für jeden Athleten ein Profil, aus dem die Entwicklung der Leistung, der Bewegungsqualität und der Körperbaumerkmale hervorgeht. Im Vergleich zu statistisch abgesicherten Ergebnissen ist dann eine Einordnung der Ergebnisse möglich.

*   Hinweis zu den Tests

Nähere Informationen zu den IAT-(Institut für angewandte Trainingswissenschaften) und D-Kader-Talentetests erhalten Sie bei der Geschäftsstelle des Deutschen Leichtathletik-Verbandes oder den Leichtathletik-Landesverbänden.

ABB. 6.3	Erhebungsbogen für den Sommer

Name, Vorname _____   Testzeitraum _____

Geburtstag _____   Vereinsmitglied seit _____

Trainingsalter _____

Körperhöhe _____   Körpergewicht _____   Armspannweite _____

Disziplin (jeweils Anforderungs-profil einfügen)	Beobachtungspunkt	Bewegungsqualität			Leistung
		−	o	+	
Sprint	Wettkampffähig?				
	Tiefstart				
	Übergang Tiefstart in den Sprintlauf				
	Sprintlauftechnik				
Hürdensprint	Wettkampffähig?				
	Anlauf an die 1. Hürde				
	Hürdenüberquerung				
	Zwischenhürdenlauf				
Weitsprung	Wettkampffähig?				
	Anlaufverhalten				
	Aktiver Absprung/Körperstreckung				
	Schritttechnik				
Hochsprung	Wettkampffähig?				
	Bogenförmiger Anlauf				
	Aktiver Absprung/Körperstreckung				
	Lattenüberquerung				
Ballwurf/	Wettkampffähig?				
Speerwurf	Anlaufverhalten/-rhythmus				
	Wurfblock/Abwurf				
	Treffen des Balls bzw. Speers				
Kugelstoß	Wettkampffähig?				
	Angleiten/-gehen/-drehen				
	Stoßblock/Ausstoß				
	Treffen der Kugel				
800 m/1000 m	Wettkampffähig?				
	Laufverhalten				
	Lauftechnik				
Coopertest	zurückgelegte Laufstrecke in 12 Minuten				

ABB. 6.4	Erhebungsbogen für den Winter

Name, Vorname _____ Testzeitraum _____

Geburtstag _____ Vereinsmitglied seit _____

Trainingsalter _____

Körperhöhe _____ Körpergewicht _____ Armspannweite _____

Disziplin (Beispiele)	Beobachtungspunkt	Bewegungsqualität			Leistung
		–	o	+	
Rolle rückwärts durch den Handstand					
5 „Räder" auf der Linie					
Radwende					
Unterschwung am Reck					
Felgauf- oder -umschwung am Reck					
Wolkenschieber am Reck					
Schwimmen	Seepferdchen-Abzeichen				
Skaten					
Radfahren					
Spiele					
Fußball					
Basketball					
Volleyball					
Beweglichkeit					
Rumpfbeuge vorwärts					
Rumpfbeuge seitwärts					
Rückenlage/ gestrecktes Bein anheben					
Sit up					
Oberkörperhalte (Rückenmuskeln)					
Coopertest	zurückgelegte Laufstrecke in 12 Minuten				

TRAININGSPLANUNG

7. Trainingsplanung

7.1 Aufgabenstellung der Trainingsplanung

Das Grundlagentraining erstreckt sich über einen Zeitraum von vier bis fünf Jahren. Für Sie als Trainer stellt sich die Aufgabe, die Zielsetzungen des Grundlagentrainings in diesem Zeitraum systematisch zu verwirklichen. Dazu ist ein Hilfsmittel, mit dem diese Zielsetzungen planvoll und systematisch verfolgt und Inhalt und Ablauf jeder Trainingseinheit festgelegt werden können, sehr hilfreich.

Die Aufgabenstellung lautet:

Wie gestalte ich eine Trainingseinheit und darüber hinaus eine Folge von Trainingseinheiten, um die Zielsetzungen des Grundlagentrainings in Verbindung mit den Voraussetzungen der Athleten und allen weiteren Rahmenbedingungen kurz-, mittel- und langfristig zu verwirklichen?

7.2 Strukturelle Umsetzung der Ausbildungsziele im Verein

Für die planvolle und systematische Umsetzung der Ausbildungsziele für das Grundlagentraining im Verein sind zwei Voraussetzungen günstig:

- Der Verein verfügt in den einzelnen Altersklassen über die notwendigen Strukturen zur Betreuung. Zwischen den jeweiligen Trainern sind die Aufgaben aufeinander aufbauend abgestimmt.
- Jeder Trainer verfügt über ausreichende Kenntnisse über die in seiner von ihm betreuten Altersklasse relevanten Ziele und die dafür erforderlichen Trainingsmittel und Planungsinstrumente.

Die meisten Vereine organisieren die Betreuung ihrer Athleten gemäß der Altersklasseneinteilung des Deutschen Leichtathletik-Verbands (Schüler B und A, Schülerinnen B und A). Je nach Größe des Vereins wird jede Altersklasse von einem eigenen Trainer betreut. In kleineren Vereinen werden auch beide Altersklassen geschlechtsspezifisch trainiert, in ganz kleinen Vereinen alle Klassen zusammen. Je mehr Trainer an dem Betreuungsprozess beteiligt sind, desto notwendiger ist eine Abstimmung unter-

Nur derjenige, der gut vorbereitet (egal ob Start oder Trainingsplanung) ist, kann erfolgreich sein

einander, um die Ziele des Grundlagentrainings in einem fließendem Prozess zu verwirklichen.

> **Tipp für die Praxis**
>
> Die Vereinsführung sollte deshalb unter Mitwirkung der beteiligten Trainer eine klare Konzeption mit den entsprechenden Zielsetzungen und Aufgabenteilungen formulieren und die Einhaltung der Konzeption in regelmäßigen Abständen diskutieren.

7.3 Umsetzungsphase: Das Erarbeiten von Planungsabschnitten und Trainingseinheiten

Der für das Grundlagentraining zu verplanende Zeitraum von vier bis fünf Jahren erscheint zunächst recht unüberschaubar. Sinnvoll ist deshalb eine strukturelle und inhaltliche Aufteilung in überschaubare Zeitabschnitte: Jahres-, Halb- und Vierteljahresplanung. In diesen Zeitabschnitten gibt es für die Planung wichtige Orientierungspunkte, die in Verbindung mit weiteren Planungsfaktoren zur praktischen Einteilung der Trainingsabschnitte dienen.

7.3.1 Planungsfaktoren

Im Ablauf eines Jahres können typische Orientierungspunkte aus dem Jahresterminkalender für die Einteilung der Trainingsabschnitte genutzt werden. Berücksichtigt werden können Wochenenden und Feiertage, Schulferien, voraussichtliche Wettkampftermine sowie persönliche Termine.

Mit den sich daraus ergebenen Abschnitten werden dann die Trainingstage und -zeiten verknüpft, die der Verein in jeder Woche anbietet. So ergibt sich die Anzahl der möglichen Trainingstage und -einheiten für jeden Planungsabschnitt.

Die Inhalte der aufeinanderfolgenden Trainingseinheiten orientieren sich an folgenden Punkten:

- Ausbildungsziele des Grundlagentrainings
- Notwendigkeiten, die sich aus dem Terminplan ergeben (z. B. Wettkampfteilnahmen)
- zur Verfügung stehende Räumlichkeiten für das Training (Stadion, Halle usw.)
- Voraussetzungen und Interessen der Athleten

> **Tipps für die Praxis**
>
> - Bei Berücksichtigung dieser Faktoren können Sie einen Zeitraum von z.B. drei Monaten planen und die inhaltlichen Ziele für die einzelnen Trainingseinheiten formulieren.
> - Die detaillierte Planung der einzelnen Trainingseinheiten nehmen Sie für einen Zeitraum von ca. zwei Wochen vor.

Geht die Planung über diese zwei Wochen hinaus, nimmt die Gefahr zu, dass aufgrund nicht vorhersehbarer Faktoren (z.B. mangelnder Lernfortschritt, Disziplin und Interesse der Athleten, Witterungsbedingungen, zur Verfügung stehendes Material usw.) die Details des geplanten Trainings zu oft angepasst werden müssen.

7.3.2 Aufbau der Trainingseinheit

Die Trainingseinheit ist in der allgemeinen Trainingslehre der kleinste Planungsbaustein. Jede Trainingseinheit besteht aus mehreren Phasen:

- Aufwärmen
- Hauptteil
- Ausklang

Der Hauptteil wird im Grundlagentraining in kleinere thematische Schwerpunkte, die so genannten Trainingsbausteine gegliedert. Trainingsbausteine sind inhaltliche Trainingsschwerpunkte mit einem klar formulierten Lernziel (Technik, Koordination oder Kondition, s. auch Kapitel 4). Dieses Ziel ist ein Element der Ausbildungszielsetzung für den Planungsabschnitt. Jeder Planungsabschnitt ist

> **BEACHTE** Trainingsbaustein
>
> Ein Trainingsbaustein dauert je nach Themenschwerpunkt 20 bis 40 Minuten. – Diese Zeitspanne ist als Richtwert zu verstehen, der je nach Zielsetzung und Thema des Bausteines verändert werden kann.
>
> Je nach Dauer der gesamten Trainingseinheit (z.B. 60 min, 90 min, 120 min) können diese demnach – exklusive Aufwärmen und Ausklang – zwei bis fünf Bausteine enthalten.

ABB. 7.1   Die Trainingsbausteine

Springen	**Sprinten/**Laufen	Turnen

	Springen	**Sprinten/**Laufen	Spielen	
Leichtathletik-Joker (Laufen, Springen, Werfen oder Test)	Springen	**Sprinten/**Laufen	Spielen	**Allgemeiner Joker** (Turnen, Spielen, Gymnastik oder Test)
Leichtathletik-Joker (Laufen, Springen, Werfen oder Test)	Werfen/Stoßen	**Sprinten/**Laufen	Gymnastik	**Allgemeiner Joker** (Turnen, Spielen, Gymnastik oder Test)
Leichtathletik-Joker (Laufen, Springen, Werfen oder Test)	Werfen/Stoßen	Sprinten/**Laufen**	Gymnastik	**Allgemeiner Joker** (Turnen, Spielen, Gymnastik oder Test)
Leichtathletik-Joker (Laufen, Springen, Werfen oder Test)	Werfen/Stoßen	Sprinten/**Laufen**	Gymnastik	**Allgemeiner Joker** (Turnen, Spielen, Gymnastik oder Test)

wiederum Bestandteil der Gesamtzielsetzung für das Grundlagentraining.

Die Abfolge der Bausteine innerhalb einer Trainingseinheit und der aufeinander folgenden Trainingseinheiten ist ebenfalls systematisch zu planen, da einige Themen aufgrund der Belastung, der erforderlichen Erholung und im Sinne eines abwechslungsreichen Trainings nicht direkt aufeinander folgen dürfen. Die Zielsetzungen und die Inhalte des Grundlagentrainings sind mit trainingsmethodischen Planungsgrundsätzen in Einklang bringen.

7.3.3 Integration der sportlichen Inhalte in das Bausteinsystem

Von der Zielsetzung her sind die aufgeführten Inhaltsbereiche für ein leichtathletisches Grundlagentraining nicht gleichwertig. Die Inhaltsbereiche werden anhand

- der Bedeutung der einzelnen Bereiche für die leichtathletische Ausbildung,
- der Wechselwirkungen der einzelnen Bereiche untereinander und
- der trainingsmethodischen Bedeutung der einzelnen Bereiche im gesamten Ausbildungsprozess gewichtet.

Die Gewichtung der Inhaltsbereiche wird durch die Anzahl der Bausteine verdeutlicht, wie in Abb. 7.1 zu sehen.

Zwölf Bausteine enthalten leichtathletikspezifische Inhalte: Das schnelle Laufen ist wegen seiner Bedeutung für die gesamte Leichtathletik im Vergleich zu den anderen Disziplinbereichen (Springen, Werfen/Stoßen) akzentuiert. Weitere sechs Bausteine enthalten allgemeine Inhalte mit wesentlichen Zubringerleistungen für die leichtathletischen Ausbildungsbereiche (Turnen, Spielen, Gymnastik). Mit den acht so genannten Jokerbausteinen ist es möglich, spezielle Zielsetzungen im Training zu verfolgen (z.B. Schwerpunktbildung durch die inhaltliche oder an der Zielstellung orientierte Ausweitung eines Themas, Berücksichtigung individueller Interessen der Athleten, Vorbereitung auf Wettkämpfe, Tests usw.). Ebenso ist es damit möglich, z.B. über das Jahr verteilt wechselnde Disziplinschwerpunkte zu bilden, ohne die gebotene Vielseitigkeit des Trainings zu vernachlässigen. Zum Beispiel können Sie so einen Schwerpunkt über vier oder sechs Wochen (einen „Lehrgang" in ausgesuchten Disziplinen) durchführen.

Die meisten Trainingsgruppen im Grundlagentraining sind sehr heterogen zusammengesetzt. Sie sollten sich darum bei der Planung zunächst an der durchschnittlichen Trainingshäufigkeit der Athleten orientieren. Allerdings mit der Option, für trainingsfleißige, leistungsstarke und interessierte Athleten mehr Trainingseinheiten anzubieten.

Bei durchschnittlich drei Bausteinen pro Trainingseinheit reicht ein Bausteinsatz bei

- zwei Trainingseinheiten pro Woche für die Planung von ca. vier Trainingswochen und
- drei Trainingseinheiten pro Woche für die Planung von ca. drei Trainingswochen.

Idealerweise, auch wenn dies oft nicht erreicht wird, gibt es 48 Trainingswochen pro Jahr. Bei durchschnittlich drei Bausteinen pro Trainingseinheit werden

- bei drei Trainingseinheiten pro Woche ca. 17 Bausteinsätze,

---

BEACHTE | Bausteinsystem

- Die Summe dieser Bausteine bildet einen **Bausteinsatz von 26 Bausteinen**.
- Dieser Bausteinsatz **muss** in den aufeinander folgenden Trainingseinheiten abgearbeitet werden, **bevor** ein neuer Satz verplant werden darf.
- Mit dieser Regelung wird sichergestellt, dass das Training vielseitig und abwechslungsreich gestaltet wird. Durch den Einsatz der Jokerbausteine besteht dennoch die Möglichkeit zur Akzentuierung.

- bei zwei Trainingseinheiten pro Woche ca. 11 Bausteinsätze durchlaufen.

Ergänzt wird dieses Trainingsvolumen durch Wettkämpfe.

Die Häufigkeit des Trainings soll im Ablauf des Grundlagentrainings von Jahr zu Jahr zunehmen, so dass bei interessierten und talentierten 14-Jährigen ca. vier Trainingseinheiten pro Woche erreicht werden. Dies ist erforderlich, um neben der technischen Ausbildung auch die konditionellen Voraussetzungen für das Aufbautraining zu realisieren.

7.3.4 Zielsetzung der Bausteine

Die inhaltlichen Bereiche können mit ihren Untergliederungen jeweils mit drei unterschiedlichen Trainingsmöglichkeiten in den Bausteinen angeboten werden:

1. Techniktraining mit den Zielen Erlernen, Stabilisieren oder Weiterentwickeln der Bewegungstechnik bei konstanten Rahmenbedingungen
2. Koordinationstraining mit den Zielen Variation der Übungen und Variation der Rahmenbedingungen
3. Konditionstraining mit den Zielen Belasten/Entwickeln, Schulung von Kraft, Schnelligkeit, Ausdauer und Beweglichkeit

Diese Trainingsmöglichkeiten können isoliert oder miteinander verknüpft angeboten werden. Die Grenzen der unterschiedlichen Zielsetzungen gehen fließend ineinander über.

7.3.5 Entscheidungsraster zur Formulierung von Planungsabschnitten und Trainingseinheiten

Der Trainer kann sich entscheiden, ob er die Trainingsbausteine vorrangig inhaltlich oder zielorientiert plant (s. Tab. 7.1 auf der folgenden Seite).

Bei der Aufeinanderfolge der Bausteine innerhalb der Trainingseinheit und innerhalb mehrerer aufeinander folgender Trainingseinheiten sollten Sie folgende Grundsätze berücksichtigen:

- Aufgrund der zeitlich begrenzten Konzentrationsfähigkeit der Athleten auf ein Thema sollten die Bausteine thematisch abwechslungsreich aufeinanderfolgen.

TAB. 7.1   Möglichkeiten der Orientierung

Ansteuerung über den Inhalt	Ansteuerung über das Lernziel
1. Auswahl des Bereiches (Laufen, Springen, Werfen, Gymnastik, Turnen, Spiele)	1. Auswahl des Lernziels (Technik, Koordination, Kondition)
2. Auswahl eines Unterthemas	2. Auswahl des Bereiches (Laufen, Springen, Werfen, Gymnastik, Turnen, Spiele)
3. Auswahl der Zielsetzung (Technik, Koordination, Kondition)	3. Auswahl der Zielübung und eines Unterthemas
4. Konkrete Übungsauswahl, Varianten, Organisationsform, Belastungsparameter	4. Konkrete Übungsauswahl, Varianten, Organisationsform, Belastungsparameter

Mit der richtigen Planung überspringen Sie
und Ihre Athleten jede Hürde.

- Um einseitige Belastungen zu vermeiden, müssen die Bausteine von der Belastungsart unterschiedlichen Charakter aufweisen.
- Es sollten pro Planungsabschnitt immer alle Bausteine abgearbeitet werden, um keinen Ausbildungsinhalt zu vergessen.
- Sie können die unterschiedlichen Anforderungen und Möglichkeiten des Trainings entsprechend des Wettkampfkalenders und der Jahreszeit berücksichtigen.
- Berücksichtigung Sie einen Wechsel des Charakters und der Intensität der Belastung, auch unter Einbeziehen der Trainingshäufigkeit pro Woche: Ist eine hinreichende Erholung möglich? Wenn die Themen für die Bausteine der einzelnen Trainingseinheiten für den Planungszeitraum fixiert sind, können Sie jeweils die konkrete Planung des Übungsablaufes innerhalb der Bausteine für einen Zeitraum von ca. zwei Wochen festlegen und dann fortschreiben.

BEACHTE   Jokerbaustein

Durch die Jokerbausteine halten Sie eine Steuerungsmöglichkeit zur Behandlung spezieller Zielsetzungen (z.B. Wettkampfvorbereitung, Ausdehnung von Themen, Berücksichtigung spezieller Interessen, Differenzierung von unterschiedlichen Interessen) in der Hand!

Kleines Trainingslexikon

Motorische Fähigkeiten

Motorische Fähigkeiten sind Bedingungsfaktoren menschlicher Bewegungsleistung. Sie können in zwei große Gruppen unterteilt werden:

- **Konditionelle Fähigkeiten** sind vorwiegend energetisch beeinflusst. Dazu zählen Kraft, Ausdauer und einige Aspekte der Schnelligkeit.
- **Koordinative Fähigkeiten** sind vorwiegend durch Wahrnehmungs- und Steuerungsprozesse, also durch das Zusammenspiel von Nerven-, Muskel- und Wahrnehmungssystemen gekennzeichnet.

Energiebereitstellungsformen

- **aerob:** für die Energiebereitstellung wird Sauerstoff verwendet.
- **anaerob:** für die Energiebereitstellung wird kein Sauerstoff verwendet. Bei einer Form dieser Energiebereitstellung entsteht Laktat (= Milchsäure) als Abfallprodukt, bei der anderen Form nicht. Die Bezeichnungen dafür lauten entsprechend anaerob-laktazid (mit...) und anaerob-alaktazid (ohne Entstehen von Laktat).

Jede Art der Energiebereitstellung hat ihre speziellen Vor- und Nachteile, so dass ihr Einsatzschwerpunkt von den jeweiligen Anforderungen abhängig ist. Die verschiedenen Dimensionen der Ausdauer werden auch nach den bei ihnen vorherrschenden Energiebereitstellungsprozessen benannt.

Steuerung von Körperhaltung und Bewegung

- **Neuromuskuläre Steuerung** ist das zielgerichtete Zusammenspiel von Nerven und Muskeln, das zu koordinierten Bewegungen und zur Bewegungstechnik führt.

- **Propriozeptive Fähigkeiten**: Propriozeptoren sind „Bewegungsmelder", die als Basis der Eigenwahrnehmung Informationen über Gelenkstellungen, Bewegungsausschlag, Muskellänge und -spannung usw. liefern. Gut ausgeprägte propriozeptive Fähigkeiten sorgen dafür, dass auch bei schnellen, unvorgesehenen Positionsveränderungen der Körper schnell mit einer stabilisierenden Aktion reagieren kann. Übungsformen mit wechselndem Auslenken aus einer Gleichgewichtsposition dienen der Verbesserung.

Trainingszyklen

Trainingszyklen sind in sich relativ abgeschlossene, sich wiederholende Abschnitte im langfristigen Trainingsverlauf mit jeweils definierten Zielen, Aufgaben und Inhalten. Auch wenn im Grundlagentraining noch keine ausgeprägte Zyklisierung vorgenommen wird, können folgende Zyklen in einfacher Form unterschieden werden:

- **Mikrozyklus**: in der Regel eine Trainingswoche
- **Mesozyklus**: sinnvolle Zusammenfassung mehrerer aufeinander folgender Mikrozyklen, oft drei bis vier Wochen (z.B. für das Abarbeiten von ein oder zwei vollständigen Bausteinsätzen, je nach Trainingshäufigkeit).
- **Makrozyklus:** mehrere aufeinander folgende Mesozyklen, z.B. in Form von Halbjahres- oder Jahresabschnitten.

Belastungsfaktoren

Belastungsfaktoren sind unterschiedlichen „Kennziffern", die die gewünschte Belastung beschreiben. Dazu zählen Intensität, Dauer Dichte, Umfang und Häufigkeit.

EMPFEHLUNGEN FÜR DIE PRAXIS

Zeitschrift *Leichtathletiktraining*, Philippka-Sportverlag Münster

Bauersfeld, K.-H. & Schröter, G. (1998): *Grundlagen der Leichtathletik*. Berlin

Döbler, E. & H. (1998): *Kleine Spiele – das Standardwerk für Ausbildung und Praxis*. 21. durchges. Aufl.. Berlin

Hempel, K. & Lohmann, W. (1992): *Leichtathletik – Trainingsprogramme Sprung*. Berlin

Jonath, U. et.al. (1995).: *Leichtathletik Band 1 bis 3*. Reinbek

Lenz, G. & Losch, M.(1991): *Leichtathletik – Trainingsprogramme Wurf/Stoß*. Berlin

Lohmann, W. et.al. (1985): *Leichtathletik - Trainingsprogramme Grundlagentraining-Band 1 bis 3*. Berlin

VERTIEFENDE LITERATUR

Augustin, D. & Joch, W. (Red.) (1988): *Jugendleichtathletik*. Niedernhausen

Bucher, W. (Hg.) (1988): *1003 Spiel- und Übungsformen in der Leichtathletik*. Schorndorf

Bundeszentrale für gesundheitliche Aufklärung (2003): *Kinder stark machen*. Gemeinsam gegen Sucht.

Bußmann, G. (1995): *Dropout-Problematik in der Frauenleichtathletik*. Köln

Clasing, D. & Müller, R. K. (2004): *Dopingkontrolle*. Information für Aktive, Betreuer und Ärzte zur Bekämpfung des Medikamentenmissbrauchs im Sport. Köln

Decker, F. (1999): *Die neuen Methoden des Lernens*. Würzburg

Deutscher Leichtathletik-Verband (Hg.) (1997): *Kinder in der Leichtathletik*. Darmstadt

Dickwach, H. et al. (1991): *Leichtathletik – Sprung*. Berlin

Edelmann, W. (2000): *Lernpsychologie*. Kempten

Ehrich, D. & Gebel, R. (2000): *Therapie und Aufbautraining nach Sportverletzungen*. Münster

Emrich, E. & Pitsch, W. (2001): *Leistungssport aus Sicht der Sportvereine*. In: Güllich, A. (Hrsg.): Perspektiven der Nachwuchsförderung. Informationen zum Leistungssport, Band. 17. DSB, Frankfurt am Main

Emrich, E., Fröhlich, M. & Güllich, A (200): *Vielseitigkeit im Leistungssport – ein Postulat für die Sportmedizin?* Dt. Zschr. Sportmed. 9/2004, 237-242

Frantzen, D. (1998): *Effizient lernen*. Wiesbaden

Fröhner, G. (2001): *Belastbarkeit von Nachwuchs-Leistungssportlern aus sportmedizinischer Sicht*. In: Güllich, A. (Hrsg.): *Perspektiven der Nachwuchsförderung*. Informationen zum Leistungssport, Band 17. Frankfurt am Main

Grosser, M., Brüggemann, P. & Zintl, F. (1986): *Leistungssteuerung in Training und Wettkampf*. München

Grosser, M. & Neumaier, A. (1982): *Techniktraining*. München

Grosser, M. & Starischka, S. (1986): *Konditionstests*. München

Grosser, M., Starischka, S. & Zimmermann, E. (1981): *Konditionstraining*. München

Güllich, A. (1999): Leistungen von Spitzenathleten im Jugendalter: *Sprint und Weitsprung*. LdLA 20, 23-25 und 44-52

Güllich, A. (Hrsg.) (2001): *Perspektiven der Nachwuchsförderung*. Informationen zum Leistungssport, Band. 17. DSB, Frankfurt am Main

Güllich, A., Emrich, E. & Prohl, R. (2004): *Zeit verlieren um Zeit zu gewinnen – auch im Leistungssport?* Explorative empirische Erkundungen zu einer pädagogischen Prämisse. In: Prohl, R.& Lange, H. (Hrsg.): *Pädagogik im Leistungssport*. Schorndorf

Güllich, A., Papathanassiou, V., Pitsch, W. & Emrich, E. (2001): *Kaderkarrieren im Nachwuchs- und Spitzensport – Altersstruktur und Kontinuität*. Leistungssport 4/2001, 63-71

Heß, W.-D. et al. (1991): *Leichtathletik – Sprint – Lauf – Gehen*. Berlin

Heß, W.-D. (1997): *Leistungsstrukturelle und trainingsmethodische Aspekte der Schnelligkeitsentwicklung*

VERTIEFENDE LITERATUR

– Ergebnisse eines einjährigen Grundlagentrainings. In: Joch, W. & Wohlgefahrt, K.: Leichtathletik im Spannungsfeld von Tradition und Wandel. Hamburg

Hill, R., McConnell, A., Forster, T. & Moore, J. (2001): The path to excellence: A comprehensive view of development of U.S. Olympians who competed from 1984-1998. www.usolympicteam.com/excellence/Olympians_Report.pdf (16.12.2003)

Hinz, L. et al. (1991): Leichtathletik – Wurf – Stoß. Berlin

Hotz, A. (1997): Qualitatives Bewegungslernen. Bern

Janssen, J.-P. (1995): Grundlagen der Sportpsychologie. Wiebaden

Joch, W. (1992): Das sportliche Talent. Aachen

Katzenbogner, H. & Medler, M. (1993): Spielleichtathletik Band 1 und 2. Neumünster

Katzenbogner, H. (2002): Kinderleichtathletik. Spielerisch und motivierend üben in Schule und Verein. Münster

Killing, W. (1995): Gekonnt nach oben. Vom Anfänger zum Spitzenkönner im Hochsprung. Münster

Klee, A.(2003): Methoden und Wirkungen des Dehnungstrainings. Schorndorf

Kröger, C. & Roth, K. (1999): Ballschule. Ein ABC für Spielanfänger. Schorndorf

Lenhart, P. & Seibert, W. (1991): Funktionelles Bewegungstraining. Muskuläre Dysbalancen erkennen, beseitigen und vermeiden. Oberhaching

Medler, M. et al. (1999): Kinderturnen. Neumünster

Medler, M. & Räupke, R. (1995): Anregungen für den praktischen Sportunterricht, Geräteturnen im 5./6. Schuljahr, Neumünster

Medler, M., Ramm, H., Räupke, R. & Siegmon, H. (2002): Anregungen für den praktischen Sportunterricht, Geräteturnen, Teil 2, Flensburg

Prohl, R. (1999): Grundriß der Sportpädagogik. Wiesbaden

Salmela, J.H. (1994): Phases and transitions across sport careers. In: Hackfort, D. (ed.): Psycho-social issues and interventions in elite sport. Frankfurt am Main, 11-28

Scanlan, T.K. & Carpenter, P.J. (1998): Changes over time in the determinants of sport commitment. Ped. Exerc. Sci. 4/1998, 356-365

Schmidt, W., Hartmann-Tews, I. & Brettschneider, D. (Hrsg.) (2003): Erster Deutscher Kinder- und Jugendsportbericht. Schorndorf

Schnabel, G., Harre, D., Krug, J. & Borde, A.(Hrsg.) (2003): Trainingswissenschaft. Berlin

Schnabel, G., Harre, D. & Borde, A.(Hrsg.) (1994): Trainingswissenschaft – Leistung, Training, Wettkampf. Berlin

Schnabel, G. & Thieß, G. (Hrsg.) (1993): Lexikon Sportwissenschaft – Leistung, Training, Wettkampf. 2 Bd. Berlin

Schöllhorn, W. (2003): Eine Sprint- und Laufschule für alle Sportarten. Aachen

Schulz von Thun, F., Ruppel, J. & Stratmann, R. (2000): Miteinander reden: Kommunikationspsychologie für Führungskräfte. Reinbek

Sinclair, D.A. & Orlick, T. (1994): The effects of transition on high performance sport. In: Hackfort, D. (ed.): Psycho-social issues and interventions in elite sports. Frankfurt am Main, 29-55

Steinhöfer, D. (2003): Grundlagen des Athletiktrainings. Münster

Stroebe, W., Jonas, K. & Hewstone, M. (2003): Sozialpsychologie. Berlin

Treml, A. K. (2000): Allgemeine Pädagogik – Grundlagen, Handlungsfelder und Perspektiven der Erziehung. Stuttgart

Weißbach, Chr.-R. (2003): Professionelle Gesprächsführung. München

Zimbardo, P. G. & Gerring, R. J. (2003): Psychologie. Berlin

Zimmermann, K. (2000): Gesundheitsorientiertes Krafttraining. Schorndorf